Hans Jürgen Herin

Kleine

SPRACHWISSEN

deutsche

STIL

Grammatik

RECHTSCHREIBUNG

Cornelsen

INHALT

1. Kapitel: Das Wort und die Wortarten

2. Kapitel: Der Satz

3. Kapitel: Text und Kommunikation

VORWORT

Liebe Schülerinnen und Schüler,

wenn ihr eure Grammatikkenntnisse verbessern oder bei bestimmten Fragen und Problemen nachschlagen wollt, findet ihr in dieser Grammatik

- die grundlegenden Regeln der deutschen Sprache,
- Hinweise auf Schwierigkeiten und häufige Fehler,
- Tipps für guten Stil und verständliches Schreiben.

Für eure Orientierung gibt es ein übersichtliches Inhaltsverzeichnis und ein ausführliches Register.

Für den schnellen Zugriff sind die einzelnen Einheiten übersichtlich gegliedert:

Kleine Kästchen mit Überschriften leiten direkt zu dem, was euch interessiert.
In den Kästchen werden die verschiedenen Formen, Funktionen und Regeln dargestellt.

Ein gesonderter Rechtschreibteil dient dazu, in Kurzform die Regeln der deutschen Rechtschreibung und die häufigsten Wörter mit Fehlergefahr darzustellen.

Dazu kommen nützliche Tipps. Sie schützen vor Fehlern.

1.4.4 Relativpronomen

DEFINITION UND BEISPIEL

Relativpronomen (bezügliche Fürwörter) sind die hervorgehobenen Wörter in folgenden Beispielen:
Hier ist die Katze, ***die*** *wir mögen.* — *Verlierer,* ***welche*** *die Niederlage wegstecken*
Der Tempel, ***dessen*** *Ausgrabung Aufsehen erregt hat* — *Klaus sammelt alles,* ***was*** *er findet.*

FORMEN

Die Relativpronomen *der, die, das* und *welcher, welche, welches* werden dekliniert nach Genus, Kasus, Numerus.

Kasus	Singular Maskulinum	Singular Femininum	Singular Neutrum	Plural
Nominativ	*der*	*die*	*das*	*die*
Genitiv	*dessen*	*deren*	*dessen*	*deren*
Dativ	*dem*	*der*	*dem*	*denen*
Akkusativ	*den*	*die*	*das*	*die*
Nominativ	*welcher*	*welche*	*welches*	*welche*
Genitiv	–	*welcher*	–	*welcher*
Dativ	*welchem*	*welcher*	*welchem*	*welchen*
Akkusativ	*welchen*	*welche*	*welches*	*welche*

FUNKTION

Relativpronomen leiten einen Relativsatz
ein Bezugswort im übergeordneten Satz
Keiner kennt ***alle, die*** *ihn kennen.*
Keiner sieht ***alles, was*** *passiert.*

KLEINGEDRUCKTES

Das Relativpronomen *was* ist unveränd
nur als Nominativ, als Akkusativ oder na
Auch das Relativpronomen *wo* ist undek
Bezugswort sind Ortsbezeichnungen, s
nungen:
In Bayern, wo diese Betriebe arbeiten, ..
Jetzt, wo du so gut aussiehst, ...

TIPPS

Im Genitiv Plural heißt es immer *deren*,
~~*Die Annahmen, aufgrund derer er hande*~~
Nur in Dialekten, nicht aber in der Schrif
wo als Relativpronomen für alle Formen
Der Schlüssel, ~~wo~~ den du gefunden has

3.3.4 Ein Laut – mehrere Schreibungen

ÜBERBLICK

ä oder e? äu oder eu?
Der Laut *a* wird manchmal umgelautet zu *ä*. Leider klingt das *ä* aber meistens wie ein *e*. Darum hat man beim Schreiben oft Zweifel. Aber: Wenn ein *ä* geschrieben wird, existiert ein verwandtes Wort mit *a*, zum Beispiel Einzahl und Mehrzahl oder Grundwort und Ableitung:
Kamm – Kämme — *Land – Länder*
Jahr – jährlich — *lachen – lächeln*
halb – Hälfte — *Qual – quälen*
Kauf – Käufer — *Tausch – täuschen*
Maß – mäßig — *Haken – häkeln*
klar – klären — *kalt – Kälte*
Klage – kläglich — *halten – hältst*
fallen – fällt — *Stange – Stängel*
Wo kein *äu* (aus *au*) hingehört, steht *eu*:
freuen, neu, Zeug, deuten
Oft sehen wir aber heute den Zusammenhang nicht mehr, weil das Grundwort nicht mehr existiert:
fähig, dämlich, Käfer, Mädchen, schräg, spät, März, ungefähr
Bei einigen Wörtern wird *e* geschrieben, weil es früher so üblich war:
brennen (Brand), fertig (fahren), Wildbret (Braten)

Gleich oder ähnlich lautende Wörter unterscheiden wir oft in der Schreibung.
Ähre – Ehre — *Bären – Beeren*
Sägen – Segen — *stählen – stehlen*
Wichtige Fremdwörter
Präsident, Jubiläum, stationär, ordinär, Sekretär, Universität, Realität, Atmosphäre, Europäer, neutral, Leutnant, Regisseur

ai oder ei?
Mit *ai* schreibt man nur wenige Wörter:
Mai, Hai, Hain, Kaiser, Main, Mais, Laie
Mit *ay* ganz wenige: *bayerisch, Bayern*
Laib ↔ *Leib, Saite* ↔ *Seite, Waise* ↔ *Weise, laichen* ↔ *Leichen*
In Fremdwörtern wird *ai* häufiger geschrieben. Es steht aber meistens für einen anderen Laut:
Training, Aids, Saison, Detail, naiv, fair, Taille, Medaille, Affaire, Kairo, Mailand

ü oder y?
In deutschen Wörter steht gewöhnlich *ü* für den ü-Laut.
In Fremdwörtern wird aber fast immer *y* geschrieben:
System, Symbol, Typ (aber: *Tipp*)*, Lyrik, Analyse, hyper*

Zum schnellen Nachschlagen gibt es am Schluss des Buches die wichtigsten grammatischen Begriffe noch einmal kompakt und alphabetisch.
Dieses Buch soll euch also anregen nachzuschauen, wenn ihr unsicher seid, oder etwas nachzulesen, was ihr behalten wollt. Es will euch selbstständig und unabhängig machen.
Ich wünsche euch, dass ihr die Grammatik häufig benutzen könnt und dass sie euch all das bringt, was ich mir gewünscht habe.

H. J. Heringer

1

Das Wort und die Wortarten

1 Wort und Wortarten

DEFINITION

Wort und Satz sind die Grundeinheiten der Sprache. Wörter sind Bausteine für Sätze.

- Ein Wort ist selbstständig; vor einem Wort und nach ihm kann man im Sprechen eine Pause machen.
- Ein Wort wird als Einheit geschrieben; vor und nach dem Wort machen wir Lücken und trennen so ein Wort vom andern.
- Ein Wort hat eine bestimmte Bedeutung; seine Bestandteile haben meistens keine selbstständige Bedeutung.
- Ein Wort hat eine Grundform. Das ist die Form, in der es im Wörterbuch steht.

EIGENSCHAFTEN

Im Satz kann ein Wort seine Form ändern:
Der *Mantel und* ***der*** *Ring* ***der*** *Frau wurden von* ***dem*** *Ehegatten gefunden.*
Die ersten beiden *der* gehören zum gleichen Wort, zu der Grundform *der*. Das dritte *der* ist aber eine Form des Wortes *die* und das nachfolgende *dem* ist wieder das Wort *der*, nur in abgewandelter Gestalt.

Wörter können zusammenrücken, verschmelzen und sich trennen. Darum ist die Schreibung oft schwierig.
Zusammenrückung:
viele Jahre lang – jahrelang
außer Stande sein – außerstande sein
Verschmelzung:
in dem Dorf – im Dorf
Ich habe es! – Ich hab's!
Trennung:
Wir wollen abfahren. – Wir fahren ab.

ARTEN

Wörter sind Bausteine. Es gibt verschiedene Arten für verschiedene Zwecke. Das Deutsche hat zehn Wortarten:

Verb: *sagen, gehen, haben*
Nomen/Substantiv: *Berg, Auto, Maria*
Adjektiv: *groß, rot, heiß*
Artikel: *der, die, ein*
Pronomen: *ich, alles, dies*
Adverb: *gern, vorn, montags*
Präposition: *in, auf, mit*
Partikel: *ja, nur, wohl*
Konjunktion: *und, wenn, weil*
Interjektion: *ach, oh, au*

PROBLEME

In der gleichen Lautform können sich verschiedene Wörter verstecken:
Das war sein erster Laut.
Sie waren sehr laut.
Der Vertrag wird laut Presseberichten unterzeichnet.

TIPP

Achte darauf, dass du nicht fälschlich Wörter zusammenschreibst:
Der ~~sofortfällige~~ Betrag – der sofort fällige Betrag

Aber zerreißen darf man Wörter auch nicht:
Mein neuer ~~Winter Anorak~~ – Winteranorak
Sie wurden alle ~~Fahnen flüchtig~~. – fahnenflüchtig
Wir brauchen neue ~~deutsch Übungen~~. – Deutschübungen

GRAMMATISCHE EIGENSCHAFTEN

Jede Wortart hat ihre eigene grammatische Funktion und viele haben ihre eigene Abwandlung (Flexion).

Wortarten

- abwandelbar
  - konjugierbar
    - Verb
  - deklinierbar
    - Nomen/Substantiv
    - Artikel
    - Pronomen
    - Adjektiv
  - graduierbar
    - Adjektiv
    - Adverb
- nicht abwandelbar
  - Partikel
  - Interjektion
  - Präposition
  - Konjunktion

FUNKTIONEN

Wortarten

- bezeichnend
  - Verb
  - Nomen/Substantiv
  - Adjektiv
- verweisend
  - Pronomen
- verbindend
  - Konjunktion
  - Präposition
  - Adverb
- kommentierend
  - Partikel
  - Adverb

LEISTUNG

Wortarten haben typische Arbeitsgebiete:

- Verben bezeichnen Handlungen und Vorgänge.
- Nomen bezeichnen Gegenstände, Personen und Lebewesen.
- Adjektive bezeichnen Eigenschaften und Merkmale.

TIPP

Wortarten nicht mit Satzgliedern verwechseln!
Ein Satzglied kann nämlich aus mehreren Wörtern bestehen. *Schule* ist ein Nomen; es ist nur ein Wort des Satzglieds Subjekt in folgendem Beispiel:

Unsere neue Schule ist bald fertig.

Subjekt (= *Unsere neue Schule*)

1.1 Das Verb

BEISPIELE

Verben (auch Zeitwörter, Tätigkeitswörter genannt) sind die hervorgehobenen Wörter in folgenden Beispielen:

So ***geht*** *es im Leben.*

Jetzt ***ist*** *ein Grundkurs in Englisch* ***geplant****.*

Es ***heißt****, es* ***habe*** *drei Sorten* **gegeben**.

Sie ***wollten*** *die Braut* ***interviewen****.*

ARTEN

Vollverben wie *gehen, machen, liegen* können allein ein Prädikat bilden.

Hilfsverben wie *haben, sein, werden* bilden mit anderen Verben Tempusformen usw.: *ist gegangen, wird gehen.*

Modalverben wie *müssen, sollen, können, dürfen, wollen, mögen* verbinden sich mit dem Infinitiv eines anderen Verbs: *kann gehen, wollen gehen.*

FUNKTION

Verben spielen eine wichtige Rolle im Satz. Sie verlangen andere Satzglieder als Ergänzung.

Einwertige Verben wie *schlafen, blühen, arbeiten* brauchen als Ergänzung das Subjekt:

Der Hase schläft.
(*Der Hase* = **Subjekt**)

Zweiwertige Verben wie *sehen, erkennen, herstellen, heißen, danken* brauchen das Subjekt und ein Objekt:

Die Menschen erkennen die Welt.
(*Die Menschen* = **Subjekt**; *die Welt* = **Objekt**)

Dreiwertige Verben wie *schenken, beliefern, beschuldigen, legen* brauchen das Subjekt und zwei Objekte:

Einige Leute gaben den Kindern Süßigkeiten.
(*Einige Leute* = **Subjekt**; *den Kindern* = **Objekt**; *Süßigkeiten* = **Objekt**)

LEISTUNG

Handlungsverben drücken aus, dass jemand etwas tut, eine Handlung ausführt.
Wir spielen gern Klavier.
Die Siedler bauten gleich Häuser.
Handlungsverben sind *gehen, machen, sagen, geben, lehren, kaufen, stellen* und viele andere.

Vorgangsverben drücken eine Veränderung aus, oft einen natürlichen Prozess.
Die Suppe kocht seit Stunden.
Unkraut wächst sehr schnell.
Vorgangsverben sind *brennen, passieren, fallen, erfahren, sterben, vergessen* und viele andere.

Zustandsverben drücken einen Zustand aus.
München liegt an der Isar.
Ich heiße Evelyn.
Zustandsverben sind *wissen, stehen, glauben, kennen, gelten, gleichen* und viele andere.

KLEINGEDRUCKTES

Verben, die einen Akkusativ verlangen, sind **transitive** (zielende) **Verben**. Alle anderen Verben sind intransitiv.
Transitive Verben sind z. B.:
sehen, lieben, schlagen, umgraben, abschlagen, ansehen
Bei ihnen stellt sich die Frage **wen** oder **was?** und sie lassen ein persönliches Passiv zu:
Ihr wurdet gesehen.

Viele Verben gibt es transitiv und intransitiv.

transitiv:	**intransitiv:**
Er schleift Messer.	*Das Rad schleift.*
Wir weiden die Schafe.	*Rinder weiden auf der Wiese.*
Wir rauchen keine Zigarren.	*Der Schornstein raucht.*

Verben wie *sich weigern, sich verbeugen, sich schämen, sich entschließen* verlangen ein Reflexivpronomen, das sich auf das Subjekt zurückbezieht. Sie heißen **reflexive Verben**.
Viele Verben gibt es nur in der dritten Person. Sie heißen **unpersönliche Verben**:
Der Unfall passierte morgens.
Diese Verben bezeichnen öfter Wettersituationen. Sie haben dann als Subjekt das Personalpronomen *es:*
Es regnete und schneite den ganzen Tag.

1.1.1 Das finite Verb

DEFINITION

Jedes Verb kommt in verschiedenen Formen vor. Sie werden durch Abwandlung des Stamms und durch Anhängen von Endungen gebildet. Die Formenbildung des Verbs heißt **Konjugation**. Es gibt finite Formen (auch **Personalformen** oder gebeugte Formen genannt) wie *gehst, hatte, gab* und infinite Formen wie *gehen, haben, gegeben*.

EIGENSCHAFTEN

Eine finite Verbform braucht fast jeder Satz. Sie bildet das Prädikat und steht in einer **grammatischen Person** (deshalb Personalform). Es gibt drei grammatische Personen:

1. Person: *ich gehe, wir gehen*
2. Person: *du gehst, ihr geht*
3. Person: *er/sie/es geht, sie gehen*

Die finite Verbform hat einen **Numerus**, entweder Singular (Einzahl) oder Plural (Mehrzahl). Jede grammatische Person gibt es also im Singular und im Plural.

FORMEN

Person	**Singular**	**Plural**
1. Person	*(ich) gehe*	*(wir) gehen*
2. Person	*(du) gehst*	*(ihr) geht*
3. Person	*(er/sie/es) geht*	*(sie) gehen*

BILDUNG

Für die Abwandlung eines Verbs gibt es drei Möglichkeiten:

1. Anhängen einer Endung:

Stamm +	**Endung**
sag-, leg-	*-e, -en*
mach-, feg-	*-test, -ten*

2. Abwandlung des Stammes:
   raten – riet, laden – lud,
   mögen – mochten,
   kennen – kannte

3. Zusammenfügung mit einem Hilfsverb (zusammengesetzte Verbform):
   hast gesagt, bist gegangen, werde beobachtet

FUNKTION

In der Konjugation wird ein Verb abgewandelt nach:

Person:
ich gehe – du gehst – er geht

Numerus (grammatische Zahl):
sie geht – sie gehen

Tempus (grammatische Zeit):
du gehst – du gingst usw.

Modus (Aussageweise):
er hatte – er hätte

Genus (Sichtweise):
ihr hebt – ihr werdet gehoben

ÜBERBLICK

Jede finite Verbform ist in jeder Hinsicht bestimmt:

gehst	2. Person	**Person**
	Singular	**Numerus**
	Präsens	**Tempus**
	Indikativ	**Modus**
	Aktiv	**Genus**

1.1.2 Die Konjugation (Beugung) des Verbs

DEFINITION

Es gibt **regelmäßige** und **unregelmäßige** Verben.

ÜBERBLICK

Regelmäßige Verben (auch schwache genannt) bilden ihre Formen mit verschiedenen Endungen: *mach+e, mach+te, sag+en, sag+ten.*

machen (regelmäßig)

Partizip I	Partizip II	Infinitiv	Imperativ
machend	*gemacht*	*machen* *gemacht haben*	*Mach!* *Macht!* *Machen Sie!*

Präteritum	Präsens	Futur I
ich machte *du machtest* *er/sie/es machte* *wir machten* *ihr machtet* *sie machten*	*ich mache* *du machst* *er/sie/es macht* *wir machen* *ihr macht* *sie machen*	*ich werde machen* *du wirst machen* *er/sie/es wird machen* *wir werden machen* *ihr werdet machen* *sie werden machen*
Konjunktiv II	**Konjunktiv I**	***würde*-Umschreibung**
ich machte *du machtest* *er/sie/es machte* *wir machten* *ihr machtet* *sie machten*	*ich mache* *du machest* *er/sie/es mache* *wir machen* *ihr machet* *sie machen*	*ich würde machen* *du würdest machen* *er/sie/es würde machen* *wir würden machen* *ihr würdet machen* *sie würden machen*
Plusquamperfekt	**Perfekt**	**Futur II**
ich hatte gemacht *du hattest gemacht* *er/sie/es hatte gemacht* *wir hatten gemacht* *ihr hattet gemacht* *sie hatten gemacht*	*ich habe gemacht* *du hast gemacht* *er/sie/es hat gemacht* *wir haben gemacht* *ihr habt gemacht* *sie haben gemacht*	*ich werde gemacht haben* *du wirst gemacht haben* *er/sie/es wird gemacht haben* *wir werden gemacht haben* *ihr werdet gemacht haben* *sie werden gemacht haben*

1.1.2 Die Konjugation (Beugung) des Verbs

ÜBERBLICK

Unregelmäßige Verben bilden ihre Formen unterschiedlich.

Ablautende Verben	Hilfsverben	Modalverben	Rückumlautende Verben
kommen (kam)	*haben*	*müssen*	*kennen (kannte)*
geben (gab)	*sein*	*können*	*brennen (brannte)*
heißen (hieß)	*werden*	*sollen*	*denken (dachte)*
lassen (ließ)		*dürfen*	*bringen (brachte)*
fahren (fuhr)		*mögen*	
ziehen (zog)		*wollen*	

gehen (unregelmäßig und ablautend)

Partizip I	Partizip II	Infinitiv	Imperativ
gehend	*gegangen*	*gehen* *gegangen sein*	*Geh!* *Geht!* *Gehen Sie!*

Präteritum	Präsens	Futur I
ich ging	*ich gehe*	*ich werde gehen*
du gingest	*du gehst*	*du wirst gehen*
er/sie/es ging	*er/sie/es geht*	*er/sie/es wird gehen*
wir gingen	*wir gehen*	*wir werden gehen*
ihr gingt	*ihr geht*	*ihr werdet gehen*
sie gingen	*sie gehen*	*sie werden gehen*

Konjunktiv II	Konjunktiv I	***würde*-Umschreibung**
ich ginge	*ich gehe*	*ich würde gehen*
du gingest	*du gehest*	*du würdest gehen*
er/sie/es ginge	*er/sie/es gehe*	*er/sie/es würde gehen*
wir gingen	*wir gehen*	*wir würden gehen*
ihr ginget	*ihr gehet*	*ihr würdet gehen*
sie gingen	*sie gehen*	*sie würden gehen*

Plusquamperfekt	Perfekt	Futur II
ich war gegangen	*ich bin gegangen*	*ich werde gegangen sein*
du warst gegangen	*du bist gegangen*	*du wirst gegangen sein*
er/sie/es war gegangen	*er/sie/es ist gegangen*	*er/sie/es wird gegangen sein*
wir waren gegangen	*wir sind gegangen*	*wir werden gegangen sein*
ihr wart gegangen	*ihr seid gegangen*	*ihr werdet gegangen sein*
sie waren gegangen	*sie sind gegangen*	*sie werden gegangen sein*

1.1.3 Der Ablaut

DEFINITION

Ablautende Verben (auch starke Verben genannt) verändern ihren Stammvokal. Es gibt jeweils Mengen von Verben, die den Vokal in der gleichen Reihenfolge ändern. Die erste **Stammform** gilt für den Infinitiv und alle Präsensformen (manchmal mit Umlaut oder *e/i*-Wechsel), die zweite Stammform gilt für das Präteritum, die dritte Stammform für das Partizip II. Diese Stammformen nennt man auch Leitformen, weil sie die Konjugation des Verbs bestimmen.

ABLAUTREIHEN MIT SCHWIERIGEN VERBFORMEN

1. Ablautreihe **e – a – o**
   gelten – galt – gegolten
   Also: *sie befahlen, brachen, erschraken, sie gebar, half; wir stahlen, verdarben*
2. Ablautreihe **e – a – e**
   essen – aß – gegessen
   Also: *es geschah, wir vergaßen, genasen*
3. Ablautreihe **e/ö – o – o**
   quellen – quoll – gequollen
   Also: *er schmolz, schwor, erlosch, schwoll, focht*
4. Ablautreihe **ei – i – i**
   reiten – ritt – geritten
   Also: *sie wichen, glitten, kniffen, strichen*
5. Ablautreihe **ei – ie – ie**
   bleiben – blieb – geblieben
   Also: *sie gedieh, lieh, schien, verzieh, pries, spie*
6. Ablautreihe **ie – o – o**
   fließen – floss – geflossen
   Also: *man bot, floh, fror, genoss, kroch*
7. Ablautreihe **a – u – a**
   fahren – fuhr – gefahren
   Also: *ich grub, wuchs, wusch, schuf, lud*
8. Ablautreihe **a – ie – a**
   fallen – fiel – gefallen
   Also: *ich geriet, riet, blies*
9. Ablautreihe **i – a – u**
   binden – band – gebunden
   Also: *wir empfanden, schwangen, sanken, zwangen; es gelang*
10. Ablautreihe **i – a – o**
   rinnen – rann – geronnen
   Also: *Sie sannen auf Rache.*

KLEINGEDRUCKTES

Öfter steckt in einem Infinitiv ein starkes und ein schwaches Verb:

hängen	*erschrecken*	*schaffen*
Sie hängte Bilder an die Wand.	*Man hat dich erschreckt.*	*Wer schaffte den Aufstieg?*
Die Bilder hingen an der Wand.	*Da bist du erschrocken.*	*Sie schuf die schönsten Statuen.*

TIPP

Manche Verben haben Doppelformen mit Bedeutungsunterschieden:
wendete/wandte – gewendet/gewandt — verwendet/verwandt
sendete/sandte – gesendet/gesandt
Wendete, gewendet sagen wir, wenn etwas auf die andere Seite gedreht wird:
Ich habe das Fleisch schon gewendet.
Senden, gesendet sagen wir, wenn etwas über Funk oder Fernsehen ausgestrahlt wird:
Die Show wird live gesendet.
Partizipien, die als Adjektive gebraucht werden, sind fast ausschließlich mit *-a-* gebildet:
Das Institut für angewandte Physik.
Eingesandte Bilder verbleiben bei uns.
Verwandte Bücher sind ähnliche Bücher; verwendete Bücher aber welche, die einer verwendet hat.

1.1.4 Infinite Formen des Verbs

DEFINITION

Außer den finiten Formen hat jedes Verb drei **infinite** (nicht konjugierte) **Formen**.
Infinitiv: *gehen* **Partizip I:** *gehend* **Partizip II:** *gegangen*
Die infiniten Formen sind unveränderlich und keiner grammatischen Person zugeordnet.

BILDUNG DES INFINITIVS

Der **Infinitiv** ist die Grund- oder Nennform eines Verbs. Er besteht aus dem Stamm mit der Endung *-en*: *les-en, kost-en.*
Aus lautlichen Gründen kann nach *l* und *r* das e ausfallen: *lächeln, radeln, flimmern, säubern.*

FUNKTION DES INFINITIVS

Teil einer Verbalgruppe
will gehen, wird gehen, geht spazieren, scheint zu stimmen
Satzwertiger Infinitiv
Ich verspreche dir, nicht mehr zu spielen.

Nominaler Infinitiv
Ins Ausland reisen gefällt mir.
Nominalisierung
Dieses Spielen war so schön.
Hier ist der Infinitiv ein Nomen (oft mit Artikelwort) und wird großgeschrieben.

Außerhalb des Satzverbands wird der Infinitiv gebraucht zum Nennen des Verbs und als Aufforderung:
Vor Gebrauch schütteln.
Bitte nicht rauchen.

BILDUNG DES PARTIZIPS I UND DES PARTIZIPS II

Das **Partizip I** (auch Partizip Präsens) besteht aus dem Verbstamm mit der Endung *-end*:
pack-end, zeig-end, grab-end, reiz-end
Aus lautlichen Gründen kann das e ausfallen:
hungernd, tänzelnd, schimmernd

Das **Partizip II** wird unterschiedlich gebildet.

	Präfix	Stamm	Endung
regelmäßig	*ge-*	*setz*	*-t*
ablautend	*ge-*	*ronn*	*-en*

Verben mit festem Präfix und solche auf *-ieren* haben kein *ge-*: *empfunden, zerrissen, unterteilt, gratuliert.*
Bei trennbarem Präfix wird das *ge-* eingeschoben.

FUNKTIONEN DER PARTIZIPIEN

Teil einer Verbalgruppe
sind gegangen, haben gesungen, wird gesehen
Hier dient das Partizip der Bildung zusammengesetzter Tempusformen und des Passivs.

Teil einer Nominalgruppe
die hungernden Kinder Afrikas, der gestohlene Wagen
Hier ist das Partizip ein attributives Adjektiv und wird wie ein Adjektiv dekliniert.

TIPP

***gespaltet* oder *gespalten*?**
Beide Formen sind möglich, aber *gespaltet* ist seltener.
Nur eine richtige Form gibt es von *heißen* und *scheinen*:
Es hat geheißen ~~(gehießen)~~.
Die Sonne hat geschienen ~~(gescheint)~~.

Bei einigen zusammengesetzten Verben besteht Unsicherheit, wo das *ge-* hingehört. Es heißt:
geweissagt, aber *weisgemacht* und *notgelandet; misslungen, missraten, missfallen, missglückt,* aber *missgestimmt* und *missgebildet*.

1.1.5 Tempus: Präsens

DEFINITION

Jede finite Verbform drückt eine **grammatische Zeit**, ein Tempus, aus. Es gibt sechs Tempora.

Präsens
Wer stiehlt den Wagen?
Präteritum
Wer stahl den Wagen?

Perfekt
Wer hat den Wagen gestohlen?
Plusquamperfekt
Wer hatte den Wagen gestohlen?

Futur I
Wer wird ihn stehlen?
Futur II
Wer wird ihn gestohlen haben?

FUNKTION

Das Tempus kann ein Geschehnis charakterisieren:
- als vergangen: *Ich ging* (vor dem jetzigen Zeitpunkt).
- als gegenwärtig: *Ich gehe* (zu der Zeit, zu der ich dies sage).
- als zukünftig: *Ich werde gehen* (nach der Zeit, zu der ich dies sage).

TIPP

Um zu verstehen, welche Zeit gemeint ist, muss man auch auf die Zeitangaben achten:
jetzt, heute, eben usw. verdeutlichen Gegenwart; *morgen, später, bald* usw. verdeutlichen Zukunft.
Auch der Gesamtsinn kann den Ausschlag geben. Wenn man sagt: *Er kommt bestimmt*, drückt man eine Vermutung aus. Darum ist offensichtlich Zukunft gemeint.

FORM DES PRÄSENS

Das **Präsens** ist das häufigste Tempus, es wird aus Stamm + Personalendung gebildet: *rat+e, leg+t, heiß+t, sitz+en*
Einige Verben fordern Umlaut in der 2. und 3. Person Singular: *lade – lädst, stoße – stößt, raten – rät, wachsen – wächst.*
Der Stammvokal *e* kann in der 2. und 3. Person Singular mit *i* wechseln:
treten – du trittst, vergessen – er vergisst, messen – sie misst, schmelzen – es schmilzt, flechten – er flicht

FUNKTION DES PRÄSENS

Präsens für die Gegenwart
Draußen regnet es.
Heute habe ich Geburtstag.
Wir wissen jetzt mehr als früher.
Der Sprecher drückt aus, dass das Geschehen zur Sprechzeit oder um die Sprechzeit herum abläuft.

Präsens für die Zukunft
Er kommt bestimmt.
Morgen regnet es nicht.
Diesmal machen wir es anders.
Der Sprecher drückt aus, dass das Geschehen noch in der Zukunft liegt. Er erwartet, sagt vorher, vermutet, dass es passieren wird.

Präsens für Zeitlosigkeit
Ein Viereck hat vier Ecken.
Die Erde dreht sich um die Sonne.
Jeden Morgen putze ich die Zähne.
Der Sprecher drückt aus, dass das Geschehen zeitlos ist oder sich wiederholt.

TIPP

Achtung *e/i*-Wechsel: *du giltst, es gilt, du trittst.*
Außerdem: *ich erschrecke, du erschrickst; ich empfehle, du empfiehlst; ich gebäre, sie gebiert; sie löschen, es erlischt.*

1.1.6 Tempus: Präteritum, Perfekt und Plusquamperfekt

DEFINITION UND BILDUNG DES PRÄTERITUMS

Das **Präteritum** (auch Imperfekt) ist ein Tempus der Vergangenheit.
Es wird bei regelmäßigen Verben gebildet mit eingeschobenem *-t-*:
sag+t+en (gegenüber Präsens: *sagen*),
lach+t+est, heil+t+e, lieb+t+et

Nach dem Stammauslaut *d* oder *t* wird ein *e* eingefügt:
redeten, retteten.
Bei ablautenden Verben wird der Stammvokal geändert, die 1. und 3. Person Singular sind hier endungslos:
Ich fiel (gegenüber *ich falle*).
Sie gab (gegenüber *sie gibt*).

FUNKTION DES PRÄTERITUMS

Das Präteritum drückt aus, dass das Geschehen vor der Sprechzeit liegt und so der Vergangenheit angehört.
Das Präteritum ist das typische Tempus für Erzählungen und Berichte.

TIPP

In Süddeutschland wird für die Vergangenheit fast nur das Perfekt gebraucht. In der Standardsprache und in der Schriftsprache gebraucht man aber für die erzählte Vergangenheit meistens Präteritum.

DEFINITION UND BILDUNG DES PERFEKTS

Das **Perfekt** ist ein zusammengesetztes Tempus:
Es wird gebildet mit einer Präsensform der Hilfsverben *haben* oder *sein* und dem Partizip II:
Ich habe gespült, du bist verschwunden.

Das Perfekt drückt Vergangenheit aus, besagt aber zugleich, dass die Wirkung des Geschehens noch in der Gegenwart fortbesteht.

EIGENSCHAFTEN

Manche Verben verlangen als Hilfsverb *haben*, andere verlangen *sein*.
Perfekt mit *haben* bilden
- transitive Verben:
  gesehen haben, versucht haben
- Modalverben und das Verb *haben* selbst:
  gekonnt haben, gehabt haben
- reflexive Verben:
  sich geschämt haben, sich gewundert haben

Perfekt mit *sein* bilden intransitive Verben, die eine Veränderung bezeichnen:
gelaufen sein, vergangen sein
Manchmal ist *haben* und *sein* möglich, allerdings mit Bedeutungsnuancen:
Hast du die hundert Meter gekrault?
Ich bin schon 100 m gekrault.
Friedel hat auf die Blumen getreten.
Friedel ist auf die Blumen getreten (ohne Absicht).

FUNKTION DES PERFEKTS

Perfekt für die Vergangenheit
Wer hat den Lauf damals gewonnen?
Wer ist als Erster über den Kanal geschwommen?
Hier leistet das Perfekt Ähnliches wie das Präteritum.
Oft hat es aber einen Bezug zur Gegenwart und besagt, dass etwas vor der Gegenwart liegt (Vorgegenwart):
Weil du gewonnen hast, bekommst du den Preis.

Perfekt für die Zukunft
Morgen hast du alles vergessen.
In drei Tagen bist du geheilt.

TIPP

Landschaftlich wird manchmal das Perfekt mit *sein* gebildet, wo standardsprachlich *haben* zu verwenden ist. Also:
Der Baum hat ~~(ist)~~ schon immer da gestanden.
Wo hast du ~~(bist du)~~ gesteckt?
Wer hat ~~(ist)~~ auf diesem Stuhl gesessen?

DEFINITION UND BILDUNG DES PLUSQUAMPERFEKTS

Das **Plusquamperfekt** ist ein zusammengesetztes Tempus. Es wird gebildet mit einer Präteritumform der Hilfsverben *haben* oder *sein* und dem Partizip II:
Sie hatten schon alles weggeputzt, als es losging.
Wir waren kaum angekommen, da klingelte es.

Das Plusquamperfekt entspricht in der Bildung dem Perfekt.

Plusquamperfekt	**Perfekt**
hatte gesehen	*habe gesehen*
war gegangen	*bin gegangen*

FUNKTION DES PLUSQUAMPERFEKTS

Das Plusquamperfekt drückt Vergangenheit aus in Bezug auf einen vergangenen Zeitpunkt (Vorvergangenheit).
Es besagt, dass ein Geschehen zu diesem Zeitpunkt abgeschlossen war, aber noch nachwirkt:
Ich hatte schon alle Läden geschlossen. Da kam der Sturm.

TIPP

Meide das Superplusquamperfekt: ~~*Sie hatten alles geschlossen gehabt*~~. Diese Bildung ist nur in Dialekten üblich.

1.1.7 Tempus: Futur

DEFINITION UND BILDUNG DES FUTURS I

Das **Futur I** ist ein zusammengesetztes Tempus. Es wird gebildet mit einer Präsensform des Hilfsverbs *werden* und dem Infinitiv:
Wir werden bleiben, ihr werdet gehen, du wirst siegen.

FUNKTION DES FUTURS I

Futur für die Zukunft
Sie werden bald in die höhere Liga aufsteigen.
Der Sprecher drückt aus, dass das Geschehen nach der Sprechzeit abläuft. Das Futur I wird auch verwendet für Versprechungen und Prophezeiungen. In der Anrede kann das Futur zum strengen Befehl werden:
Du wirst jetzt gehen!

Futur für Vermutung
(Was macht Hans?) Er wird arbeiten.
(Warum ist Verena nicht da?) Sie wird wohl krank sein.
Der Sprecher äußert eine Vermutung über ein gegenwärtiges Geschehen oder einen gegenwärtigen Zustand.

TIPP

Oft genügt das Präsens für die Zukunft.
Wenn die gemeinte Zeit deutlich ist, ist das Futur zu stark.
Also: *Ich verspreche, dass ich komme.*
Nicht: *Ich verspreche, dass ich kommen werde.*

Man sollte aber beachten, dass das Präsens auch zeitlos verstanden werden kann. Unterscheide:
Wenn wir gegessen haben (werden), werden wir schwimmen gehen.
Wenn wir gegessen haben, gehen wir schwimmen.
Das Letztere kann nämlich heißen, dass wir das regelmäßig tun.

DEFINITION UND BILDUNG DES FUTURS II

Das **Futur II** ist ein zusammengesetztes Tempus. Es wird gebildet mit einer Präsensform des Hilfsverbs *werden*, dem Infinitiv des Hilfsverbs *haben* oder *sein* und dem Partizip II:
Dann werden wir so lange geübt haben, dass es klappen könnte.

FUNKTION DES FUTURS II

Das Futur II wird selten gebraucht.

Vergangenheit in der Zukunft
Morgen wirst du alles vergessen haben.
Im nächsten Jahrhundert werden Löwen ausgestorben sein.
Der Sprecher drückt aus, dass das Geschehen zu einem Zeitpunkt nach der Sprechzeit abgelaufen sein wird.

Vermutungen über Vergangenes
Er wird sein Geld verloren haben.
Der Sprecher drückt eine (gegenwärtige) Vermutung über ein vergangenes Geschehen aus.

1.1.8 Der Modus des Verbs: Indikativ und Konjunktiv

DEFINITION UND BEISPIEL

Finite Verbformen stehen in einem **Modus**. Mit dem Modus kann der Sprecher darlegen, ob er seine Aussage für gewiss hält, für notwendig, für wahrscheinlich, für möglich oder für ungewiss.

Der **Indikativ** (die Wirklichkeitsform) kann Aussagen als tatsächlich und sicher hinstellen:
Draußen regnet es.

Der **Konjunktiv** (die Möglichkeitsform) kann Aussagen als unsicher, als nur möglich, erwünscht oder als berichtet darstellen:
Ich bliebe nicht hier.
Es gibt im Deutschen den Konjunktiv I und II.

Der **Imperativ** (die Befehlsform) verlangt vom Angesprochenen etwas zu tun, damit die Aussage erfüllt wird:
Gib das Geld nicht aus der Hand!

FUNKTION DES INDIKATIVS

Der **Indikativ** im Hauptsatz stellt die Aussage als sicher dar, der Sprecher behauptet mit vollem Wahrheitsanspruch:
Claudia hat die Kirschen gegessen.
Der Sprecher erhebt jedoch nur einen Anspruch auf Wahrheit: Was als sicher und richtig dargestellt wird, muss nicht richtig sein. Sogar für offenbar Falsches kann ein Wahrheitsanspruch erhoben werden:
Zwei mal zwei ist fünf.

Im Nebensatz ist der Indikativ neutral. In einem *wenn*-Satz ist nichts behauptet, trotzdem steht der Indikativ:
Wenn es schneit, fahren wir Ski.
Der Modus kann durch den übergeordneten Satz oder eine Verbform angezeigt sein. Auch dann kann im Nebensatz der Indikativ stehen:
Es ist möglich, dass er kommt.
Es ist unsicher, ob er kommt.
Wir bezweifeln, dass er kommt.

BILDUNG DES KONJUNKTIVS I

Der **Konjunktiv I** wird gebildet vom Präsensstamm. Sein Kennzeichen ist in einigen Formen ein eingefügtes -*e*-:

Konjunktiv I	**Konjunktiv I**	**Konjunktiv I**
ich habe	*ich sei*	*ich müsse*
du habest	*du seist*	*du müssest*
er/sie/es habe	*er/sie/es sei*	*er/sie/es müsse*
wir haben	*wir seien*	*wir müssen*
ihr habet	*ihr seiet*	*ihr müsset*
sie haben	*sie seien*	*sie müssen*

In vielen Formen lautet der Konjunktiv I wie der Indikativ Präsens. In der 2. Person Singular und Plural wird meistens das unterscheidende -*e*- eingeschoben. Deutlich ist immer die 3. Person Singular, weil sie im Konjunktiv auf -*e* endet, im Indikativ auf -*t*:
habe – hat, gebe – gibt
Modalverben unterscheiden den Konjunktiv I vom Indikativ durch das Einschub-e und den Umlaut. Hier lauten nur die 1. und 3. Person Plural gleich:
können, dürfen, mögen, sollen, wollen

FUNKTION DES KONJUNKTIVS I

Der Konjunktiv I wird verwendet zum Ausdruck der Unsicherheit und Nichtwirklichkeit.

Distanzierter Bericht, indirekte Wiedergabe
Es hieß, dass er morgen komme.
Man berichtete, er komme morgen.

Dieser Gebrauch ist häufig in der indirekten Rede nach redeeinleitenden Verben wie *sagen, behaupten, berichten* usw. Er kommt in Hauptsätzen und Nebensätzen vor:
Es hieß, er komme morgen. Er habe alles vorbereitet.

Aufforderung oder Wunsch
Er lebe hoch!
Man nehme ein Pfund Mehl ...

Setzen einer Bedingung
Sei $x=3$ und $y=5$.

KLEINGEDRUCKTES

Der Konjunktiv bezeichnet kein Tempus, obwohl seine Formen mit Tempusformen verwandt sind.
Darum kann der gleiche Konjunktiv im Nebensatz stehen, egal, welches Tempus im Hauptsatz steht:
Sie behaupten, dass er komme.
Sie behaupteten, dass er komme.
Sie haben behauptet, dass er komme.
Aber der Konjunktiv in einem zusammengesetzten Tempus zeigt die Vorzeitigkeit:
Sie behaupten, dass er gekommen sei.

BILDUNG DES KONJUNKTIVS II

Der **Konjunktiv II** wird gebildet vom Präteritalstamm:

regelmäßig		**unregelmäßig**	
Indikativ	**Konjunktiv II**	**Indikativ**	**Konjunktiv II**
ich legte	*ich legte*	*ich schlief*	*ich schliefe*
du legtest	*du legtest*	*du schliefst*	*du schliefest*
er/sie/es legte	*er/sie/es legte*	*er/sie/es schlief*	*er/sie/es schliefe*
wir legten	*wir legten*	*wir schliefen*	*wir schliefen*
ihr legtet	*ihr legtet*	*ihr schlieft*	*ihr schliefet*
sie legten	*sie legten*	*sie schliefen*	*sie schliefen*

1. und 3. Person Plural des Konjunktivs II unterscheiden sich in ihrer Endung nicht vom Indikativ Präteritum.
Wenn möglich, wird aber im Konjunktiv II umgelautet, sodass der Umlaut ein Kennzeichen für Konjunktiv II ist.
Bei den regelmäßigen Verben lauten Präteritum und Konjunktiv II in allen Formen gleich.

Funktion des Konjunktivs II

Distanzierter Bericht, indirekte Wiedergabe
Es hieß, sie kämen morgen.
Es wurde berichtet, dass sie morgen kämen.
Dieser Gebrauch ist besonders häufig in der indirekten Rede nach *sagen, berichten, behaupten*; auch in Hauptsätzen:
Es hieß, wir kämen morgen. Wir hätten alles vorbereitet und hätten unsern Besuch angekündigt.

Vorgestelltes, nicht Wirkliches (irreal)
Wär ich doch endlich groß!
(Ich bin es aber nicht.)
Wenn sie früher gekommen wäre, wäre alles gut gegangen.
(Sie ist aber nicht gekommen und es ist nicht gut gegangen.)
Hier wird immer mit gesagt, dass es tatsächlich nicht so ist.

Abschwächung und Höflichkeitsfloskel
Sie wären die Richtige für uns.
Könnten Sie mir das Salz reichen?
In diesem Gebrauch bewirkt der Konjunktiv II eine Abschwächung; die Aufforderung oder Bitte wirkt weniger direkt.

Kleingedrucktes

Die *würde*-Umschreibung ist der Ersatz für ungebräuchliche oder undeutliche Konjunktivformen. Sie wird gebildet mit dem Konjunktiv II von *werden* und dem Infinitiv:

ich würde legen
du würdest legen
er/sie/es würde legen
wir würden legen
ihr würdet legen
sie würden legen

Die *würde*-Umschreibung wird wie der Konjunktiv II gebraucht:
Es hieß, sie würden abreisen.
Würdest du eher gehen, würde sie bleiben.
Ich würde das tun.
Würden Sie mir das Salz reichen?

Tipp

Verwende die *würde*-Umschreibung nicht als bequeme Allerweltsform.
Wenn der irreale Konjunktiv II deutlich ist, sollte man die *würde*-Umschreibung vermeiden:
Wenn du wüsstest/könntest/hättest …
~~*Wenn du wissen/können/haben würdest …*~~
~~*Wenn ich ein Vöglein sein würde …*~~

Als ungewöhnlich und altertümelnd gelten Konjunktivformen auf *ö* wie *schwömme, flöhe, quölle, mölke, föchte*, außerdem *hülfe*. Man vermeidet sie gern und verwendet an ihrer Stelle die *würde*-Umschreibung.
Bei einigen Verben gibt es Doppelformen:
stände/stünde, begänne/begönne, schwüre/schwöre.

1.1.9 Der Imperativ

DEFINITION

Der **Imperativ** als Befehlsform dient zum Auffordern. Darum bezeichnet der Imperativ die Noch-nicht-Wirklichkeit: Der Sprecher verlangt, dass etwas erst wahr gemacht oder vollzogen wird.
Ein Verb hat zwei Imperativformen, eine für den Singular, eine für den Plural.

BILDUNG

Der Imperativ Singular ist bei Ablautverben der reine Stamm:
lieg, geh, bring, fang, denk, schneid
Öfter wechselt aber der Vokal von e zu *i*:
lies, vergiss, gib, hilf, iss, sieh

In der Schriftsprache wird meist ein -e angehängt:
bringe, denke, fange usw.
Bei regelmäßigen Verben wird dem Stamm ein -e angehängt:
lege, rede, sage, mache, koche, setze, hole, füttere

Dieses -e wird in der gesprochenen Sprache oft weggelassen:
hol, sag, mach
Der Imperativ Plural ist bei allen Verben die 2. Person Plural Indikativ:
macht, sagt, atmet, holt, denkt, gebt, geht, nehmt, erschreckt

FUNKTION

Der Imperativ wird verwendet, um den Angesprochenen aufzufordern eine Handlung auszuführen. Er ist auf eine zukünftige Handlung bezogen und immer als Anrede an Partner gerichtet, in der das *du* oder das *ihr* ausgelassen ist. Der Gebrauch des Imperativs setzt aber voraus, dass der Sprecher den oder die Angesprochenen duzt.
Sonst muss er die Höflichkeitsform wählen:
Seien Sie nicht ängstlich! Kommen Sie zu uns!

FORMEN

Aufforderungen gibt es in verschiedener Stärke (*bitten, auffordern, anweisen, befehlen*) und in verschiedenen sprachlichen Formen.

Direkte Aufforderungen
Imperativ
Nimm, nehmt, spring, springt!
Höflichkeitsform
Nehmen Sie (bitte) …
Eigenes Verb
Ich befehle dir, dass du gehst.
Ich fordere dich auf zu gehen.

Indirekte Aufforderungen
Frage
Geben Sie mir bitte Salz?
Modalverb
Könnten Sie mir Salz geben?
***würde*-Umschreibung**
Würden Sie mir Salz geben?
Feststellung
Ich möchte, dass du kommst.
Modalverb
Du sollst kommen.

Strenger Befehl
Infinitiv
Aufstehen!
Partizip II
Stillgestanden!
Passiv
Jetzt wird geschlafen!
Futur
Du wirst jetzt schlafen!
Modaler Infinitiv
Die Kleider sind abzulegen.

TIPP

Imperative wie *werfe, nehme, esse, gebe* gehören der Umgangssprache an. In der Standardsprache muss es heißen: *wirf, nimm, iss, gib; empfiehl, befiehl.*

Außerdem: Der Imperativ zu *jemanden erschrecken* heißt: *Erschrecke ihn!*
Der Imperativ zu *selbst erschrecken* heißt:
Erschrick bitte nicht!

1.1.10 Aktiv und Passiv

DEFINITION UND BEISPIELE

Die gängigen Personalformen des Verbs sind die Aktivformen.
Im Kontrast zum Aktiv steht das **Passiv**. Passivgruppen sind die hervorgehobenen Verbalgruppen in folgenden Beispielen:

Eine Kirche ***wird gebaut.***
Die Reisen ***werden verschoben.***
Das Abkommen soll ***getroffen werden,*** *sobald die Bedingungen* ***erfüllt wurden.***
Erst ***wird gegessen.***

BILDUNG

Passivgruppen werden gebildet mit einer Form des Hilfsverbs *werden* + Partizip II.
Passiv sollte man nicht mit Futur verwechseln. Im Futur regiert *werden* kein Partizip, sondern einen Infinitiv:

Passiv	**Futur**
(Sie) werden gebaut.	*(Wir) werden bauen.*
(Es) wird verschoben.	*(Er) wird verschieben.*

Das sogenannte **Zustandspassiv** wird gebildet mit einer Form des Hilfsverbs *sein* + Partizip II:
Der Garten ist von einem Zaun umgeben.

FUNKTION

Das Passiv hat gegenüber dem Aktiv eine besondere Funktion. Es kann den Satz um das handelnde Subjekt verkürzen:

Ein Mechaniker repariert meinen Wagen.
Subjekt – **Objekt**
▼
Subjekt
Mein Wagen wird repariert.

Da der Passivsatz aber ein Subjekt braucht, wird das Objekt zum Subjekt erhoben. Ist kein Objekt da, kann nur ein **unpersönliches Passiv** (ohne eigentliches Subjekt) gebildet werden:
Wir tanzen heute. – Heute wird getanzt. – Es wird heute getanzt.

Mit dem Passiv wählt man eine andere Sichtweise. Man stellt nicht mehr dar aus der Sicht der Handelnden, sondern vom Betroffenen her. Der Handelnde wird im Text oft nicht genannt. Jedoch kann er (das Aktivsubjekt) auch im Passiv genannt werden, wenn er wichtig ist:
Mein Wagen wird ***von einem Lehrling*** *repariert.*
Das Gelände wurde ***durch die Polizei*** *abgeriegelt.*

Hier erkennt man die volle Vertauschung im Passiv:

Jemand repariert meinen Wagen.
Subjekt – **Objekt**
Subjekt – **Präpositionalgruppe**
Mein Wagen wird von jemandem repariert.

TIPP

Das Passiv kommt häufig in sachlichen Texten vor, wo weniger die handelnden Personen im Vordergrund stehen als vielmehr die Handlung, der Vorgang oder das Ergebnis (z. B. im Protokoll). Oft wirkt das Passiv aber unpersönlich und stilistisch schwerfällig.
Vorsicht mit *durch*-Anschlüssen. Sie nennen eigentlich eher die Ursache als den Täter. Darum wirken sie bei Menschen manchmal unpersönlich:
Die Familie wurde durch Fremde unterstützt.
Gefährlich wird es, wenn die Grundbedeutung von *durch* durchschimmert:
Durch den Elektroofen kann ich später aufstehen.
Bei *von*-Anschlüssen können Zweideutigkeiten entstehen:
Die Spielerin wird von der Eintracht ausgeliehen.
Sie sollen von uns getrennt werden.

1.2 Das Nomen/Substantiv

DEFINITION UND BEISPIELE

Nomen (auch Nomina, Substantive, Namenwörter, Hauptwörter, Dingwörter genannt) sind Wörter wie *Jahr, Tag, Leute, Mutter, Zeit, Haus, Mann, Wald, Kind, Krieg, Geschäft, Schleckerei, Achtung, Essware.*
Um Nomen zu erkennen kann man folgende Proben machen:

1. Kann ein Begleiter davor stehen, der sich auf das Wort bezieht? Zum Beispiel *der, ein, diese, meine, manche, kein, jedes, alle?*
   Jedes Lügen enttäuscht mich.
   Sein Deutsch gefällt mir.
   Das war zum Heulen. (In *zum* steckt ein Artikelrest.)
   Alles Gute.
   Da hilft kein Wenn und Aber.
2. Kann man einen Plural bilden?
   Ahs und Ohs kamen von überall.
   Deine Fünfen musst du ausgleichen.
3. Kann man *-chen* oder *-lein* anhängen?
   Haus – Häuslein, Hans – Hänschen
4. Endet das Wort auf *-ung, -keit, -heit, -schaft?*

Wenn eine der Proben aufgeht, handelt es sich um ein Nomen.

INHALTLICHE EINTEILUNG

Nomen gibt es sehr viele. Mit Nomen beziehen wir uns auf das, worüber wir sprechen: Dinge, Lebewesen, Menschen, Pflanzen, Gattungen, Sachverhalte, Handlungen, Vorgänge, Begriffe, Gefühle und vieles andere.

Konkreta (Singular: Konkretum) bezeichnen konkrete Gegenstände, die wir mit den Sinnen wahrnehmen.

Lebewesen:	*Pferd, Schaf, Laus, Vogel, Seehund*
Pflanzen:	*Rose, Kohl, Eiche, Gras, Holunder*
Dinge:	*Tisch, Auto, Gabel, Kleid, Haar*

Abstrakta (Singular: Abstraktum) bezeichnen abstrakte Gegenstände, zum Beispiel etwas Vorgestelltes, Begriffliches, Gefühle.

Handlungen:	*Spiel, Abstoß, Lauf, Fernsehen, Reise*
Begriffe:	*Freiheit, Jahr, Menge, Nähe, Zahl, Idee*
Eigenschaften:	*Schönheit, Würde, Kraft, Farbe*
Vorgänge:	*Regen, Explosion, Wachstum, Entstehung*
Zustände:	*Fieber, Ruhe, Angst, Hunger*

ARTEN

Eigennamen
Nomen, die ein Einzelwesen oder Einzelding bezeichnen.
Menschen
Rudi Rummenigge, Tina Bäcker
Städte
Paris, Berlin
Länder
England, Polen
Straßen
Moltkestraße, Rainweg
Tiere
Minka, Hasso

Zählnomen
Nomen, die eine Gegenstandsart bezeichnen, in der wir aber einzelne Gegenstände unterscheiden:
diese drei schönen Katzen
meine allerschönsten Stunden
Katze bezeichnet eine Tierart, aber mit dem Wort kann man auch jede einzelne Katze meinen.

Massenomen
(Stoffnamen)
Nomen, die etwas als ungegliederte Masse darstellen, in der wir keine Einzeldinge unterscheiden.
Stoffe und Materialien:
Papier, Gold, Fleisch, Wolle, Eis, Dreck, Musik, Lärm, Erfahrung, Physik

Sammelnomen
(Kollektiva)
Nomen, die eine gegliederte Vielheit als Ganzheit bezeichnen:
Vieh, Gebirge, Mannschaft, Bürgerschaft, Ungeziefer, Unkraut
Ein Gebirge ist eine Ganzheit, die aber aus einzelnen Bergen besteht.

EIGENSCHAFTEN

Vor den Nomen stehen oft Begleiter und Adjektive:
die schöne neue Welt,
manche Leute von gestern
Jedes Nomen hat ein festes Genus (grammatisches Geschlecht):
der Raum (maskulin), *die Kappe* (feminin), *das Motto* (neutral)

Jedes Nomen kommt in verschiedenen Formen vor. Es wird dekliniert
- nach Numerus (grammatische Zahl): *das Haus – die Häuser*
- nach Kasus (grammatischer Fall): *das Haus – des Hauses – dem Haus – das Haus*

ÜBERBLICK

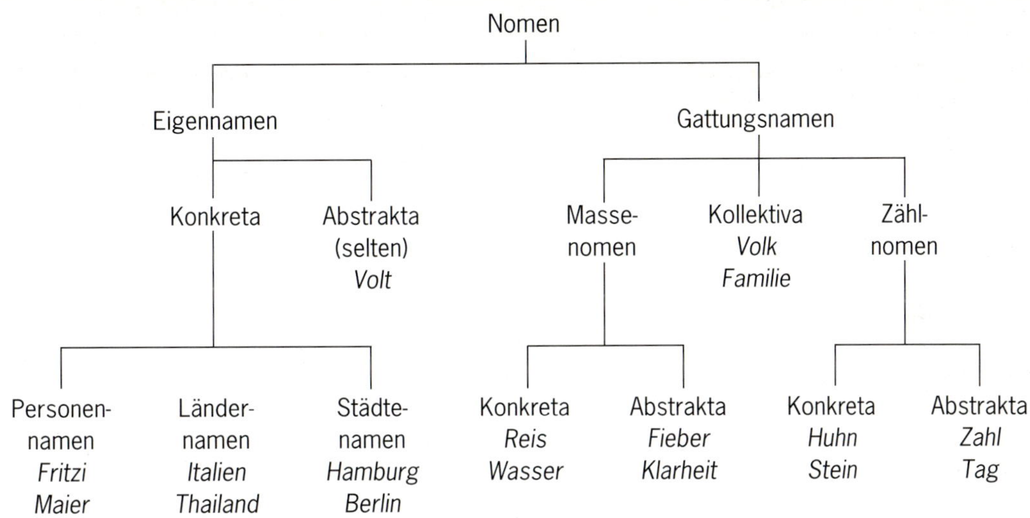

1.2.1 Genus des Nomens/Substantivs

DEFINITION

Nomen haben ein festes **Genus** (grammatisches Geschlecht). Es gibt drei Genera:

Maskulinum	**Femininum**	**Neutrum**
(männlich)	(weiblich)	(sächlich)
der Fuß	*die Klasse*	*das Buch*
der Tag	*die Leiter*	*das Ohr*
der Vater	*die Frau*	*das Bett*
der Saum	*die Maus*	*das Eis*

Man sieht dem Nomen sein Genus meistens nicht an. Manchmal erkennt man es an der Endung: *Lehrerin*, meistens nur an der Artikelform. Das Genus darf nicht mit dem natürlichen Geschlecht verwechselt werden.

FUNKTION

Wenn das Bezeichnete ein Geschlecht hat, muss es nicht mit dem Genus übereinstimmen: *Mädchen* sind weiblich, aber *das Mädchen* ist Neutrum; *Weiber* sind weiblich, aber *das Weib* ist Neutrum; *der Doktor* ist Maskulinum, aber er kann weiblich oder männlich sein; *die Biene* ist Femininum, aber sie kann männlich oder weiblich sein.

Die Personenbezeichnungen *Lehrer, Student, Schneider, Verkäufer, Arzt* sind maskulin. Aber die Personen können auch weiblich sein. Will man dies deutlicher zum Ausdruck bringen, hängt man eine Endung an: *Lehrerin, Studentin, Schneiderin, Verkäuferin, Ärztin.* Diese Nomen sind feminin und bezeichnen weibliche Personen.

Genauer kann man auch *Bürgermeisterin, Ministerin, Präsidentin, Professorin* sagen.
Wenn man zeigen will, dass man Frauen und Männer gleichzeitig meint, muss man umständlicher werden:
Lehrerinnen und Lehrer, Kauffrauen und Kaufmänner.
Nur schriftlich geht *Lehrer/innen, Schüler/innen.*

SCHWANKENDES GENUS

Bei manchen Nomen ist das Genus allgemein unsicher. In der Standardsprache sollte man das üblichere Genus wählen:

der (das) *Dotter – Poster – Joghurt – Gulasch*

der (das) *Dschungel – Meter – Keks – Filter*

das (der) *Bonbon – Lineal – Lasso*

der (die) *Abscheu – Gabardine – Salbei*

die (der) *Gischt – Spachtel – Klunker*

FREMDWÖRTER

Viele Fremdwörter behalten im Deutschen das Genus aus der Herkunftssprache: *die Pizza, der Ballon.*
Bei vielen Fremdwörtern kann man das Genus an ihrer Endung erkennen.

Maskulinum
-and: *Konfirmand*
-ier: *Bankier*
-or: *Motor*
-ist: *Optimist*
-ismus: *Idealismus*

Femininum
-ade: *Marmelade*
-age: *Etage*
-ion: *Reduktion*
-ine: *Maschine*
-ive: *Defensive*
-ose: *Neurose*
-üre: *Broschüre*

Neutrum
-(i)um: *Faktum, Atrium*
-ment: *Abonnement*
-ma: *Klima*
-ett: *Tablett*
-in: *Benzin*
-ing: *Dribbling*

KLEINGEDRUCKTES

Öfter hat ein Nomen in der Umgangssprache oder im Dialekt ein anderes Genus als in der (geschriebenen) Standardsprache.

Standardsprache	**Umgangssprache/Dialekt**
die Butter	*der Butter*
der Sakko	*das Sakko*
der Sellerie	*die Sellerie*
der Kamin	*das Kamin*

Bei seltenen Nomen ist man oft unsicher, welches Genus sie haben. Es heißt:
das Bollwerk, der Fittich, das Gebaren, der Gewahrsam, die Trübsal, der Verbleib, die Wehmut, der Zwist

1.2.2 Numerus des Nomens/Substantivs: Singular und Plural

DEFINITION UND BEISPIELE

Jedes Nomen steht in einem Numerus.
Es gibt im Deutschen zwei Numeri:
den **Singular** (Einzahl) und den **Plural** (Mehrzahl).

Singular	**Plural**
Auto, Land	*Autos, Länder*
Tag, Laus	*Tage, Läuse*
Wagen, Bogen	*Wagen, Bögen*

FUNKTION

Der **Singular** zeigt an, dass nur ein Gegenstand der jeweiligen Art gemeint ist. Der Plural zeigt an, dass mehr als ein Gegenstand gemeint ist. Fast alle Nomen können sowohl im Singular als auch im Plural stehen.
Einige Nomen kommen nur im Plural vor:
die Eltern, die Leute, die Spesen, die Kosten,
die Masern, die Alpen, die Trümmer, die Spaghetti,
die USA, die Shorts, die Ferien, die Flitterwochen
Massenomen oder Sammelwörter bilden meistens keinen Plural:
Gold, Butter, das Schöne, Mumps, Leichtathletik, Obst, Laub

Bildet man von solchen Nomen doch Plurale, so bezeichnen sie unterschiedene Einzeldinge:
drei Schnäpse (Gläser Schnaps)
die vier Winde
Will man verschiedene Arten unterscheiden, verwendet man Komposita:
Buttersorte, Obstsorte, Leichtathletikdisziplin, Goldart, Billardform, Zuckerstück, Luftzug
In manchen Fällen wird auch hierfür der Plural verwendet:
Gräser, Hölzer, Weine, Salze, Gemüse, Marmeladen, Wässer, Lüfte

KLEINGEDRUCKTES

Eigennamen
Viele Namen werden fast nur im Singular verwendet. Wird doch der Plural verwendet, so sind entweder mehrere Individuen gleichen Namens gemeint oder der Eigenname wird zum Gattungsnamen:
die Meiers, die Nikoläuse, die Anjas
drei neue Napoleons
Beckenbauers sind selten.

Währungs- und Münzbezeichnungen
50 Mark, acht Dollar, drei Pfund, dreißig Schilling
Dagegen:
1000 Peseten, 100 Franken, dreißig Kronen

Bei Maß- und Mengenangaben ist zu beachten: Nomen wie *Sack, Fass, Glas* usw., die Mengen abgrenzen, können im Singular statt im Plural stehen:
drei Säcke Zucker – drei Sack Zucker
tausend Fässer Wein – tausend Fass Wein
zwei Gläser Milch – zwei Glas Milch
Manchmal ist fast nur der Singular üblich:
zehn Mann Besatzung
acht Schuss Munition
drei Pfund Gurken, vier Kilo Mehl
Dies gilt aber nur für Maskulina und Neutra. Feminina werden voll dekliniert:
dreißig Ellen Tuch, fünf Flaschen Wein
tausend Dosen Gemüse, zwei Tassen Kaffee

TIPP

Falls mit dem Plural wirklich mehrere Gegenstände gemeint sind, man aber nur von einem sprechen will, muss man ein anderes Wort oder eine Zusammensetzung wählen:

Eltern – ein Elternteil
Geschwister – ein Bruder
Ferien – Ferientag
Leute – eine Person

BILDUNG DES PLURALS

Zur Markierung des Plurals gibt es fünf Möglichkeiten: die Endungen *-en*, *-e*, *-er* und *-s* und dazu den Umlaut.

Plural mit -e
Tage, Hunde, Steine
Kenntnisse, Jahre, Schiffe
Nach *-en*, *-el*, *-er* oder *-e* entfällt das Plural-*e*:
Balken, Lehrer, Fenster, Kissen, Segel, Gewebe

Plural mit -e + Umlaut
Stäbe, Türme, Klötze
Kräfte, Nächte, Nöte
Bei Nomen auf *-e* oder einen andern Vokal oder auf *-el*, *-en* oder *-er* fällt das Endungs-e aus:
Nägel, Gräben, Töchter

Plural mit -er
Geister, Wälder, Würmer
Täler, Bilder, Spitäler
Der Umlaut ist eigentlich kein Pluralkennzeichen. Umgelautet werden alle Vokale, die umlautfähig sind:
a → *ä*   *o* → *ö*   *u* → *ü*

Plural mit -en
Strahlen, Fürsten, Frauen
Taten, Ohren, Betten
Bei Nomen auf *-e* oder einen andern Vokal (außer *au* und *ei*) oder auf *-el*, *-er*, *-ar* entfällt das *e* der Endung *-en*.
Nachbarn, Regeln, Enden

Plural mit -s
Streiks, Uhus, Loks
Muttis, Motels, Pkws
Bars, Radios, Tickets
Den *s*-Plural haben Wörter auf vollen Vokal, der nicht den Hauptton trägt, Abkürzungen und Kurzwörter, außerdem Fremdwörter und ein paar Wörter aus der Seemannssprache:
Wracks, Decks, Docks

KLEINGEDRUCKTES

Gleich lautende Wörter mit unterschiedlicher Bedeutung (Homonyme) bilden oft ihren Plural verschieden.

die Bank	*Banken* (Geldinstitut)
	Bänke (zum Sitzen)
der Strauß	*Strauße* (Vogel)
	Sträuße (von Blumen)
der Ort	*Orte* (Stadt usw.)
	Örter (math. Fachausdruck)
das Wort	*Wörter* (einzeln)
	Worte (Aussprüche und Äußerungen)

Manche Homonyme unterscheiden sich durch Pluralbildung und durch ihr Genus.

der Band	*Bände* (Buch)
das Band	*Bänder* (Streifen)
der Schild	*Schilde* (Schutzschild)
das Schild	*Schilder* (Tafel)
der Gehalt	*Gehalte* (Inhalt)
das Gehalt	*Gehälter* (Verdienst)
der Flur	*Flure* (Korridor)
die Flur	*Fluren* (Feld)

TIPP

Nomen mit der Endung *-tum* bilden *er*-Plural:
Bistümer, Weistümer

Es gibt Zweifelsfälle und Doppelformen:
Bogen/Bögen, Laden/Läden, Hammel/Hämmel, Kasten/Kästen, Krane/Kräne, Schlucke/Schlücke, Wagen/Wägen
In der Regel sind die Umlaut-Formen nur regional.

KLEINGEDRUCKTES

Fremdwörter bilden meistens *s*-Plural:
Twens, Steaks, Papayas, Jobs, Keyboards, Tandems
Viele Fremdwörter haben Plural auf *-en*:
das Museum – Museen
das Individuum – Individuen
das Virus – Viren
der Organismus – Organismen
das Album – Alben
der Kaktus – Kakteen
das Ministerium – Ministerien

Zum Merken:
das Komma – Kommata/Kommas
das Maximum – Maxima
das Neutrum – Neutra
das Visum – Visa
das Hobby – Hobbys
das Pony – Ponys
Einige Nomen haben ungewöhnliche Pluralformen:
die Atlanten, die Globen, die Kakteen
Vermeide: ~~*die Atlasse*~~, ~~*die Globusse*~~, ~~*die Kaktusse*~~

TIPP

Manchmal wird das Plural-*s* angehängt an fremdsprachige Plurale: ~~*Solis, Divertimentis*~~. Das ist überflüssig.
Ebenso falsch sind ~~*Thematas*~~, ~~*Schematas*~~ oder ~~*Lexikas*~~.
Richtig heißen die Plurale: *Soli, Divertimenti, Themata/Themen, Schemata/Schemas, Lexika.*

1.2.3 Der Kasus des Nomens/Substantivs

DEFINITION

Jedes Nomen nimmt verschiedene **Kasusformen** (grammatische Fälle) an. Mit dem Kasus (Plural: die Kasus) wird die grammatische Rolle im Satz gekennzeichnet. Es gibt im Deutschen vier Kasus. Jedes Nomen hat die Kasus sowohl im Singular als auch im Plural.

Kasus	**Singular**	**Plural**
Nominativ (1. Fall)	*der Tag*	*die Tage*
Genitiv (2. Fall)	*des Tag(e)s*	*der Tage*
Dativ (3. Fall)	*dem Tag(e)*	*den Tagen*
Akkusativ (4. Fall)	*den Tag*	*die Tage*

BILDUNG

Im Singular gibt es drei Deklinationsklassen.

s-Deklination

der Tod	*dem Tod(e)*
des Tod(e)s	*den Tod*

In diese Klasse gehören fast alle Neutra.
Im Genitiv und Dativ wird aus lautlichen Gründen das *e* oft ausgelassen. Endet das Nomen auf einen *s*-Laut (*s, ß, x, z oder tz*), so muss im Genitiv immer die volle *es*-Endung stehen: *des Glases.*
Die vollen Endungen klingen oft etwas feierlich (besonders das Dativ-e).

Endungslose Deklination

die Quelle	*der Quelle*
der Quelle	*die Quelle*

Der Kasus wird nur durch den Begleiter angezeigt. Hierzu gehören alle Feminina und einige Fremdwörter auf *s*:
der Rhythmus, des Rhythmus, dem Rhythmus, den Rhythmus

***(e)n*-Deklination**

der Student	*dem Studenten*
des Studenten	*den Studenten*

Das *e* der Endung *-en* wird ausgelassen, wenn das Nomen schon auf *-e* oder vollen Vokal (außer *au* und *ei*) endet oder auf *-el, -er:*
der Glaube, des Glaubens, dem Glauben, den Glauben

TIPP

Bei **Fremdwörtern** haben wir oft Zweifel, wie sie zu deklinieren sind.

n-Deklination haben Personenbezeichnungen auf:
-ant: *des Protestanten, dem Passanten*
(Ausnahme: *dem Leutnant, des Leutnants)*
-graf: *des Fotografen, den Stenografen*
-at: *des Soldaten, Diplomaten*
(Ausnahme: *des Senats* u. a.*)*
-et: *des Poeten, dem Planeten*
-it: *des Banditen, des Satelliten*
-ot: *des Piloten, dem Idioten, des Patrioten*
-soph: *des Philosophen*
-ent: *des Dirigenten, dem Patienten*
(Ausnahme: *des Kontinents, des Orients)*
-ast: *des Gymnasiasten*
-ist: *des Touristen, dem Polizisten*
-agoge: *des Demagogen, einen Pädagogen*
-loge: *des Philologen, den Meteorologen*
-nom: *des Astronomen, dem Ökonomen*

s-Deklination haben Fremdwörter auf:
-ar: *des Jubilars*
-or: *des Direktors*
Außerdem alle Maskulina und Neutra:
des Friseurs, des Autos

AUSNAHMEN

Einige maskuline Nomen haben zwei Nominativformen:
der Funke/Funken, der Name/Namen, der Friede/Frieden, der Gedanke/Gedanken
Eine Reihe von Nomen wird manchmal nach der *s*-Deklination, manchmal nach der *n*-Deklination dekliniert.
Die *n*-Deklination wirkt hier stilistisch besser, sie ist in der Schriftsprache üblich.

schriftsprachlich	**umgangssprachlich**
des Bären, dem Bären, den Bären	*des Bärs, dem Bär, den Bär*
des Buben, dem Buben, den Buben	*des Bubs, dem Bub, den Bub*
des Narren, dem Narren, den Narren	*des Narrs, dem Narr, den Narr*

KLEINGEDRUCKTES

Im heutigen Deutsch hört man öfter: *des Dollar, des Genitiv*. Das kann der Deutlichkeit abträglich sein. Also: Achte auf Deutlichkeit des Kasus. Auch der Artikel trägt dazu bei.
Monatsnamen werden öfter ohne Deklinationsendung gebraucht, z.B. *des Januar(s), des Juni(s)*;
vor allem *Anfang Januar, Mitte Juli, Ende Oktober*.
Personennamen haben nur im Genitiv eine Endung, nämlich die Endung *-s*:
Heinis Lauf, Gerdas Zimmer, Goethes Gedichte, die Theorie Einsteins

Geht ein Begleiter voraus, der den Kasus anzeigt, so bleibt der Name endungslos:
das Tor des Gerd Müller
das Gedicht der Droste
Endet der Personenname auf einen *s*-Laut (*s, ß, x, z, tz*), wählt man statt Genitiv eine Umschreibung mit *von:*
der Lauf von Fritz, der Geburtstag von Iris
In der Schrift steht ein Apostroph zur Kennzeichnung des Genitivs:
Karres' Besuch, Leibniz' Theorie

1.2.4 Deklinationstypen des Nomens/Substantivs

DEFINITION

Im Deutschen gibt es zehn Deklinationstypen für Nomen. Man kann sie charakterisieren durch zwei Endungen: Genitiv Singular und Nominativ Plural.

ÜBERBLICK

Deklinationstyp 1: -, *-en*

	Singular	Plural
Nominativ	*die Frau*	*die Frauen*
Genitiv	*der Frau*	*der Frauen*
Dativ	*der Frau*	*den Frauen*
Akkusativ	*die Frau*	*die Frauen*

Ebenso: *Zeit, Sache, Maschine, Arbeit, Schule, Straße, Wirtschaft, Schwester, Kartoffel, Suppe*

Deklinationstyp 2: *-es, -en*

	Singular	Plural
Nominativ	*der Staat*	*die Staaten*
Genitiv	*des Staat(e)s*	*der Staaten*
Dativ	*dem Staat*	*den Staaten*
Akkusativ	*den Staat*	*die Staaten*

Ebenso: *Doktor, See, Motor, Rekrut, Professor, Typ, Vetter, Schmerz; Auge, Interesse, Hemd*

Deklinationstyp 3: *-en, -en*

	Singular	Plural
Nominativ	*der Herr*	*die Herren*
Genitiv	*des Herr(e)n*	*der Herren*
Dativ	*dem Herr(e)n*	*den Herren*
Akkusativ	*den Herr(e)n*	*die Herren*

Ebenso: *Bauer, Bub, Soldat, Nachbar, Mensch, Kamerad, Geselle, Fürst, Narr, Bursche, Hase*

Deklinationstyp 4: -, *-e*

	Singular	Plural
Nominativ	*die Kenntnis*	*die Kenntnisse*
Genitiv	*der Kenntnis*	*der Kenntnisse*
Dativ	*der Kenntnis*	*den Kenntnissen*
Akkusativ	*die Kenntnis*	*die Kenntnisse*

Ebenso: *Ersparnis, Besorgnis, Bewandtnis, Wirrnis, Trübsal, Labsal*

Deklinationstyp 5: *-es, -e*

	Singular	Plural
Nominativ	*der Tag*	*die Tage*
Genitiv	*des Tag(e)s*	*der Tage*
Dativ	*dem Tag*	*den Tagen*
Akkusativ	*den Tag*	*die Tage*

Ebenso: *Krieg, Abend, Sonntag, Weg, Berg, Herbst, Kerl, Geschäft, Ding, Stück, Beispiel, Brot*

Deklinationstyp 6: -, *-e* + Umlaut

	Singular	Plural
Nominativ	*die Hand*	*die Hände*
Genitiv	*der Hand*	*der Hände*
Dativ	*der Hand*	*den Händen*
Akkusativ	*die Hand*	*die Hände*

Ebenso: *Kuh, Nacht, Stadt, Frucht, Wurst, Magd, Luft, Wand, Haut, Kraft, Schnur, Braut, Axt, Angst*

Deklinationstyp 7: *-es, -e* + Umlaut

	Singular	Plural
Nominativ	*der Baum*	*die Bäume*
Genitiv	*des Baum(e)s*	*der Bäume*
Dativ	*dem Baum*	*den Bäumen*
Akkusativ	*den Baum*	*die Bäume*

Ebenso: *Hof, Stall, Stamm, Gaul, Sack, Kopf, Anfang, Fall, Schluss, Platz, Ausflug, Lohn, Bach*

Deklinationstyp 8: *-es, -er*

	Singular	Plural
Nominativ	*der Mann*	*die Männer*
Genitiv	*des Mann(e)s*	*der Männer*
Dativ	*dem Mann*	*den Männern*
Akkusativ	*den Mann*	*die Männer*

Ebenso: *Wald, Gott, Rand, Ski, Geist, Leib, Strauch, Loch, Dorf, Schloss, Tal, Geld, Weib, Brett, Bild*

Deklinationstyp 9: -, *-s*

	Singular	Plural
Nominativ	*die Oma*	*die Omas*
Genitiv	*der Oma*	*der Omas*
Dativ	*der Oma*	*den Omas*
Akkusativ	*die Oma*	*die Omas*

Ebenso: *Mama, Ziehharmonika, Kobra, Kamera, Boa, Aula, Metro, Safari, Diva, Mutti*

Deklinationstyp 10: *-s, -s*

	Singular	Plural
Nominativ	*der Schal*	*die Schals*
Genitiv	*des Schals*	*der Schals*
Dativ	*dem Schal*	*den Schals*
Akkusativ	*den Schal*	*die Schals*

Ebenso: *Kaffee, Chef, Silo, Opa, Streik, Kino, Hotel, Radio*

1.3 Das Adjektiv

DEFINITION UND BEISPIELE

Adjektive (auch Eigenschaftswörter, Wiewörter genannt) sind die hervorgehobenen Wörter in folgenden Beispielen:
der ***rote*** *Tiger, eine* ***enge*** *Freundschaft,*
ein ***sicherer*** *Tipp*
Das Meer war ***blau****. Löwen werden* ***zahm****.*
Alle verhielten sich ziemlich ***klug****.*
Das Wasser ebbte ***allmählich*** *ab.*
Sie erschien mir ***tiefrot****.*

Adjektive schreiben Eigenschaften zu. Sie nennen einfache Merkmale oder Beziehungen zwischen Gegenständen oder Personen:
Kinder sind ***selbstständig****.*
Kinder sind ***abhängig*** *von den Eltern.*

Einige Adjektive schreiben Wertungen zu:
Der Wagen ist ***gut****.*
Das Buch ist ***schön****.*

KENNZEICHEN

- Adjektive können vor Nomen stehen und sie näher bestimmen: *eine schöne Bescherung*
- Adjektive sind deklinierbar: *ein kleiner Punkt, eines kleinen Punktes, ein kleines Kind*
- Adjektive können gesteigert werden (Komparation): *stark → stärker → am stärksten*
- Adjektive können abgestuft oder graduiert werden: *sehr schön, wirklich schön*
- Einige Adjektive haben ein direktes Gegenteil: *lang ↔ kurz, süß ↔ sauer, hell ↔ dunkel*

ARTEN

Eigenschaftswörter wie *rot, kalt, nass* bezeichnen Eigenschaften und Merkmale.
Wertadjektive wie *gut, schön, nützlich, kindisch* bewerten etwas.
Orientierungsadjektive wie *hiesig, dortig, heutig, sofortig* ordnen räumlich oder zeitlich ein.
Zahlwörter (Numeralia) haben mit Zahlen zu tun: *eine, zwei, acht, hundert.*
Grundzahlwörter (Kardinalzahlen) geben die Anzahl an.
Ordnungszahlwörter (Ordinalzahlen) wie *erste, fünfte, tausendste* geben eine Ordnung an.
Sie werden wie andere Adjektive dekliniert.
Verweisadjektive wie *folgend, derartig, obig, erstere, letztere, andere, sonstig* stellen Bezüge im Text her.

FUNKTION

In Sätzen spielen Adjektive verschiedene Rollen.

Attributiv:
ein ***dicker*** *Hund,*
von ***grünlicher*** *Farbe,*
ein ***entschiedenes*** *Nein*
Sie stehen dann vor Nomen und bilden mit ihnen eine Einheit: Sie werden dekliniert und haben den gleichen Kasus wie das Nomen.

Prädikativ:
Silvia ist ***faul****.*
Peter liegt ***faul*** *im Sessel.*
Das Adjektiv gehört hier zum flektierten Verb, es wird nicht dekliniert und sagt etwas aus über das Subjekt.

Adverbial:
(aufs Verb bezogen):
Christa läuft ***schnell****.*
Der Chor singt ***laut****.*
Das Adjektiv gehört hier zum Verb, es wird nicht dekliniert und sagt etwas über die verbale Handlung aus.

Wie ein Adverb:
weit *hinten,*
bewusst *zurückhaltend,*
kurz *vor acht*
Hier modifiziert das Adjektiv Wörter anderer Wortarten: Adverbien, Adjektive, Präpositionen.

1.3.1 Die Deklination des Adjektivs

DEFINITION

Das **attributive Adjektiv** hat wie das Nomen unterschiedliche Deklinationsformen.
Es wird gebeugt
- nach den drei Genera (variables Genus),
- nach den vier Kasus,
- nach den zwei Numeri.

Es gibt für jedes Adjektiv zwei Deklinationen: die schwache Deklination und die starke Deklination. Die schwache Adjektivdeklination unterscheidet die Formen kaum, zum Beispiel lauten im Plural alle Formen gleich.

BILDUNG: SCHWACHE ADJEKTIVDEKLINATION

Kasus	Singular			Plural		
Nominativ	*die*	*gute*	*Frau*	*die*	*guten*	*Frauen*
	das	*gute*	*Kind*	*die*	*guten*	*Kinder*
	der	*gute*	*Mann*	*die*	*guten*	*Männer*
Genitiv	*der*	*guten*	*Frau*	*der*	*guten*	*Frauen*
	des	*guten*	*Kindes*	*der*	*guten*	*Kinder*
	des	*guten*	*Mannes*	*der*	*guten*	*Männer*
Dativ	*der*	*guten*	*Frau*	*den*	*guten*	*Frauen*
	dem	*guten*	*Kind*	*den*	*guten*	*Kindern*
	dem	*guten*	*Mann*	*den*	*guten*	*Männern*
Akkusativ	*die*	*gute*	*Frau*	*die*	*guten*	*Frauen*
	das	*gute*	*Kind*	*die*	*guten*	*Kinder*
	den	*guten*	*Mann*	*die*	*guten*	*Männer*

BILDUNG: STARKE ADJEKTIVDEKLINATION

Kasus	Singular			Plural	
Nominativ	*manch*	*gute*	*Frau*	*gute*	*Frauen*
	manch	*gutes*	*Kind*	*gute*	*Kinder*
	manch	*guter*	*Mann*	*gute*	*Männer*
Genitiv	*manch*	*guter*	*Frau*	*guter*	*Frauen*
	manch	*guten*	*Kindes*	*guter*	*Kinder*
	manch	*guten*	*Mannes*	*guter*	*Männer*
Dativ	*manch*	*guter*	*Frau*	*guten*	*Frauen*
	manch	*gutem*	*Kind*	*guten*	*Kindern*
	manch	*gutem*	*Mann*	*guten*	*Männern*
Akkusativ	*manch*	*gute*	*Frau*	*gute*	*Frauen*
	manch	*gutes*	*Kind*	*gute*	*Kinder*
	manch	*guten*	*Mann*	*gute*	*Männer*

AUSNAHMEN

Ordnungszahlwörter werden wie andere attributive Adjektive dekliniert:
das erste/zweite/dritte Mal
am dreiundzwanzigsten Mai
Grundzahlwörter werden aber normalerweise nicht dekliniert:
nach dreiundzwanzig Tagen
mit drei misslungenen Versuchen
für zwei bis drei Wochen

Zur Verdeutlichung des Kasus können die Zahlwörter *zwei* und *drei* dekliniert werden. Wenn der Genitiv sonst nicht erkennbar wäre (weil etwa kein Artikel da ist), hat das Zahlwort eine Genitivendung:
wegen zweier Fehler
beim Besuch dreier Verwandter

KLEINGEDRUCKTES

Einige Adjektive sind formenscheu:
ein lila Kleid, eine prima Wurst
Hierzu gehören entlehnte Farbadjektive:
rosa, orange, beige, bleu, creme, oliv

In der Umgangssprache werden solche Adjektive aber öfter doch dekliniert:
ein beiger Rock, ein rosanes Kleid, ein oranges T-Shirt, ein fitter Sportler, eine kaputte Uhr
In der Schriftsprache gibt es Auswege:
ein lilafarbenes Hemd, eine olivgrüne Uhr

Ein Nomen braucht nicht wiederholt zu werden, wenn es aus dem Zusammenhang erschlossen werden kann:
Sonja bekam die blauen Schuhe, Anja die braunen (Schuhe).
Von allen Spielern war Klaus der beste (Spieler).
Die großen Tiere fressen die kleinen (Tiere).
Braunen, beste, kleinen bleiben hier Adjektive, auch wenn ihnen ein Artikel vorausgeht, dem kein Nomen folgt.
Nicht besonders elegant sind:
~~*Sein Brief war ein etwas seltsamer.*~~
~~*Die Party war eine gelungene.*~~

TIPP

Manchmal kann man nicht eindeutig erkennen, ob ein Adjektiv oder ein Nomen gemeint ist:
Das finde ich klasse/Klasse.
Hier sind beide Schreibweisen möglich.
Klar als Adjektiv erkennbar ist das Wort hier:
*Das war ein **klasse** Spiel.*
Nomen ist *Klasse* in Sätzen wie:
*Das ist einsame **Klasse.***

Wenn kein Nomen oder nur ein sehr allgemeines Nomen mitgedacht ist, können die Adjektive substantiviert sein. Sie werden dann großgeschrieben:
*Ein **Fremder** stand vor dem Haus.*
*Sie labten die **Hungrigen.***
*Sie wünschten sich etwas **Neues.***

1.3.2 Adjektivdeklination: stark oder schwach?

REGELN UND BEISPIELE

Die starke Deklination macht deutlicher, wie die Nominalgruppe im Satz eingebaut ist. Darum zeigt jede Nominalgruppe möglichst an einer Stelle die deutliche starke Deklination.

Grundregel

Wenn ein Begleiter die starke Endung hat, wird das Adjektiv schwach dekliniert:

*ein**es** klein**en** Stiftes*
*kein**es** hell**en** Lichtes*
*dein**en** von Papa geschenkt**en** Fußball*
*ihr**en** ins Dorf entlaufen**en** Hund*
*sein**es** mit Namen bedruckt**en** Papiers*

Auch wenn die Artikel-Endung in der Präposition steckt, wird das Adjektiv schwach dekliniert:

*i**m** hell**en** Licht, in**s** offen**e** Meer,*
*vo**m** früh**en** Morgen an*

Gereihte Begleiter haben beide die starke Deklination:

*Dies**e** sein**e** Worte klingen mir noch im Ohr.*

Zusatzregeln

Ist die Nomenendung undeutlich, wird das Adjektiv stark dekliniert:

*gut**er** Mut, gut**er** Dinge*

Wenn der Begleiter keine starke Endung hat, nimmt das Adjektiv die starke Deklination an.

Begleiter endungslos:

*ein klein**er** Stift, kein hell**es** Licht*
*dein von Papa geschenkt**er** Fußball*
*ihr ins Dorf entlaufen**er** Hund*
*sein mit Namen bedruckt**es** Papier*

Kein Begleiter:

*in wogend**er** See, ins Dorf entlaufen**e** Hunde*

Begleiter undekliniert:

*welch hell**es** Licht, manch ein entlaufen**er** Hund*

ZUSATZ

Gereihte Adjektive werden parallel dekliniert.

schwach: *die lang**en**, blond**en** Haare; alle stark**en** deutsch**en** Adjektive*

stark: *ein heiß**er**, stark**er**, süß**er** Kaffee*
*mit selbst genäht**em**, türkisfarben**em** Sommerkleid*
*auf heiß**em**, feinkörnig**em**, weiß**em** Sandstrand*
*mit frisch**em**, gedünstet**em** Fisch*
*die Ermahnungen streng**er**, alt**er** Großväter*
*die Erfahrungen erlebnisreich**er**, aufregend**er** Monate*

SONDERFÄLLE

Unser und *euer* sind endungslose Formen. Das *-er* ist keine Deklinationsendung, es folgt darum ein starkes Adjektiv:

***unser** von allen akzeptiert**er** Plan*
***euer** trotz seiner Strenge geliebt**er** Vater*

Dagegen heißt es nach starkem Begleiter:

*dies**er** von allen akzeptiert**e** Plan*
*jen**er** trotz seiner Strenge geliebt**e** Vater*

Viel und *wenig* im Singular werden überwiegend endungslos gebraucht. Wie nach allen endungslosen Begleitern wird das Adjektiv stark dekliniert.

mit viel grünem Salat

Die Mengenangaben *etwas, ein wenig, ein bisschen, ein paar* bleiben undekliniert. Sie ziehen starke Deklination nach sich:

etwas trockenes Brot, mit ein wenig süßer Sahne
mit ein bisschen gutem Willen
wegen ein paar dummer Fehler

Steht bei *paar* ein dekliniertes Artikelwort, so wird das Adjektiv schwach dekliniert:

deine paar dummen Fehler
wegen der paar dummen Fehler

KLEINGEDRUCKTES

Bei einigen Wörtern erscheint zweifelhaft, ob sie Begleiter sind oder nicht. Manche wie *alle, manche* werden überwiegend als Begleiter gebraucht, andere wie *andere, derartige, einige, etliche, folgende, mehrere* überwiegend als Adjektive. Schwankungen und Zweifel gibt es besonders bei *beide, solche, viele, wenige.*

Beispiel	**Kommentar**
beide großen Malerinnen	Artikelwort, Adjektiv schwach
die beiden großen Malerinnen	Adjektive parallel, schwach
solche großen Malerinnen	Artikelwort, Adjektiv schwach
mit einer solchen Geschwindigkeit	Adjektiv, schwach
mit solcher Geschwindigkeit	Artikelwort, stark
wegen vieler kleiner Kinder	Adjektive gereiht, stark
mit wenigen kleinen Kindern	Adjektive gereiht, stark

1.3.3 Die Komparation des Adjektivs (Steigerung)

DEFINITION UND BEISPIEL

Adjektive haben neben der Grundform gesteigerte Formen oder **Vergleichsformen**. Wenn man Gegenstände oder Personen nach ihren Eigenschaften vergleicht, kann man gesteigerte Adjektive verwenden.

1. **Positiv:** *schnell, der schnelle Läufer*
2. **Komparativ:** *schneller, der schnellere Läufer*
3. **Superlativ:** *am schnellsten, der schnellste Läufer*

BILDUNG

Der Komparativ wird regelmäßig gebildet durch Anhängen der Endung *-er*, der Superlativ mit *-(e)st*.
In manchen einsilbigen Adjektiven wird zusätzlich der Stammvokal umgelautet:

Positiv	**Komparativ**	**Superlativ**
dick	*dicker*	*dickst/am dicksten*
alt	*älter*	*ältest/am ältesten*
grob	*gröber*	*gröbst/am gröbsten*
jung	*jünger*	*jüngst/am jüngsten*

Einige Adjektive haben unregelmäßige Vergleichsformen:

Positiv	**Komparativ**	**Superlativ**
gut	*besser*	*am besten*
viel	*mehr*	*am meisten*
hoch	*höher*	*am höchsten*
nahe	*näher*	*am nächsten*

Bei Adjektiven auf *-el* und *-er* fällt im Komparativ das *e* aus:
dunkel → dunkler *heikel → heikler*
Bei *-er* fällt das *e* nach Diphthong weg:
teuer → teurer *sauer → saurer*
Die übrigen Adjektive auf *-er* und die auf *-en* haben Doppelformen:
bescheiden → bescheidener/bescheidner
trocken → trockener/trockner
Zusammengesetzte Adjektive können im zweiten Teil gesteigert werden:
altmodisch → altmodischer → altmodischst
langweilig → langweiliger → langweiligst
Bei manchen Partizipien kann der erste oder der zweite Teil gesteigert werden:
weitreichendere Maßnahmen
weiter reichende Maßnahmen

KLEINGEDRUCKTES

Bei vielen Adjektiven ist es nicht sinnvoll, sie zu steigern:
hölzern, golden, eisern, kinderlos, einwandfrei, unverheiratet, leer, voll, stumm, tot, nackt, endgültig, viereckig, schriftlich, chemisch, prima

Farbadjektive:
grün, schwarz, weiß, blau, rosa, orange

Durch Zusammensetzung abgestufte oder graduierte:
steinreich, schneeweiß, nagelneu, grundfalsch, uralt

Manche Adjektive sind schon gesteigert, ohne dass man es ihnen unbedingt ansieht:
optimal, zentral, absolut, ideal, total
Nur wer ihre Bedeutung nicht genau kennt, wird sie dennoch steigern.

Viele Adjektive bezeichnen ihrer Bedeutung nach den höchsten Grad. Auch sie müssen nicht mehr gesteigert werden:
einzig, letzt, ganz, völlig, hauptsächlich
Also nicht :
~~*der einzigste*~~ oder ~~*in keinster Weise*~~

Einige zusammengesetzte Adjektive enthalten bereits einen gesteigerten Teil:
bestmöglich, größtmöglich
Diese sollte man nicht noch einmal steigern:
~~*bestmöglichst*~~, ~~*größtmöglichst*~~

TIPP

Beim Vergleichen auf der gleichen Stufe (mit *so* oder *ebenso*) wird das Verglichene mit *wie* angeschlossen:
Der eine ist so bekannt ***wie*** *der andere.*
Sie ist so klug ***wie*** *Eva.*
Beim Komparativ wird das Verglichene mit *als* angeschlossen.
Die eine ist bekannter ***als*** *die andere.*
Stahl ist härter ***als*** *Holz.*
In der Umgangssprache wird hier häufig *wie* verwendet.
Dies sollte man in der Schriftsprache vermeiden:
~~*Der ist viel schneller wie ich.*~~
~~*Ich mache es besser wie du.*~~

Merke auch:
anders als, niemand als, keiner als, nichts als, auf andere Weise als
Wenn zwei *als* im Satz aufeinander treffen, wird die Vergleichspartikel durch (das sonst altertümelnde) *denn* ersetzt:
Als Freund ist er mir lieber denn als Feind.

1.4 Begleiter und Pronomen

DEFINITION UND BEISPIEL

Begleiter von Nomen sind die hervorgehobenen Wörter in folgenden Beispielen:

Das
Ein
Unser
Dieses
Kein
Welches
} *Telefon ist* ***eine*** *feine Sache./?*

ARTEN VON BEGLEITERN

Es gibt zwei Sorten Begleiter: **Artikel** und **Pronomen** als Begleiter.
Die typischen Artikelwörter sind die **definiten Artikel** (auch bestimmtes Geschlechtswort genannt) *der, die, das* und die **indefiniten Artikel** (auch unbestimmtes Geschlechtswort genannt) *ein, eine, ein.*

ÜBERBLICK

definiter Artikel
der, die, das
Possessivpronomen
mein, meine, mein usw.

indefiniter Artikel
ein, eine, ein
Demonstrativpronomen
dieser, diese, dieses usw.

Diese Pronomen stehen vorwiegend als Begleiter und kaum als Stellvertreter:
dieser *grüne Tennisball,* ***mein*** *grüner Tennisball,* ***welcher*** *Tennisball?*

FUNKTION

Begleiter gehören zum Nomen und entfernen sich nicht weit von ihm. Sie gehen dem Nomen voran und kündigen es an.
Das Kleid hat ein schönes Rot.
Sie sagen etwas über die Bekanntheit, die Anzahl, die Zugehörigkeit, die Bestimmtheit von Gegenständen, die mit dem Nomen benannt werden.
Als Helfer verdeutlichen sie die oft undeutliche Substantivdeklination.

Genusanzeiger
die Leiter – der Leiter
Kasusanzeiger
die Autos – der Autos
Numerusanzeiger
das Mädchen – die Mädchen
Die Begleiter zeigen an, dass ein Nomen folgt.
Darum sind sie auch so wichtig, wenn man ermitteln will, was großgeschrieben wird:
jedes Wackeln, dieses Grün, mein Ich

DEFINITION UND BEISPIEL

Pronomen (auch Fürwörter genannt) sind die hervorgehobenen Wörter in folgenden Beispielen:
Sie *sitzt auf der Stange.*
Wer *sitzt auf der Stange?*
Man *wundert sich.*
Dieser *Wagen ärgert* ***unsere*** *Eltern.*

ARTEN VON PRONOMEN

Personalpronomen
ich, du, er/sie/es, wir, ihr, sie
Reflexivpronomen
sich
Interrogativpronomen
wer?, wo?, welche?, wie?, was?
Indefinitpronomen
man, irgendetwas, irgendein, jemand
Adverbialpronomen
dort, heute, dadurch, darüber
Relativpronomen
der, welcher, was, wo
Demonstrativpronomen
dies, das, jener, jenes
Possessivpronomen
mein, dein, sein, ihr, euer, unser

EIGENSCHAFTEN

Pronomen geben keine festen Merkmale des Bezeichneten, sondern charakterisieren aus der Sprechsituation heraus. Sie benennen nicht, sondern verweisen. Viele Pronomen stehen als Begleiter, können aber auch allein stehen.

Manche Arten von Pronomen stehen nur allein. Dazu gehören vor allem die Personalpronomen.
In der dritten Person dienen sie der Wiederaufnahme einer Nominalgruppe. So ergeben sich Stellvertreterketten:
wer ... der kleine Junge ... er
was ... etwas ... ein lauer Wind
Pronomen können erst in der jeweiligen Situation oder im Text vollständig gedeutet werden.

1.4.1 Die Deklination der Begleiter

DEFINITION

Begleiter werden dekliniert. Dabei werden sie abgewandelt nach Kasus, nach Numerus, nach Genus.
Die Begleiter haben also kein eigenes Genus; sie übernehmen das Genus des Nomens.

FORMEN

Kasus	Singular		Plural		Genus
Nominativ	*die*	*Frau*	*die*	*Frauen*	Femininum
	das	*Kind*		*Kinder*	Neutrum
	der	*Mann*		*Männer*	Maskulinum
Genitiv	*der*	*Frau*	*der*	*Frauen*	Femininum
	des	*Kindes*		*Kinder*	Neutrum
		Mannes		*Männer*	Maskulinum
Dativ	*der*	*Frau*	*den*	*Frauen*	Femininum
	dem	*Kind*		*Kindern*	Neutrum
		Mann		*Männern*	Maskulinum
Akkusativ	*die*	*Frau*	*die*	*Frauen*	Femininum
	das	*Kind*		*Kinder*	Neutrum
	den	*Mann*		*Männer*	Maskulinum

Kasus	Singular		Plural		Genus
Nominativ	*diese*	*Frau*	*diese*	*Frauen*	Femininum
	dieses	*Kind*		*Kinder*	Neutrum
	dieser	*Mann*		*Männer*	Maskulinum
Genitiv	*dieser*	*Frau*	*dieser*	*Frauen*	Femininum
	dieses	*Kindes*		*Kinder*	Neutrum
		Mannes		*Männer*	Maskulinum
Dativ	*dieser*	*Frau*	*diesen*	*Frauen*	Femininum
	diesem	*Kind*		*Kindern*	Neutrum
		Mann		*Männern*	Maskulinum
Akkusativ	*diese*	*Frau*	*diese*	*Frauen*	Femininum
	dieses	*Kind*		*Kinder*	Neutrum
	diesen	*Mann*		*Männer*	Maskulinum

KLEINGEDRUCKTES

Nicht jede Form ist eindeutig. So lauten Nominativ und Akkusativ oft gleich; im Plural ist das Genus nicht unterschieden.
Die Begleiter *ein, kein, mein* usw. haben im Singular teilweise endungslose Formen:

Nominativ		**Akkusativ**	
ein Kind	Neutrum	*ein Kind*	Neutrum
ein Mann	Maskulinum		

Der definite Artikel hat verschiedene Formen mit den typischen Artikel-Endungen. Diese Endungen kann man aber nicht mehr abtrennen, weil sie mit dem Stamm verschmolzen sind.

KLEINGEDRUCKTES

Die Demonstrativpronomen *derjenige, diejenige, dasjenige* und *derselbe, dieselbe, dasselbe* sind zusammengesetzt. Sie werden auch zusammengeschrieben, bestehen aber eigentlich aus Artikel + Adjektiv und werden auch an zwei Stellen dekliniert.

1.4.2 Funktionen der Begleiter und Pronomen

DEFINITION UND BEISPIELE

Die **definiten Artikel** (bestimmte Artikel) *der, die, das* kennzeichnen, dass ein Gegenstand schon bekannt ist, in der Sprechsituation da ist oder im Text eingeführt wurde:
*Wo ist denn **der** junge Mann?*
*Er kauft sich ein Moped. **Die** Maschine hat 8 PS.*
Der definite Artikel kann auch verallgemeinern. Er kennzeichnet dann nicht einen einzelnen Gegenstand, sondern die ganze Gattung:
***Der** Löwe frisst kaum Gras. **Der** Löwe ist ein Raubtier.*
Vor Namen steht meistens kein Artikel:
Uschi war auch da. Specht ist mein neuer Musiklehrer.
Auch die meisten Ländernamen und Städtenamen haben keinen Artikel:
Frankreich, Italien; Rom, München, New York

Die **indefiniten Artikel** (unbestimmte Artikel) *ein, eine* kennzeichnen einen Gegenstand, der noch unbekannt ist oder gerade im Text eingeführt wird:
*Es war einmal **eine** Prinzessin. Sie war wunderschön.*
Der indefinite Artikel *ein* sagt, dass es sich um nur einen Gegenstand handelt; deshalb gibt es zu *ein* keinen Plural. Will man von mehreren Gegenständen unbestimmt sprechen, bleibt der Artikel einfach weg:
ein Fahrrad – Fahrräder
Der indefinite Artikel kann auch verallgemeinern. Er kennzeichnet dann die ganze Gattung:
***Ein** Löwe frisst kaum Gras. **Ein** Löwe ist ein Säugetier.*

Possessivpronomen (besitzanzeigende Fürwörter) werden fast ausschließlich als Begleiter gebraucht.
*Gib mir bitte **mein** Heft. Das ist also **euer** Garten.*
Stehen sie allein, ist ein Nomen mitgedacht:
Hier liegt sein Hemd, da liegt dein(e)s.
Die Possessivpronomen sind grammatisch gebunden an ihr Nomen in Genus, Kasus, Numerus. Inhaltlich beziehen sie sich auf Personalpronomen.

ich → mein	*sie → ihr*	*ihr → euer*
du → dein	*es → sein*	*sie → ihr*
er → sein	*wir → unser*	

Demonstrativpronomen (hinweisende Fürwörter) sind hervorgehoben in folgenden Beispielen:
***Dieses** Buch gefällt mir, **jenes** weniger.*
*Wir vertreten **diejenigen**, die fehlen.*
***Dies** ist wirklich ungewöhnlich.*
Demonstrativpronomen wie *dieser/diese/dieses, jener, solche, derartige* werden vor allem als Begleiter verwendet. Wenn sie allein stehen, ist oft ein Nomen mitgedacht:
Hier sind zwei Eimer. Du nimmst diesen, ich nehme jenen.
Die Neutra *dies* und *das* werden allein stehend und als Stellvertreter verwendet.
Die Demonstrativpronomen weisen hin auf den Gegenstand, von dem die Rede ist. Sie kennzeichnen ihn als nah (*dieser*) oder fern (*jener*) in der Sprechsituation oder im Text.
Zuerst tranken sie etwas Wein und dann Kaffee. Dieser war kalt, jener war warm.

Indefinitpronomen (unbestimmte Fürwörter) sind hervorgehoben in folgenden Beispielen:
***Jemand** hat etwas gestohlen.*
***Manch einer** nimmt alles leicht.*
*Hast du **irgendwelche** Freunde?*
Die Vorsilbe *irgend-* zeigt Unbestimmtheit an und ist für Indefinitpronomen typisch.
Indefinitpronomen als Begleiter sind zum Beispiel:
alle, sämtliche, mehrere, manche, einige, etliche, kein; irgendein, irgendwelche
Viele Indefinitpronomen werden nur anstelle von Nomen gebraucht:
man, jedermann, jemand, niemand, irgendwo, irgendwie, irgendwohin, etwas (Kurzform *was*)

TIPP

Alles, etwas, nichts stehen nur vor substantivierten Adjektiven im Neutrum (diese werden großgeschrieben) und vor substantivierten Verben:
alles Gute, etwas Neues, nichts Schönes
Alles Jammern war vergeblich.

Etwas steht auch vor Massenomen, *alles* nur selten:
etwas Schnee, etwas Geld, alles Geld
Aller Fleiß half nichts.

DEFINITION UND BEISPIELE

Interrogativpronomen (fragende Fürwörter) sind die hervorgehobenen Wörter in folgenden Beispielen:
Wer *ist gekommen?*
Was *ist geschehen?*
Wie *geht es?*
Welche *Pfanne sollen wir nehmen?*

Ihr Kennzeichen ist der *w*-Anlaut. Interrogativpronomen können als Begleiter gebraucht werden oder als Stellvertreter:
Begleiter
Welche Kappe willst du? – Diese (Kappe will ich).
Stellvertreter
Wen siehst du? – Lisa (sehe ich).
Wieso hast du gefehlt? – Wegen einer Krankheit.

FORM

Die Interrogativpronomen *wo, wann, wie, warum, wohin, woher* usw. sind unveränderlich. Einige Interrogativpronomen sind zusammengefügt mit einer Präposition:
wovon, wodurch, womit, wobei; weshalb
Wenn die Präposition mit einem Vokal beginnt, ist als Übergang ein *r* eingeschoben:
worüber, worin, worauf

Zusammengefügte Interrogativpronomen verwendet man nicht für Personen. Da muss es heißen:
An wen denkst du?
Bei wem wohnst du?

FUNKTION

Das Interrogativpronomen *wer* fragt nach Personen, hat aber kein Genus. Es wird dekliniert: *wer, wessen, wem, wen.*
Das Interrogativpronomen *was* ist unveränderlich, steht aber sowohl für den Nominativ als auch für den Akkusativ. Es fragt nach Sachen und Sachverhalten.

Nur als Begleiter werden die Interrogativpronomen *welch-, was für (ein)* gebraucht:
Welche Mädchen werden Schlosser?
Was für eine Limo schmeckt dir am besten?

DEFINITION UND BEISPIELE

Das **Reflexivpronomen** (auch rückbezügliches Fürwort) *sich* ist eine Sonderform des Personalpronomens.
Es existiert nur in der 3. Person und nur in einer Form.
Das Reflexivpronomen zeigt den Rückverweis auf das Subjekt an:
Nina kämmt sich. (eben Nina)
Nina kämmt sie. (= eine andere)

Diesen Unterschied kann es nur in der 3. Person geben.
Trotzdem sagt man auch, *mich, dich, uns, euch* seien reflexiv, wenn das Subjekt *ich, du, wir, ihr* ist:
Ich wundere mich. – Du wunderst dich.
Wir wundern uns. – Ihr wundert euch.

TIPP

Vorsicht, Zweideutigkeiten!
Die Eltern lassen die Kinder für sich arbeiten.
Für die Eltern oder für die Kinder?

Deutlicher wäre:
Die Eltern veranlassen, dass die Kinder für sich (selbst) arbeiten.
Die Eltern veranlassen, dass die Kinder für sie arbeiten.

DEFINITION UND BEISPIELE

Adverbialpronomen (oft einfach Adverbien genannt) sind die hervorgehobenen Wörter in folgenden Beispielen:
Hier *stehe ich.*
Wer kommt ***jetzt****?*
Der Bleistift ***da*** *gehört mir.*
Darum *bleibt es schön.*

Viele Adverbialpronomen lauten mit *d-* an, sie haben hinweisende Bedeutung. Adverbialpronomen stehen nur als Stellvertreter, und zwar für präpositionale Wortgruppen:
dort/auf dem Tisch, dorthin/auf den Tisch
Sie dienen dabei oft als Adverbial.

FORM

Adverbialpronomen sind undeklinierbar.
Einige Adverbialpronomen (die öfter auch Pronominaladverbien heißen) sind zusammengesetzt aus einem einfachen Pronomen und einer Präposition:
davon, dadurch, damit, deshalb, deswegen

Wenn die Präposition mit einem Vokal beginnt, ist als Übergang ein *r* eingeschoben:
darüber, darin, darauf

KLEINGEDRUCKTES

In der gesprochenen Sprache gibt es **Kurzformen:**
drüber, drin, drauf, dran, drunter usw.
In der Schriftsprache bevorzugt man die Langformen.
Aber in bestimmten Redensarten gibt es nur die Kurzform:
drunter und drüber, drauf und dran

Zum Verweis auf Personen verwende nicht *darüber* statt *über sie:*
Er foppte Eva und lachte über sie.
Als Verweis auf Sachen gehen beide Varianten:
Auf dem Tisch steht eine Vase. Neben ihr/Daneben liegt das Etui.

FUNKTION

Adverbialpronomen sind erst in der Sprechsituation zu deuten. Bezugspunkt ist häufig der Sprecher:

Komm hierher!	zum Sprecher hin
Geh dorthin!	vom Sprecher weg
Komm herab!	zum Sprecher hin, der unten steht
Geh hinauf!	vom Sprecher weg, der unten steht
Komm herauf!	zum Sprecher hin, der oben steht
Geh hinab!	vom Sprecher weg, der oben steht

TIPP

Dabei, dafür, davon bleiben in der Standardsprache beieinander. Also nicht:
~~*Da kann ich nichts für.*~~
~~*Da war ich nicht bei.*~~
~~*Da weiß ich nichts von.*~~

1.4.3 Personalpronomen

DEFINITION UND BEISPIEL

Personalpronomen (persönliche Fürwörter) sind *ich, du, er, sie es, wir, ihr, sie*. Sie bezeichnen Rollen im Gespräch.

Personalpronomen gibt es im Singular und im Plural. In der 3. Person Singular wird auch das Genus unterschieden:
sie – feminin *er* – maskulin *es* – neutral

FORMEN

Jedes Personalpronomen wird dekliniert nach den vier Kasus.

1. Person	Singular	Plural	2. Person	Singular	Plural	3. Person	Singular	Plural
Nominativ	*ich*	*wir*		*du*	*ihr*		*er, sie, es*	*sie*
Genitiv	*meiner*	*unser*		*deiner*	*euer*		*seiner, ihrer, seiner*	*ihrer*
Dativ	*mir*	*uns*		*dir*	*euch*		*ihm, ihr, ihm*	*ihnen*
Akkusativ	*mich*	*uns*		*dir*	*euch*		*ihn, sie, es*	*sie*

FUNKTIONEN

Wer jeweils mit *ich, du* usw. gemeint ist, wird erst in der Sprechsituation deutlich.

Sprecher
1. Person
ich

Angesprochener
2. Person
du

Worüber gesprochen wird
3. Person
er, sie, es

Du ist die vertrauliche Anrede unter Leuten, die sich gut kennen, von Kindern untereinander, von Erwachsenen an Kinder.

Die distanzierte Anrede ist *Sie* (großgeschrieben).
Mit *wir* ist der Sprecher gemeint und mindestens ein anderer.

Die Personalpronomen der 3. Person verstehen wir meistens erst im Text richtig. Sie sind die eigentlichen Stellvertreter. Sie stehen dann für eine ausführliche Nominalgruppe, die vorher im Text verwendet wurde, und verweisen nun in aller Kürze auf die gleiche Person oder Sache:
*Da steht **ein grünes Glas**. **Es** ist halb voll.*
Sie dienen der Kürze und vermeiden Wiederholungen.

TIPP

Um rückverweisende Pronomen richtig zu deuten muss man das richtige Bezugswort finden.
Bezugswort und Pronomen sollten nicht zu weit voneinander entfernt stehen:
Unsere Schule liegt mitten in der Stadt. Sie ist ziemlich hässlich. (Was? Die Schule oder die Stadt?)

Bezugswort und Pronomen sollten in Genus und Numerus übereinstimmen (Kongruenz):
Unsere Schule liegt mitten im Dorf. Sie (oder *es*) *ist ziemlich hässlich.*

1.4.4 Relativpronomen

DEFINITION UND BEISPIEL

Relativpronomen (bezügliche Fürwörter) sind die hervorgehobenen Wörter in folgenden Beispielen:

*Hier ist die Katze, **die** wir mögen.*
*Der Tempel, **dessen** Ausgrabung Aufsehen erregt hat*
*Verlierer, **welche** die Niederlage wegstecken*
*Klaus sammelt alles, **was** er findet.*

FORMEN

Die Relativpronomen *der, die, das* und *welcher, welche, welches* werden dekliniert nach Genus, Kasus, Numerus.

Kasus	**Singular Maskulinum**	**Singular Femininum**	**Singular Neutrum**	**Plural**
Nominativ	*der*	*die*	*das*	*die*
Genitiv	*dessen*	*deren*	*dessen*	*deren*
Dativ	*dem*	*der*	*dem*	*denen*
Akkusativ	*den*	*die*	*das*	*die*
Nominativ	*welcher*	*welche*	*welches*	*welche*
Genitiv	–	*welcher*	–	*welcher*
Dativ	*welchem*	*welcher*	*welchem*	*welchen*
Akkusativ	*welchen*	*welche*	*welches*	*welche*

FUNKTION

Relativpronomen leiten einen Relativsatz ein und haben ein Bezugswort im übergeordneten Satz:
*Keiner kennt **alle, die** ihn kennen.*
*Keiner sieht **alles, was** passiert.*

Das Relativpronomen kann im Relativsatz Satzglied oder Attribut sein:
*das Haus, **das*** (Subjekt) *da steht*
*das Haus, **in dem*** (Adverbial) *ich schlafe*
*das Haus, **dessen*** (Attribut) *Dach wir erneuern*

KLEINGEDRUCKTES

Das Relativpronomen *was* ist unveränderlich und steht nur als Nominativ, als Akkusativ oder nach Präpositionen. Auch das Relativpronomen *wo* ist undeklinierbar. Sein Bezugswort sind Orts-, selten Zeitbezeichnungen:
In Bayern, wo diese Betriebe arbeiten, …
Jetzt, wo du so gut aussiehst, …

Das Relativpronomen *welcher, welche, welches* wird stilistisch meistens als schwerfällig angesehen und vermieden. Man verwendet es um Wiederholungen zu entgehen:
Ich kenne die, welche das angestellt haben.

TIPP

Im Genitiv Plural heißt es immer *deren*, nicht *derer*:
~~*Die Annahmen, aufgrund derer er handelte …*~~
Nur in Dialekten, nicht aber in der Schriftsprache gibt es *wo* als Relativpronomen für alle Formen von *der, die, das*:
Der Schlüssel, ~~wo~~ den du gefunden hast, passt nicht.

Es heißt außerdem:
Jeder, der das weiß … – ~~Jeder, wer das weiß …~~
Keine, die das kann … – ~~Keine, welche das kann …~~
Alles, was … – ~~Alles, das …~~

1.5 Die Adverbien

DEFINITION UND BEISPIELE

Adverbien (Umstandswörter) sind die hervorgehobenen Wörter in folgenden Beispielen:
Vielleicht *wird* ***morgen*** *alles besser.*
Wir mögen Suppe ***sehr gern****.*
Immerhin *gewannen sie einiges.*
Der Kleine fiel ***kopfüber*** *ins Wasser.*

Die Bestimmung von Adverbien ist öfter schwierig: Sie haben keine typische Form; sie nehmen unterschiedliche grammatische Aufgaben wahr; viele Adverbien tauchen auch in andern Wortarten auf; Adjektive spielen die Rolle von Adverbien; Partikeln erfüllen ähnliche Aufgaben wie Adverbien.

KENNZEICHEN

- Adverbien werden nicht dekliniert. Es gibt darum auch keinen Satz von Endungen, an denen man Adverbien erkennen könnte.
- Einige Adverbien können gesteigert werden:
  oft – öfter – am öftesten
  gern – lieber – am liebsten
- Es gibt typische Wortbildungen für Adverbien:
  -weise: *stückweise, scharenweise, möglicherweise, glücklicherweise*
  -s: *vergebens, zweitens, abends, morgens, flugs, rückwärts, anders, notfalls*
  -entlich: *hoffentlich, wissentlich, namentlich, versehentlich, ordentlich*

GRAMMATISCHE ROLLEN

Adverbien können auf den ganzen Satz bezogen sein (Satzadverbien). Das zeigt sich in einer Umformulierung:
Ihr bleibt ***wahrscheinlich*** *lange.*
Es ist ***wahrscheinlich****, dass ihr lange bleibt.*
Adverbien können auf das Prädikat bezogen sein und es modifizieren:
Ich mache das ***anders****.*
Adverbien können auf Adjektive oder Adverbien bezogen sein:
Die Rakete fliegt ***ziemlich*** *schnell.*
Er kommt ***sehr*** *wahrscheinlich.*
Hier spricht man auch von Gradadverbien.

Adverbien können das inhaltliche Verhältnis zu einem vorangehenden Satz angeben, etwa einen Gegensatz:
Jutta war recht stolz, Sabine schien ***indessen*** *eher bescheiden.*
Diese Adverbien sind Satzglieder und können allein die erste Position im Satz besetzen:
(Indessen) *schien Sabine eher bescheiden.*
Das Adverb *sehr* kann sich auf das Prädikat beziehen, es kann aber auch ein Adjektiv modifizieren:
Sie mag ihn ***sehr****. – Sie ist* ***sehr*** *sympathisch.*
Diese Rollen spielen auch Adjektive:
Sie bleibt ***schön****. – Sie bleibt* ***schön*** *ruhig.*
Sie bleiben aber Adjektive; in anderen Sprachen werden sie durch eine besondere Endung zu Adverbien gemacht: englisch *bold* (Adjektiv) – *boldly* (Adverb); französisch *lent* (Adjektiv) – *lentement* (Adverb).

TIPP

Die Zeitbezeichnungen *morgens, abends* usw. drücken eine Wiederholung aus:
Wir haben samstags frei heißt jeden Samstag.
Wir haben am Samstag frei kann auch nur diesen Samstag meinen.

1.5.1 Arten von Adverbien

DEFINITION UND BEISPIELE

Satzadverbien erlauben feine Nuancierungen und Abtönungen. Mit *sicherlich, zweifellos, wirklich, vielleicht* kann man die Behauptungsstärke und die Gültigkeit der Aussage verändern:
*Ich komme **gewiss**. Ich komme **vielleicht**.*
Nach ihrer Stärke kann man Satzadverbien ordnen:
sicher(lich) → *gewiss* → *wahrscheinlich* → *vermutlich* → *vielleicht* → *möglicherweise* → *kaum*
Mit Satzadverbien wie *leider, hoffentlich, erstaunlicherweise* drückt der Sprecher seine Einstellung zum Satzinhalt oder ein Gefühl aus:
***Leider** kann ich nicht bleiben.*
Ich bedauere, nicht bleiben zu können.
***Vermutlich** wird es regnen.*
Ich vermute, dass es regnen wird.
***Hoffentlich** wird's bald hell.*
Ich hoffe, dass es bald hell wird.

Das **Negationsadverb** *nicht* bezieht sich meistens auf den ganzen Satz und verkehrt ihn in sein Gegenteil (Satznegation). Dies kann man verdeutlichen:
*Sie fahren **nicht**. – Es ist nicht der Fall, dass sie fahren.*
Das *nicht* kann sich aber auch nur auf besondere Teile des Satzes beziehen. Dann ist es eine Sondernegation:
*Sie fahren **nicht** heute* (aber sie fahren).
Nach Verben mit verneinender Bedeutung wird der nachfolgende Satz nicht zusätzlich verneint. Also nicht:
Sie verbot ihm, ~~nicht~~ noch mehr zu rauchen.
Ebenso nach: *verhindern, verhüten, abraten, leugnen, warnen*

Die **prädikatbezogenen Adverbien** haben dem Adverb seinen Namen gegeben: Adverb heißt „zum Verb". Man kann sie nach ihrer Bedeutung einteilen:
lokal: *umher, her, hin, abseits, hinterrucks, obenan, nebenan, rückwärts, vorwärts*
temporal: *zeitlebens, oft, dreimal, immer, niemals, nachmittags, schon, noch, wieder*
modal (Art und Weise): *eilends, umsonst, rücklings, blindlings*

Gradadverbien wie *sehr, ziemlich, kaum, fast, beinahe, gar, überaus* dienen der feinen Abstufung und Graduierung. Meist modifizieren sie Adjektive oder Adverbien:
Sie blieb sehr/fast/recht/zu kühl.
Man kann die Gradadverbien nach ihrem Grad einteilen:
zu → *völlig* → *überaus* → *ziemlich* → *etwas* → *kaum*
allzu → *gänzlich* → *sehr* → *einigermaßen* → *fast*
übermäßig → *höchst* → *gar* → *recht* → *eher* → *wenig*
Wer graduiert, sucht oft extreme und gefühlsgeladene Gradwörter wie *ganz und gar, über und über; total, maximal, unsagbar, wahnsinnig, unglaublich, unendlich.* Sie verlieren aber schnell ihre Aussagekraft. Neue Gradwörter entstehen besonders in der Jugendsprache:
echt, stark, voll, unheimlich

Bindeadverbien drücken das inhaltliche Verhältnis zweier Sätze aus.
Ursache/**kausal**: *nämlich*
Fritz wurde krank. Es war nämlich sehr heiß.
Folge/**konsekutiv**: *folglich, so, dann*
Es war sehr heiß. Folglich wurde Fritz krank.
Einräumung/**konzessiv**: *dennoch, trotzdem*
Es war sehr heiß. Trotzdem wurde Fritz krank.
Entgegensetzung/**adversativ**: *indessen, hingegen*
Fritz wurde krank, Claudia hingegen nicht.
Bindeadverbien bilden Pärchen mit Konjunktionen.
Da muss man aufpassen, wie sie zusammengehören.
insofern … als (nicht: *weil*)
Lärm stört insofern, als er auf die Nerven geht.
je … desto (nicht: *je*)
Je länger, desto strenger.
umso mehr … als (nicht: *weil*)
Das erstaunte umso mehr, als alle schon darauf gefasst waren.

TIPP

Unterscheide *anscheinend* und *scheinbar*. Mit *scheinbar* drückt man aus, dass etwas so scheint, aber gar nicht so ist. Mit *anscheinend* aber drückt man die Vermutung aus, dass etwas so und so ist.
Die Sonne geht nur scheinbar auf.
Anscheinend ist er endlich fleißig.

Achte darauf, dass du mit dem Adverb nicht etwas wiederholst, was das Verb schon in seiner Bedeutung enthält.
Ich fange ~~zuerst~~ mit den Luftmaschen an.
~~Zuletzt~~ beschloss er den Aufsatz mit einem Zitat.
Du musst ~~notwendigerweise~~ üben.

1.6 Präpositionen

DEFINITION UND BEISPIELE

Präpositionen (Verhältniswörter) sind die hervorgehobenen Wörter in folgenden Beispielen:
Der Sturm kam ***von*** *Westen und blies* ***mit*** *großer Kraft.*
Danach lebte man ***in*** *guten Zeiten.*
Auf *ihrer Reise* ***durch*** *Amerika ging alles* ***nach*** *Wunsch.*
Sie blieben bis kurz ***nach*** *acht.*

Präpositionen sind nicht flektierbar.
Jede Präposition verlangt einen bestimmten Kasus für das Nomen oder Pronomen, das zu ihr gehört.
Meistens stehen Präpositionen vor dem Nomen.
Einige Präpositionen stehen aber nach dem Nomen und einige können vor- oder nachgestellt werden.

FORMEN

Einfache Präpositionen:
in, von, mit, an, auf, zu, um, für, bis, vor, durch, wegen, gegen, hinter, seit, ohne, zwischen, außer, statt, gemäß
Aus andern Wortarten übernommene:
zeit seines Lebens, dank ihrer Stärke
mangels, mittels, zwecks, links, rechts, diesseits, während, entsprechend

Komplexe Präpositionen:
innerhalb, mitsamt, entlang, gegenüber, unterhalb, abseits, abzüglich, entgegen
Gespaltene Präpositionen:
um *der Leute* ***willen, von*** *12 Uhr* ***an, von*** *hier* ***aus,***
von *Amts* ***wegen***
Präpositionale Fügungen:
in Bezug auf, mit Bezug auf, auf Grund von, an Stelle von

FUNKTION

Als Verhältniswörter stehen Präpositionen nicht selbstständig. Sie regieren eine Wortgruppe und verknüpfen sie mit einer andern:

die Stadt → *mit* → *den Mauern*
Petra denkt → *an* → *Himbeeren*
recht froh → *über* → *den Sieg*

ARTEN

Präpositionen mit Akkusativ
um: *um die Stadt Ulm, um dich, um acht Uhr*
für: *für das Kind, für eine Stunde*
bis: *bis nächste Woche, bis München*
durch: *durch den Wald, durch den Auftrag*
gegen: *gegen mich, gegen den Baum*
Ebenso: *à, betreffend, ohne, per, pro, wider*

Präpositionen mit Dativ
mit: *mit einem Hammer, mit dir*
von: *von dem Dach, von dir*
zu: *zu einem Fest, zu dieser Stunde, zu Gold*
bei: *bei einem Freund, bei Sonnenaufgang*
aus: *aus dem Haus, aus purem Gold*
seit: *seit diesem Ereignis, seit unserer Ankunft*
Ebenso: *ab, nach, binnen, gegenüber, gemäß*

Präpositionen mit Genitiv
oberhalb: *oberhalb des Hauses, oberhalb der Kirche*
innerhalb: *innerhalb des Gebietes, innerhalb eines Tags*
unterhalb: *unterhalb des Flusses, unterhalb des Gipfels*
abseits: *abseits der Stadt, abseits des Weges*
Ebenso: *angesichts, bezüglich, hinsichtlich, infolge, inmitten, kraft, seitens, ungeachtet, wegen, zeit*

Präpositionen mit Dativ und Akkusativ
Eine Reihe von Präpositionen regiert sowohl den Akkusativ als auch den Dativ. Mit Akkusativ haben sie direktionale Bedeutung *(wohin?)*, mit Dativ hingegen positionale *(wo?)*.
in: *in der Schule (sein), in die Schule (fahren)*
auf: *auf dem Laufenden (sein), auf die Brücke (gehen)*
an: *am richtigen Ort (sein), an den richtigen Ort (kommen)*
Ebenso: *über, vor, unter, hinter, zwischen, neben*

KLEINGEDRUCKTES

Die Endung des definiten Artikels kann mit der Präposition verschmelzen. Der Artikel selbst wird dann ausgelassen:
an dem → am Ufer, an das → ans Tor
aufs Land, beim Wort, im Sommer, durchs Zimmer, vom Tisch, zum Wohl, zur Stelle, ins Freie, fürs Essen, hinterm Berg, ums Leben

Die Verschmelzung ist nur möglich, wenn sie einigermaßen leicht aussprechbar ist und wenn der Artikel unbetont ist. Oft klingen Verschmelzungen umgangssprachlich oder nach gesprochener Sprache. Diese Verschmelzungen sollte man in der Schriftsprache vermeiden, etwa *hinterm, übern* oder gar *mit'm, durch'n.*

TIPP

Einige Präpositionen werden schriftsprachlich mit dem Genitiv verbunden, umgangssprachlich aber mit dem Dativ.

schriftsprachlich	**umgangssprachlich**
wegen des Geschäfts	*wegen dem Regen*
trotz der Unfälle	*trotz den Gefahren*
während des Winters	*während dem Essen*
statt eines Bildes	*statt einem Wagen*

Wenn die Präposition aber ein Pronomen regiert, steht immer der Dativ: *wegen dir, trotz dir, statt euch.* Allerdings bevorzugt man aus stilistischen Gründen oft *meinetwegen, deinetwegen, seinetwegen, euretwegen* usw.

1.6.1 Die Bedeutung der Präpositionen

DEFINITION UND BEISPIELE

Präpositionen entfalten ihre volle Bedeutung erst im Kontext:

	dem Haus	positional
	das Haus	direktional
vor	*drei Wochen*	temporal
	vier Uhr	temporal
	Wut	kausal

	dem Haus	direktional
aus	*Liebe*	kausal
	Gold	material

ARTEN

Lokale Präpositionen bezeichnen räumliche Verhältnisse.
Positionale Präpositionen antworten auf die Frage *wo?* und besagen, dass ein X sich an einer Stelle oder innerhalb eines Raumes befindet:
bei meinen Freunden *in Augsburg*
an der Mauer *auf dem Turm*
zu Hause
Direktionale Präpositionen besagen, dass etwas sich bewegt in Bezug auf etwas anderes:
ins Kino *auf den Weg*
an die Pforte *bis Mailand*
zu mir *nach Hause*
von meiner Tante
Das direktionale *nach* wird nicht mit Personenbezeichnungen verbunden. Also nicht:
~~*Ich fahre nach meiner Tante.*~~
Sondern: *Ich fahre zu meiner Tante.*
Auch *bei* kann nicht als Richtungsangabe stehen.
~~*Ich gehe bei meine Tante.*~~

Temporale Präpositionen bezeichnen zeitliche Verhältnisse. Echte temporale Präpositionen gibt es nur wenige:
seit vielen Jahren *während der Nacht*
binnen einer Woche *zeit meines Lebens*
Die meisten temporalen Präpositionen sind aus räumlichen entstanden:
in zehn Tagen *an Ostern*
zur rechten Zeit *auf die Minute*
bis morgen *von letzter Woche*
Seit steht nur mit Verben, die ein andauerndes Geschehen bezeichnen. Ein abgeschlossenes Geschehen darf also nicht mit *seit* verbunden werden:
Wir wohnen hier seit drei Jahren.
Wir sind am (nicht: ~~*seit dem*~~) *1. Januar weggezogen.*
Während bezeichnet Gleichzeitigkeit, nicht die Zeitdauer:
Er strickte während des Vormittags.
Ich warte seit (nicht: ~~*während*~~) *einer Stunde auf den Bus.*

Modale Präpositionen bilden eine gemischte Gruppe. Sie bezeichnen abstrakte Beziehungen.
Gegensatz
entgegen unserer Meinung, trotz des Verbots
Bedingung
unter diesen Bedingungen, bei schönem Wetter
Bezug
seiner Ansicht gemäß, dem Gerichtsurteil zufolge, bezüglich Ihres Gehalts
Folge
infolge des Streiks, auf die Sendung hin
Art und Weise
in großer Hast, auf diese Weise, auf Deutsch, mit Sorgfalt, mit großer Geschwindigkeit
Mittel, Instrument
durch Feuer, durch Argumente, mit einem Hammer, mit Geld, mittels eines Werkzeugs
Grad
über alle Maßen, über dem Durchschnitt, für seine Verhältnisse

Kausale Präpositionen haben abstrakte Bedeutung, sie bezeichnen Ursachen und Motive. Wie sie jeweils zu verstehen sind, entnehmen wir dem Kontext.
wegen des schlechten Wetters
vor lauter Angst
aufgrund dieser Tatsache
aus Eifersucht
dank Gottes Hilfe

1.7 Die Konjunktionen

DEFINITION UND BEISPIELE

Konjunktionen verbinden Wörter, Wortgruppen oder Sätze. Sie sind unveränderlich und füllen keine Satzgliedstelle.

Nebenordnende Konjunktionen (gleichordnende Bindewörter) sind die hervorgehobenen Wörter in folgenden Beispielen:
Die Gäste kommen ***und*** *gehen.*
Rennfahrer rasen, ***aber*** *andere auch.*
Die Gäste blieben. ***Denn*** *es regnete.*

Unterordnende Konjunktionen (unterordnende Bindewörter) sind die hervorgehobenen Wörter in den folgenden Beispielen:
Die Medien bestätigten, ***dass*** *der Dollar fällt.*
Wenn *es geht, verkaufen wir.*
Die Gäste blieben, ***weil*** *es regnete.*

FORMEN

Einfache Konjunktionen
und, aber, sondern, denn, oder, sowie, nur, doch
ob, dass, wenn, weil, als
Zusammengesetzte Konjunktionen
damit, indem, nachdem, seitdem, obgleich, obwohl, sowie, insofern

Zweiteilige Konjunktionen
auf dass, (an)statt dass, als ob
Korrespondierende Konjunktionen
entweder … oder, weder … noch, sowohl … als auch, zwar … aber, nicht nur … sondern auch
je … desto, dadurch … dass, insofern … als

BEDEUTUNG

kopulativ (anreihend):
und, weder … noch, auch, sowohl … als auch
Heike und Andrea sind verreist.
alternativ (ausschließend):
oder
Gehst du mit oder bleibst du hier?
adversativ (entgegensetzend):
aber, sondern, doch, jedoch; während
Nicht K., sondern G. hat Geburtstag.
restriktiv (einschränkend):
bloß, nur
Ich käme ja, nur habe ich keine Zeit.
kausal (begründend):
denn, weil, da
Ich muss tanken, denn wir haben kaum Benzin.
Weil es regnet, fällt alles ins Wasser.

konditional (bedingend):
wenn, sofern, falls
Wenn wir Neues erfahren, rufen wir an.
konzessiv (einräumend):
obwohl, obgleich, wenngleich
Ich gehe nicht mit zum Jogging, obwohl ich es nötig hätte.
temporal (zeitlich):
als, bevor, nachdem, sobald, während, seit
Als sie sich erholt hatte, kam man besser mit ihr aus.
komparativ (vergleichend):
wie, wie wenn, als ob, je … (desto)
Mir kommt es so vor, als ob wir uns verlaufen hätten.
final (beabsichtigend):
damit, dass, um … zu
Fahr mit dem Auto, damit es fix geht.

FUNKTION: NEBENORDNENDE KONJUNKTIONEN

Nebenordnende Konjunktionen verbinden Sätze, Wortgruppen oder Wörter.

Gleichstufige Sätze

[Er lobte nicht], sondern [er tadelte dauernd].
Es war bekannt, dass [er nicht lobte], sondern [dauernd tadelte].

Wortgruppen

Es war [ein Kommen] und [ein Gehen].

Wörter

Ein [schönes] und [zartes] Steak ist toll.
Sie akzeptierten [alles] und [jedes].

Nebenordnende Konjunktionen und Bindeadverbien können ähnliche Funktionen haben. Aber Bindeadverbien füllen eine Satzgliedstelle. Stehen sie am Satzanfang, muss das Subjekt hinter das finite Verb treten (Inversion):

Konjunktion

*Er war so froh, denn **er hatte** gewonnen.*

Bindeadverb

*Er hatte gewonnen, deshalb **war er** froh.*

FUNKTION: UNTERORDNENDE KONJUNKTIONEN

Unterordnende Konjunktionen leiten untergeordnete Sätze ein, sie verbinden ungleichstufige Sätze, z. B. Hauptsätze mit Nebensätzen, aber auch Nebensätze mit untergeordneten Nebensätzen:

Es war ein Jammer, dass alles so endete.
Uns war klar, dass es ein Jammer war, dass alles so endete.

Die Konjunktionen *um, ohne, anstatt* leiten verkürzte Nebensätze ein, sogenannte satzwertige Infinitivgruppen:

*Einige waren schon zu abgeklärt, **um** sich an dem Streit **zu** beteiligen.*
***Anstatt** sich **zu** fügen muckten sie auf.*

TIPP

Trotzdem sollte nicht als unterordnende Konjunktion verwendet werden:

Ich musste bleiben, ~~trotzdem~~/obwohl ich nicht wollte.

Weil wird in der gesprochenen Sprache oft als nebenordnende Konjunktion verwendet:

Ich muss gehen, weil ich kann das nicht mit ansehen.

So sollte man nicht schreiben.

Bei den korrespondierenden Konjunktionen sind beide Teile oft unzertrennliche Pärchen.

Wir wollten sowohl Sträuße ~~aber~~/als auch Topfpflanzen.
Die Idee ist insofern gut, ~~dass~~/als sie keinem schadet.
Es ist mir insofern recht, ~~weil~~/als ich dann kommen kann.

1.8 Die Partikeln

DEFINITION UND BEISPIELE

Partikeln (Füllwörter) sind die hervorgehobenen Wörter in folgenden Beispielen:

*Wer war das **nur**?*
*Wo er **wohl** hingeht?*
*Friedl war es **nämlich**.*
***Nur** Friedl mag ich, die andern nicht.*
***Gerade** du solltest **doch** wissen, wer es war.*
Die Anzahl der Partikeln ist überschaubar.

Viele Wörter gehören zu den Partikeln und noch zu anderen Wortarten.

*Du wirst **doch** kommen.*	(Partikel)
***Doch** wir kommen nicht.*	(Konjunktion)
*Kommst du nicht? **Doch**.*	(Satzwort)

Als Partikeln sind sie meistens unbetont.

KENNZEICHEN

- Partikeln sind unveränderlich.
- Partikeln bilden keine Satzglieder.
- Partikeln regieren keine anderen Wörter.
- Partikeln sind nicht mit Fragewörtern erfragbar.

ARTEN

Abtönende Partikeln wie *wohl, doch, eben, halt, denn* tönen den Wahrheitsanspruch ab oder appellieren an den Partner:
*Komm **doch** her!* (Bitte)
*Komm **schon** her!* (Befehl)
*Er kommt **wohl** nicht.* (Vermutung)

Gliedernde Partikeln wie *ja, nämlich, also, aber* stellen einen inhaltlichen Bezug zu einem vorangehenden Satz her:
*Wir froren. Es war **nämlich** bitter kalt.* (Begründung)
*Wir froren. Es war **aber** nicht kalt.* (Unzutreffende Erwartung)

Gradpartikeln wie *nur, sogar, bloß, allein, auch* wählen und werten in einem Bereich etwa nach der Menge oder Qualität:
***Bloß** Kaffee gab es da.* (Und leider keinen Saft, Kakao usw.)
***Sogar** Kaffee gab es da.* (Und andere Dinge)

FUNKTION

Abtönungspartikeln verdeutlichen die sprachliche Handlung und kennzeichnen,

- dass man etwas nur vermutet *(wohl)*:
  *Es wird **wohl** regnen.*
- dass man etwas rechtfertigt *(ja, nämlich)*:
  *Bleib zu Hause, es regnet **ja.***
- dass man etwas hinnimmt *(halt, eben)*:
  *Es regnet **halt.***
- dass man an etwas erinnert *(ja, doch)*:
  *Wieso? Es regnet **doch.***

Gradpartikeln sind oft geladen mit stillen Voraussetzungen:
***Nur** Fritz war da.* (Die andern nicht)
***Nicht** Fritz war da.* (Aber ein anderer)
***Auch** Fritz war da.* (Neben anderen)
Gradpartikeln haben ein Bezugswort, das in der gesprochenen Sprache betont wird. Je nach Bezugswort ändert sich die Betonung:
*Petra wollte nicht **den** lila Rock* (sondern jenen).
*Petra wollte nicht den **lila** Rock* (sondern den blauen).
*Petra wollte nicht den lila **Rock*** (sondern das lila Kleid).
In der Schriftsprache kann man diesen Bezug nicht durch Betonung deutlich machen. Darum muss man den Zusatz ausdrücklich formulieren.

TIPP

Wie der Name **Füllwörter** sagt, werden Partikeln oft als überflüssig angesehen. Darum sollte man in der Schriftsprache sparsam mit ihnen umgehen. Vor allem Doppelungen vermeiden. Also nicht: *Sie will ~~bloß~~ nur ein Eis.*

1.9 Die Interjektionen

DEFINITION UND BEISPIELE

Interjektionen (Ausrufewörter oder Empfindungswörter) sind die hervorgehobenen Wörter in folgenden Beispielen:
Pfui! *Das schmeckt ja wie Käse!* ***Ach,*** *Klaus, mir ist so schlecht.* *Und das Kätzchen schrie ständig:* ***„Miau!“***

KENNZEICHEN

Interjektionen erscheinen öfter wie vorsprachliche Naturlaute, obwohl sie das nicht sind:
- Sie sind kurz und ungegliedert.
- Sie werden grammatisch nur locker in Sätze eingebaut.
- Sie sind unveränderlich und nicht flektierbar.

FORMEN

Einige Interjektionen haben Abwandlungen, z. B.:
hm, hmm, mh, mhm
Man kann Interjektionen oft lautmalend verändern:
huuu, quaaak, phuh, hoho

Oder durch Wiederholung verstärken:
oi/ojoi – ojojoi, ha – haha – hahaha
Auch die Schreibung ist nicht immer festgelegt:
o/oh, oh je/o je, peng/päng, rums/rumms

FUNKTION

Allein stehender Ausruf
Au! Aha!
Hier bildet die Interjektion einen Kurzsatz.
Verbindung mit einem selbstständigen Nominativ
Oh, diese Schönheit! Ach, der Fritz!
Die Interjektion wird durch Komma abgetrennt.
Wiedergabe direkter Rede
„Ah!“, rief der Portier erstaunt.
Hier ist die Interjektion in den Satz eingebaut.

Substantivierung
Das ständige Ach und Weh sollte aufhören.
Hier wurde die Interjektion zum Nomen gemacht und als solches in den Satz eingebaut.
Einschub im Satz
Da kam – flatsch, flatsch – die Ente angewackelt.
Hierfür sind hauptsächlich Rückbildungen aus Verben geeignet. (Sie klingen aber nach Comic-Sprache und sind darum in den meisten Textsorten nicht angebracht.)

BEDEUTUNG

Ausdruck einer Empfindung

ach, o je, o weh	Klage
au, aua, autsch, ach	Schmerz
oh, oi, aha, ei, ei, nanu	Staunen
och	Enttäuschung
ätsch, bäh	Spott
pfui, igittigitt, puh, bäh	Ekel
heißa, juchhe, hurra, ah, hei	Freude

Appell an einen Partner

he, heda, hallo, na	Anrede
pfui, pst, hü, brr	Aufforderung

Hinweis für einen Partner

hm, mh, ja, ja	Zeichen, dass man noch zuhört
äh	Zeichen, dass man sprechen möchte

Wiedergabe lautlicher Ereignisse
miau, zack, flatsch

TIPP

In Erzählungen dienen Interjektionen der Verlebendigung, besonders in der direkten Rede.
Aber: Anführungszeichen nicht vergessen!

DEFINITION UND BEISPIEL

Viele deutsche Wörter sind durch Wortbildung entstanden. Zum Stamm *les-* gibt es eine Vielzahl Wörter:
vorlesen – ablesen – unleserlich – Vorlesung – Leser – Leserbefragung
Es gibt zwei Arten der Wortbildung: Komposition und Derivation.

Komposition (Zusammensetzung)
Es werden zwei Wörter zu einem neuen Wort zusammengefügt:
[Mutter][sprache], [Muttersprach][erwerb]
Solche Zusammensetzungen sind Komposita (Singular: ein Kompositum).

Derivation (Ableitung)
Es wird von einem Wort mit Präfixen oder Suffixen ein neues Wort abgeleitet:
be**[sprechen], [sprach]**lich
Neue Wörter werden nach Mustern gebildet und verstanden.

ARTEN

Zusammensetzungen haben ein Grundwort, das ist jenes Wort, das ganz rechts steht. Vor ihm steht das Bestimmungswort oder die Bestimmungswörter:

Sommer	*fahr*	*plan*
Bestimmungswort	Bestimmungswort	Grundwort

Jedes Kompositum gehört zur Wortart des Grundworts. Das Grundwort bestimmt die Verwendung im Satz und die Flexion.

Für das Verstehen der Bedeutung ist das Grundwort der Ausgangspunkt; es wird näher bestimmt:
Ein Zeitungsleser ist ein Leser, der Zeitung liest.

ARTEN

Ableitungszeichen können vor das Wort treten, sie heißen dann **Präfixe**:
***be**stehen, **Ant**wort*
Andere Ableitungszeichen treten hinter das Wort, sie heißen **Suffixe**:
*Klar**heit**, grün**lich**, fest**ig**en*
Manchmal wird in einer Ableitung auch der Stamm verändert, z. B. durch Ablaut oder Umlaut:
trinken – betrunken – Trank, Gefahr – gefährlich

Ableitungen können folgende Komponenten haben:

be	*fest*	*ig*	*te*
Präfix	Stamm	Suffix	Endung

Die Ableitung verändert öfter die Wortart des Stammes: *fest* ist ein Adjektiv, mit *ig* + *te* wird daraus eine Verbform.

EIGENSCHAFTEN

Wortbildungsregeln können mehrfach angewendet werden.
***klar** → **klär**en → er**klär**en → er**klär**bar → Er**klär**barkeit*
***Probe** → **prob**en → er**prob**en → er**prob**t → Er**prob**theit*
***steh**en → ver**steh**en → Ver**stand** → ver**ständ**lich → Ver**ständ**lichkeit*
***nehm**en → auf**nehm**en → Auf**nahm**e → auf**nahm**efähig → Auf**nahm**efähigkeit*

TIPP

Präfixe und Suffixe sind nicht einfach Vor- oder Nachsilben. Sie haben vielmehr ihre eigene Bedeutung.

1.10.1 Bildung neuer Verben

ÜBERBLICK

Adjektiv + Verb: *still + stehen*
hochhalten, großziehen, kleinhalten, tiefstapeln
Man unterscheidet die Zusammensetzung, die man zusammenschreibt, von der Fügung, die man getrennt schreibt.

kurzarbeiten	*kurz arbeiten*
gutschreiben	*gut schreiben*
festbinden	*fest binden*

Die Zusammensetzung erkennt man daran, dass das Adjektiv nicht gesteigert oder erweitert werden kann (auch nicht durch *sehr* oder *ganz*):
***kurz**arbeiten* ***fest**stellen*
Die grammatische Fügung hat eine andere Bedeutung als die Zusammensetzung:
Man hat uns fünf Mark gutgeschrieben (angerechnet).
Wir haben meistens gut geschrieben (sauber, fehlerfrei).
Das Adjektiv in der grammatischen Fügung ist steigerbar oder erweiterbar (z. B. durch *sehr* oder *ganz*):
Wir haben sehr gut/besser/am besten geschrieben.

Nomen + Verb: *haus + halten*
Es gibt nicht sehr viele:

haushalten	*maßregeln*	*preisgeben*
teilnehmen	*bausparen*	*standhalten*

Viele trennen im Satz ihre Teile auch wieder voneinander:
Sie hielten nicht haus. *Wir nehmen teil.*
In manchen Zusammensetzungen scheint eine Präposition zu stecken:
heimfahren (zum Heim/nach Hause)
irreführen (in die Irre führen)
wetteifern (um die Wette)

Verb + Verb: *mäh + dreschen*
Diese Zusammensetzungen sind sehr selten:
lobpreisen *spritzlöten* *mähdreschen*
Sie gehören alle einer Fachsprache an.

Präposition + Verb: *vor + kommen*
Diese Zusammensetzungen sind sehr häufig:

eintreten	*draufkommen*	*übersetzen*
aufgehen	*hintertreiben*	*dableiben*

Fast jedes Verb hat viele Zusammensetzungen:
*an-, nach-, bei-, aus-, vor-, ab-, unter-, zu**stehen***
Unterscheide an der Betonung:

*übers**e**tzen*	***ü**bersetzen*
*umf**a**hren*	***u**mfahren*
*durchbr**e**chen*	*d**u**rchbrechen*

Verb aus Verb: *ent + stehen*
Verben werden aus Verben abgeleitet mit den Präfixen *be-, ent-, er-, um-, ver-* und *zer-*:

***be**stehen*	***ent**stehen*	***er**stehen*
***um**gehen*	***ver**stehen*	***zer**gliedern*

Seltener sind die Präfixe *miss-, in-, ge-* und in Fremdwörtern *re-, de-*:

***miss**achten*	***in**haftieren*	***ge**leiten*
***re**produzieren*	***de**maskieren*	

Selten sind Verbableitungen mit Suffixen:
lachen → lächeln
spotten → spötteln

Verb aus Adjektiv: *stolz + ieren*
Verben kann man aus Adjektiven ableiten:

stillen	*gleichen*	*bangen*
faulen	*sichern*	*schmälern*

Häufig mit den Suffixen *-l-, -ig-, -ier-:*

*weiße**l**n*	*kränke**l**n*
*stolz**ier**en*	*fest**ig**en*

Präfixe können zusätzlich auftreten:

***zer**kleinern*	***ver**faulen*
***ab**magern*	***ver**fremden*

Verb aus Nomen: *kreuz + igen*
Verben kann man aus Nomen ableiten:

testen	*proben*	*nerven*
hexen	*hausen*	*mauern*
löchern	*gliedern* (aus dem Plural)	

Zusätzlich können noch Präfixe auftreten:

***be**lüften*	***ent**lüften*
***zer**hämmern*	***er**tönen*

Manchmal auch Suffixe:
*kreuz**ig**en* *charm**ier**en*
Diese Verben gewinnen ihre Bedeutung aus dem Nomen.

1.10.2 Bildung neuer Nomen/Substantive

ÜBERBLICK

Nomen + Nomen: *Straßen + lärm*
Zusammensetzungen aus Nomen sind sehr häufig:

Teerstraße	*Autobahn*	*Taschenuhr*

Es gibt Zusammensetzungen aus Zusammensetzungen: *[Autobahn]fahrt, Urlaubs[bahnfahrt]*
Komposita unterscheiden sehr fein:

Salzwasser	*Meerwasser*	*Flusswasser*
Kirschwasser	*Eiswasser*	*Quellwasser*

Manche Bestimmungswörter dienen der Verstärkung:

Bombenschuss	*Höllendurst*	*Mordshunger*

Jeder kann neue Nomen bilden. Solche Gelegenheitskomposita (Neologismen) sind häufig in der Werbesprache:

Sitzkomfort	*Wohnträume*	*Schuhtechnologie*

Das attributive Adjektiv zu Komposita bitte nicht auf das Bestimmungswort beziehen: ~~*der fünfköpfige Familienvater*~~

Adjektiv + Nomen: *Hoch + haus*
Diese Zusammensetzungen sind häufig. Das Adjektiv wird dabei nicht dekliniert:

Großraum	*Normalbenzin*	*Spezialanfertigung*

Das Adjektiv kann auch gesteigert sein:

Höchstleistung	*Billigstpreise*	*Besserstellung*

Die Bedeutung zeigt sich bei der Auflösung in ein attributives Adjektiv:

Grünfutter	grünes Futter

Im Kompositum liegt eine engere Verbindung vor: Das Adjektiv nennt eine wesentliche Eigenschaft.

Verb + Nomen: *Schlag + stock*
Man verwendet den reinen Stamm des Verbs, manchmal mit eingeschobenem *-e-:*

Spülmaschine	*Lernerfolg*	*Trinkgeld*
Meldepflicht	*Lesebuch*	*Liegestuhl*

Die Bedeutung ist geprägt durch das Verb:

Nagetier	Tier, das nagt
Rasierklinge	Klinge zum Rasieren

Präposition + Nomen: *Nach + tisch*
Ihre Anzahl ist beschränkt:

Hintertreppe	*Vorsaison*	*Überstunde*
Unterdeck	*Oberdeck*	*Zwischendeck*

Über und *unter* dienen der Graduierung:

Überangebot	*Unterangebot*	*Unterbelegung*

Nomen aus Verb: *Heiz + ung*
Um Nomen aus Verben abzuleiten gibt es die Suffixe *-ung, -er, -ling, -nis, -erei, -e* und das Präfix *Ge-:*

*Mahn**ung***	*Bohr**er***	*Heiz**er***
*Prüf**ling***	*Erlaub**nis***	*Lach**erei***
*Lehr**e***	*Schreib**e***	***Ge**huste*

In Fremdwörtern finden wir *-ierung, -(at)ion:*

*Leg**ierung***	*Stagn**ation***

Man kann auch den Infinitiv als Nomen verwenden:

mein Essen	*das Gehen*

Ableitungen ohne Suffixe und alte Ableitungen auf *-t* sind meistens durch Ablaut gekennzeichnet:

Gang ← gehen	*Ritt ← reiten*
Sicht ← sehen	*Sucht ← siechen*

Die Suffixe sorgen für verschiedene Bedeutungen.

*Glieder**ung***	Handlung des Gliederns
*Glieder**ung***	Ergebnis des Gliederns
*Anleg**er***	einer, der etwas anlegt
*Bohr**er***	etwas, womit man bohrt
*Prüf**ling***	einer, den man prüft
*Renn**erei***	ständiges Rennen
***Ge**hopse*	ständiges und störendes Hopsen

Nomen aus Nomen: *Zick + lein*
Nomen werden aus Nomen abgeleitet mit den Suffixen *-chen, -lein, -le, -schaft, -tum, -heit, -er, -in, -ner, -ler, -ist* und den Präfixen *Ge-, Un-, Miss-:*

*Bäum**chen***	*Äug**lein***	*Häus**le***
*Freund**schaft***	*Brauch**tum***	*Kind**heit***
*Schül**er***	*Ärzt**in***	*Red**ner***
*Tisch**ler***	*Horn**ist***	***Ge**büsch*
***Un**sitte*	***Miss**gunst*	

Die Ableitung verändert die Bedeutung:

*Häus**chen***	Verkleinerung
*Hünd**in***	weiblich
***Un**lust, **Miss**stimmung*	Negation

Nomen aus Adjektiv: *Hohl + heit*
Nomen werden aus Adjektiven abgeleitet mit den Suffixen *-heit, -keit, -igkeit, -e, -nis, -sal, -ling:*

*Gesund**heit***	*Heiter**keit***	*Müd**igkeit***
*Größ**e***	*Fäul**nis***	*Trüb**sal***
*Fremd**ling***		

TIPP

Nicht doppelt moppeln: *ein kleines Häuschen, ein winziges Würmchen* sagen das Gleiche zweimal.

1.10.3 Bildung neuer Adjektive

ÜBERBLICK

Adjektiv + Adjektiv: *nass + kalt*
Zusammensetzungen aus zwei Adjektiven sind häufig, besonders bei Partizipien:

festverzinslich	*hochberühmt*	*feuchtwarm*
gutartig	*neugeboren*	*wehklagend*
taubstumm	*sattgrün*	*gutgläubig*

Häufig liegen Graduierungen vor:

hellgrün	*blassgrün*	*dunkelgrün*
tiefgrün	*hochelastisch*	*vollelastisch*

Sie sind nützlich, wenn man fein differenzieren will.

Verb + Adjektiv: *röst + frisch*
In Zusammensetzungen von Adjektiven mit Verben steht immer der reine Verbalstamm:

spielbereit	*rührfähig*
sitzbequem	*bettelarm*

Einige Adjektive verlieren ihre volle Bedeutung, sie werden Halbsuffixe.

spaltfähig	kann gespalten werden
lauffreudig	läuft gern
gehfähig	kann gehen

Als bürokratisch gelten Adjektive auf *-mäßig* wie *zeitmäßig, gesangsmäßig.*

Nomen + Adjektiv: *schnee + weiß*
Diese Zusammensetzungen sind häufig:

butterweich	*strohgelb*	*eisgekühlt*
augenzwinkernd	*hitzeversiegelt*	

Wer Bilder und Vergleiche zur Veranschaulichung liebt, hat hier seine Fundgrube:

eiskalt	*mohnrot*
fuchsklug	*regenfrisch*

Die Werbesprache macht sich das zu Nutze:

aprilfrisch	*schäfchenweich*
porentief	*lichtecht*

Adjektiv aus Adjektiv: *grün + lich*
Adjektivableitungen aus Adjektiven werden vorwiegend mit dem Suffix *-lich* und dem Präfix *un-* gebildet:

grünlich	*dicklich*	*dünnlich*
unfrei	*unbekannt*	*unverzichtbar*

*bläu**lich***	Abschwächung
***un**schön*	Negation

Adjektive wie *unschön* sind milder als das strenge Gegenteil *hässlich.*

Adjektiv aus Nomen: *helden + haft*
Adjektivableitungen aus Nomen sind sehr zahlreich. Sie werden mit den Suffixen *-isch, -lich, -ig, -haft, -en, -ern, -al, -alisch, -ell* gebildet:

römisch	*ärztlich*	*bauchig*
fehlerhaft	*golden*	*hölzern*
normal	*physikalisch*	*oppositionell*

Die häufigsten Suffixe sind *-isch, -lich, -ig.* Sie geben die Zugehörigkeit an:

die afrikanische Steppe	in Afrika
ein afrikanisches Zebra	aus Afrika
eine politische Partei	zur Politik gehörend

Adjektiv aus Verb: *trag + bar*
Adjektive werden aus Verben abgeleitet mit den Suffixen *-bar, -lich, -ig, -sam, -abel:*

tragbar	*erträglich*	*bröcklig*
sparsam	*akzeptabel*	*spendabel*

Die Bedeutung ergibt sich aus Verb und Suffix:

tragbar	kann getragen werden (passivisch)
haltbar	hält sich
erträglich	kann ertragen werden (passivisch)

TIPP

In Zusammensetzungen mit Adjektiven erscheint das Nomen *Tod*:
***tod**ernst, **tod**krank, **tod**sicher, **tod**schick, **tod**traurig, **tod**geweiht*
In Zusammensetzungen mit Verben erscheint das Adjektiv *tot*:
***tot**gefahren, **tot**gelacht, **tot**gemacht, **tot**gesagt, **tot**geschossen*

Unterscheide:

kindlich	*kindisch*
geschäftlich	*geschäftig*
verständlich	*verständig*
rationell	*rational*
mündlich	*mündig*
formell	*formal*
farblich	*farbig*
unglaublich	*ungläubig*

1.10.4 Abkürzungen, besondere Wortbildungen

ÜBERBLICK

Lange Wörter kürzen wir oft ab.
Häufig sind die **Kopfwörter**, bei denen wir den Anfang eines Wortes erhalten, den Rest aber wegkürzen:

Auto(mobil)	*Kilo(gramm)*
Krimi(nalroman)	*Ober(kellner)*
Foto(grafie)	*Akku(mulator)*
Alex(ander)	*Inge(borg)*
Mathe(matik)	*Bio(logie)*
Uni(versität)	*Abi(tur)*
Frust(ration)	*Limo(nade)*
Super(benzin)	*Promi(nenter)*
Abo(nnement)	*Tacho(meter)*
Demo(nstration)	*Disko(thek)*
Sponti (spontan)	*Profi (professionell)*

Koseformen werden häufig mit *-i* gebildet:
Mutti, Vati, Hausis (Hausaufgaben)
Sie sind häufig in der Jugendsprache:
Grufti, Sponti, Hunni, Bundi
Kopfwörter sind selbstständige Wörter, sie können auch in Zusammensetzungen verwendet werden:
Bio-Laden *Mathe-Aufgaben*

Bei **Schwanzwörtern** wird das Vorderteil weggelassen und der Rest als eigenes Wort erhalten:
(Omni)Bus *(Fahr)Rad*
(Friede)Rike *(Char)Lotte*
Häufig werden Bestimmungswörter weggekürzt, weil im Kontext sowieso klar ist, was gemeint ist:
(Eisen)Bahn *(Schall)Platte*

Kurzwörter (auch Initialwörter) sind Abkürzungen, die wir wie andere Wörter verwenden und sprechen. Sie bestehen aus den Anfangsbuchstaben sinntragender Teile:

Lkw	***L**ast**k**raft**w**agen*
UKW	***U**ltra**k**urz**w**elle*
EDV	***e**lektronische **D**aten**v**erarbeitung*
CDU	***C**hristlich-**D**emokratische **U**nion*
DGB	***D**eutscher **G**ewerkschafts**b**und*
KZ	***K**on**z**entrationslager*

Sie werden nach den Buchstaben ausgesprochen:
Ellkawe, Ukawe.

Manche Kurzwörter sind gebildet mit den Silbenanfängen der Sinnteile. Diese Silbenwörter kann man aussprechen wie andere Wörter:

Azubi	= ***Auszubi**ldender*
Kripo	= ***Kri**minal**po**lizei*
Mofa	= ***Mo**tor**fa**hrrad*
Schiri	= ***Schi**eds**ri**chter*
Trafo	= ***Tra**ns**fo**rmator*

Kurzwörter können selbst wieder in Zusammensetzungen und Ableitungen stehen:

CD-Player	*UKW-Empfang*	*Kripo-Chef*
Mofa-Unfall	*SPDler*	*kripomäßig*

Schachtelwörter sind Kunstwörter und Gelegenheitsbildungen, aufeinander geklappte Wörter:

*Tele**gramm***	*La**kritz***
***Gramm**atik*	***Kritz**elei*
Telegrammatik	*Lakritzelei*

Schachtelwörter dienen als Wortspiele:

Kurlaub	*Promillionär*	*Ehrgeizhals*
Müllionär	*heuschrecklich*	*schuhverlässig*
famillionär	*kotzequent*	

Manchmal sind nur Anfang und Schluss zweier Wörter zusammengeklammert:

Tom~~ate~~	*Mo~~tor~~*
~~Kar~~toffel	*~~Ho~~tel*
Tomoffel	*Motel*

Schachtelwörter sind oft witzig oder polemisch. Sie erzielen einen Aha-Effekt, weil sie Unterschiedliches zusammenbringen:
Reaktionärrin *Demokratur*
Formularifari *akadämlich*

TIPP

Schreibabkürzungen wie *Dr. (Doktor), S. (Seite), g (Gramm)* sind keine Kurzwörter.
Man spricht sie nicht in Kurzform aus und sie haben oft einen Punkt am Ende.

1.11 Wortfamilien

DEFINITION

Wortbildung vergrößert den Wortschatz. Zu einem Wurzelwort können sehr viele neue Wörter gebildet werden, die alle nach Form und Bedeutung verwandt sind. Sie bilden eine Wortfamilie. An ihrem Ausgang steht die gemeinsame Wurzel.

BEISPIEL

Die Wortfamilie ***droh-***

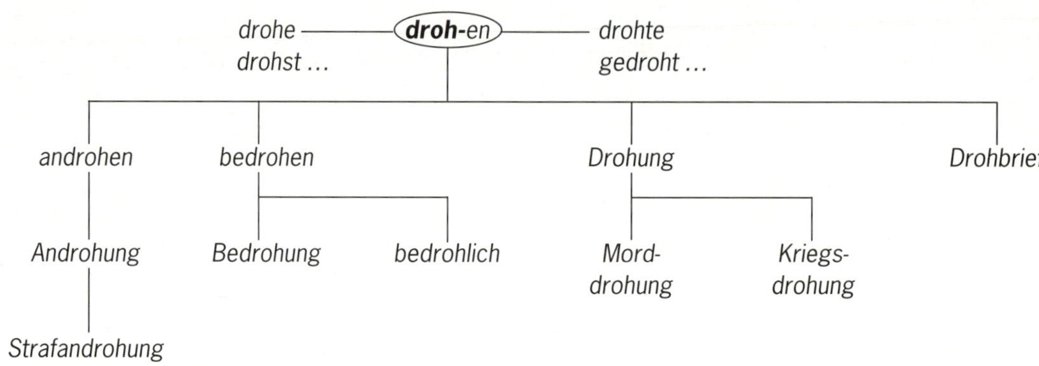

BEISPIEL

Die Wortfamilie ***krank***

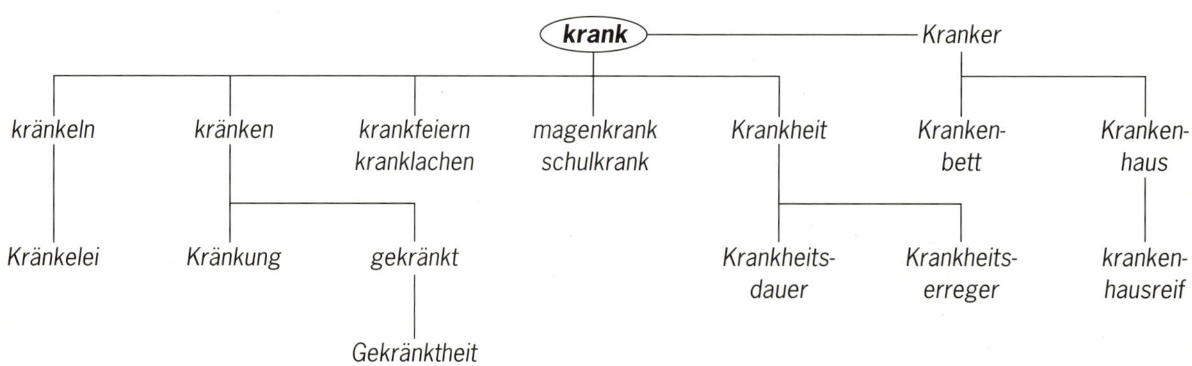

TIPP

Wortfamilien sind auch wichtig in der Rechtschreibung. Der Stamm wird fast immer gleich geschrieben oder umgelautet *(a zu ä, au zu äu)*.

2

Der Satz

2.1 Der einfache Satz

DEFINITION

Sätze sind Einheiten des Redens und Schreibens. Sie sind aus Wörtern aufgebaut.

- Ein Satz ist eine Folge von Wörtern (selten ein einziges Wort). Er ist nach grammatischen Regeln aufgebaut.
- Mit einem Satz kann man eine vollständige sprachliche Handlung vollziehen: *etwas fragen, eine Behauptung machen, jemanden grüßen, jemandem drohen* usw.
- Ein Satz wird durch die Intonation zusammengehalten. Es gibt Intonationskurven für verschiedene Satzarten.
- Ein Satz wird abgeschlossen mit Satzschlusszeichen wie Punkt, Fragezeichen und Ausrufezeichen. Manchmal trennen auch Komma, Semikolon oder Gedankenstriche einen Satz ab.
- Ein Satz ist ein einzelner Zug in der Verständigung.

ARTEN

Nach ihrem Bau und ihrer Leistung unterscheiden wir verschiedene Typen von Sätzen.

Kurzsätze
Hoppla!
Entschuldigung.
Kurzsätze sind sehr einfach, oft bestehen sie aus einem Wort. Kinder lernen sie als Erstes.

Gegliederte Sätze
Ich war es nicht.
Kleine Leute lieben große Worte.
Gegliederte Sätze sind oft kompliziert, mit ihnen kann man komplizierte Sachverhalte ausdrücken.

FUNKTION DER KURZSÄTZE

Grüßen: *Tschüs, Hallo, Auf Wiedersehn*
Warnen: *Achtung! Vorsicht! Aufpassen!*
Anreden: *Liebe Liese, Meine Damen und Herren*
Rufen: *Hallo! Heda! He!*
Zustimmen: *Ja, Natürlich, Topp, Hmm*
Ablehnen: *Nein, Bloß nicht, Ach was*
Vergewissern: *Gell? Nicht wahr? Oder?*
Thema nennen: *Das Boot, Die unendliche Geschichte*
Auffordern: *Psst! Pfui! Dalli! Hauruck!*
Fluchen: *Sakra! Verdammt! Verflixt! Mist!*

Verkürzte Sätze sind in manchen Textsorten üblich:
Telegramm: *Wieder Bein gebrochen*
Schlagzeile: *Der Kanzler nach Paris?*
Aufschrift: *Frisch gestrichen*
Notizen: *7 Uhr – Wecker – aufstehen*
Slogan: *Milch macht's.*

FUNKTION DER GEGLIEDERTEN SÄTZE

Gegliederte Sätze bestehen aus mehreren Wörtern. Sie sind das eigentliche Thema der Grammatik. Die Grammatik untersucht, nach welchen Regeln die Sprecher Wörter und Wortformen als Baumaterial benutzen.

Gegliederte Sätze enthalten Aussagen: Der Sprecher nimmt in dem Satz auf etwas Bezug (den Satzgegenstand) und er sagt etwas von diesem Gegenstand, schreibt ihm zum Beispiel eine Eigenschaft zu.
Äußert jemand den gegliederten Satz:
Meine Schwester ist älter als ich,
so nimmt er Bezug auf seine Schwester und sagt von ihr, dass sie älter ist als er selbst.

Überblick

Sätze

- Kurzsätze
  - einwortig – *Hoppla!*
  - mehrwortig – *Guten Tag.*
- gegliederte Sätze
  - ausgeführt – *Das war schön.*
  - verkürzt – *Ich nicht.*

Tipp

In der Werbesprache finden wir die Zerstückelung von Sätzen:
Es gibt Tage, da muss man sich zurückziehen. Muss Abstand gewinnen. Sich mit jemandem aussprechen. Der einem Geborgenheit gibt. Einen in Schutz nimmt. Muss ich selbst sein.
Das ist in normaler Rede etwas übertrieben.

2.1.1 Satzarten

DEFINITION

Entsprechend den sprachlichen Handlungen *Behaupten, Fragen, Auffordern* gibt es drei Arten von Sätzen, die nach ihrer Form unterschieden sind: **Aussagesatz, Fragesatz** und **Aufforderungssatz.**

ARTEN

Aussagesatz (Behauptungssatz, Erzählsatz, Deklarativsatz):
Das Wetter ist heute sehr schlecht.
Im Aussagesatz steht das finite Verb an zweiter Stelle. Aussagesätze werden mit fallender Intonation gesprochen:

Diese Intonation liegt auf dem wichtigsten Satzabschnitt.

Fragesatz (Interrogativsatz):
Bleibst du noch etwas da?
Mit der Entscheidungsfrage fragt man, ob etwas der Fall ist oder nicht. Die Antwort ist *ja* oder *nein* oder ausführlicher ein ganzer Aussagesatz. In der Entscheidungsfrage steht das finite Verb an der Spitze. Entscheidungsfragen werden meistens mit steigender Intonation gesprochen:

Die **Ergänzungsfrage** enthält ein Fragewort:
Wer war gestern beim Spiel?
Eine Ergänzungsfrage wird mit fallender Intonation gesprochen, öfter auch mit steigender Intonation.

Aufforderungssatz (Befehlssatz, Wunschsatz, Imperativsatz):
Bleib noch etwas hier!
Im Aufforderungssatz steht das finite Verb an der Spitze und im Imperativ; das Subjekt wird ausgelassen. Es handelt sich um den Angesprochenen *(du)* oder die Angesprochenen *(ihr)*. In der Höflichkeitsform muss aber das *Sie* stehen.
Aufforderungssätze werden meistens mit steigend-fallender Intonation gesprochen:

Ausrufesätze haben wechselnde Formen und werden in der Schrift durch Ausrufezeichen gekennzeichnet:
Du mit deiner Raucherei!
Kommt der doch in Jeans!
Was der für Hosen trägt!
Dass der so was macht!

KENNZEICHEN

Die drei **Satzarten** sind bestimmt durch die **Stellung des finiten Verbs.**

Zweitstellung (nach dem ersten Satzglied) im Aussagesatz:
Die Kinder ***fuhren*** *an die Küste.*
Damals ***ist*** *alles perfekt gewesen.*

Erststellung im Fragesatz (Entscheidungsfrage):
Ging *alles gut?*
Hat *es geregnet?*

Erststellung im Aufforderungssatz:
Bleib *noch etwas hier!*
Tu *alles konzentriert!*

Außerdem gibt es die feste Endstellung im Nebensatz:
…, *wenn es* ***klappte.***
…, *weil alles gut gegangen* ***ist.***

KLEINGEDRUCKTES

Man kann einen Aussagesatz auch als Frage oder als Befehl äußern:
Er kommt wirklich?
Du räumst die Küche auf!

Zur Kennzeichnung der Satzart wirken viele grammatische Mittel zusammen.

Verbstellung
***Kommt** er nach Hause?*
*Er **kommt** nach Hause.*

Intonation
Er kommt nach Hause.
Er kommt nach Hause?

Verbmodus
***Sind** Sie ehrlich?*
***Seien** Sie ehrlich!*

Partikeln
*Komm **nur** nach Hause!*
*Kommen Sie **denn** nach Hause?*

Fragewörter
Er kommt nach Hause.
***Wer** kommt nach Hause?*

Satzzeichen
*Kommt der um eins nach Hause**?***
*Kommt der um eins nach Hause**!***

2.2 Die Satzglieder

DEFINITION

Gegliederte Sätze sind in mehreren Stufen zu zerlegen.
Auf der nächsten Stufe stehen die Satzglieder. Satzglieder bestehen aus Wortgruppen. Wortgruppen bestehen aus Wörtern, Wörter bestehen möglicherweise aus Stamm und Endungen.

1. Stufe	**Satz**	*Seine kleine Tochter sieht ein Boot aus Holz in der Ferne.*
2. Stufe	**Satzglieder**	*Seine kleine Tochter sieht ein Boot aus Holz in der Ferne.*
3. Stufe	**Wortgruppen**	*Seine kleine Tochter sieht ein Boot aus Holz in der Ferne.*
4. Stufe	**Wörter**	*Seine kleine Tochter sieht ein Boot aus Holz in der Ferne.*
5. Stufe	**Wortteile**	*Sein e klein e Tochter sieh t ein Boot aus Holz in der Ferne.*

FORMEN

Nach ihrer grammatischen Funktion im Satz sind vier Arten Satzglieder zu unterscheiden:

Satzglieder

Prädikat **Subjekt** **Objekt** **Adverbial**

Das **Prädikat** enthält immer ein finites Verb und manchmal noch weitere Wörter.
Subjekt kann eine Nominalgruppe im Nominativ sein, ein Nebensatz oder ein satzwertiger Infinitiv.
Objekt kann eine Nominalgruppe sein, eine Präpositionalgruppe, ein Nebensatz oder ein satzwertiger Infinitiv.
Adverbial kann eine Präpositionalgruppe (selten eine einfache Nominalgruppe) sein, eine Adjektivgruppe, ein Nebensatz oder ein satzwertiger Infinitiv.

KENNZEICHEN

Für die einzelnen Satzglieder gibt es jeweils spezielle Fragen: **Wer** sieht **was wo?**

Wer?	sieht	**was?**	**wo?**
Seine kleine Tochter	*sieht*	*ein kleines Boot*	*am Horizont.*
Das Mädchen	*sieht*	*etwas Weißes*	*weit hinten.*
Tina	*sieht*	*irgendetwas*	*hinten.*
Sie	sieht	es	dort.

EIGENSCHAFTEN

Satzglieder kann man als Ganzes verschieben mit der Verschiebeprobe oder Umstellprobe:

Seine kleine Tochter *sieht* *ein Boot aus Holz* *in der Ferne.*

Seine kleine Tochter *sieht* *in der Ferne* *ein Boot aus Holz.*

In der Ferne *sieht* *seine kleine Tochter* *ein Boot aus Holz.*

Ein Boot aus Holz *sieht* *in der Ferne* *seine kleine Tochter.*

Die Wörter innerhalb der Satzglieder kann man selten verschieben.

TIPP

Attribute sind keine Satzglieder. Sie sind nur Teile von Satzgliedern und stehen eine Stufe tiefer als die Satzglieder.

2.2.1 Subjekt

DEFINITION

Das **Subjekt** ist die Ergänzung im Nominativ, die für Lebewesen auf die Frage *wer?* antwortet und auf die Frage *was?* für unbelebte Dinge.

FORMEN

Das Subjekt kann unterschiedliche Formen haben.

Nominalgruppe
Unsere Aufgabe *ist eigentlich nicht schwierig.*

Pronominalgruppe
Wir *lösen sie leicht.*

Nebensatz
Dass so ein Unternehmen schief gehen musste, *war klar.*

Satzwertiger Infinitiv
Die Birne zu wechseln *war nicht leicht.*

KENNZEICHEN

Das Subjekt nennt ganz allgemein das Thema, über das im Satz etwas gesagt wird. Darum ist es auch so wichtig und fast in jedem Satz notwendig.

- Es steht im Nominativ, wenn es als Nominalgruppe realisiert ist.
- Es nennt oft das Thema des ganzen Satzes.
- Es steht oft an erster Stelle im Satz.
- Es bezeichnet oft den Verursacher oder den Handelnden.

KLEINGEDRUCKTES

Jedes Verb verlangt Ergänzungen, mit denen es sich inhaltlich verträgt.
Ein Unfall geschieht.
~~*Ich geschehe.*~~
Das Kind wiegt 10 kg.
~~*Das Gewicht des Kindes wiegt 10 kg.*~~
Der Brief kostet 1 DM.
~~*Das Porto kostet 1 DM.*~~

Wer die inhaltlichen Verträglichkeiten nicht beachtet, macht Fehler:
Beim Absturz Tanklager knapp verfehlt.
Da beschleicht mich ein freudiges Gefühl.

Öfter entsteht ein übertragener (metaphorischer) Gebrauch oder Ironie:
Der Vater kochte (vor Wut).
Sie tranken die kühle Nachtluft.

Wenn die Satzglieder nicht zusammenpassen, können aber auch Stilblüten entstehen:
Das verletzte Bein muss sofort in Ruhestand versetzt werden.
Robert Koch hat die Tuberkulose erfunden.
Der Förster zeichnet die Bäume, die er umbringen muss.
Die Toten und Verletzten stiegen stark in letzter Zeit.
Die Autos halten mitten auf der Kreuzung und fragen den Polizisten, wo ihre Straße ist.

TIPP

Manche stecken das Sinnverb ins Subjekt. Im Prädikat bleibt nur ein Allerweltsverb:
Die Verlegung der Straße wird jetzt durchgeführt.
Das klingt bürokratisch. In anderen Textsorten sollte man es vermeiden.

2.2.2 Prädikat

DEFINITION UND BEISPIEL

Das verbale Satzglied ist das **Prädikat**. Prädikate sind die hervorgehobenen Teile in folgenden Beispielen:

*Wir **schlafen** zu wenig.*

*Man **wollte** alles **sehen.***

*Die Rose **ist gelb.***

Das Prädikat enthält eine finite Verbform. Es kann einteilig oder mehrteilig sein:

*Die Blume **steht** vor dem Haus.*

*Uns **stand** ein Gewitter **bevor.***

*Das Kind **hat** vor dem Haus **gestanden.***

*Einer **soll** darunter **gestanden haben.***

Die finite Verbform bringt Tempus, Modus, Person und Numerus zum Ausdruck. Mit dem Prädikat wird außerdem die Sichtweise (Aktiv oder Passiv) ausgedrückt.

FORMEN

Einteilige Prädikate bestehen aus einer finiten Verbform. Mehrteilige Prädikate können zusätzlich Infinitive oder Partizipien enthalten:

*Hier **[will]** der Vogel **[sitzen bleiben].***

*Hier **[hat]** der Vogel **[gesessen].***

Mehrteilige Prädikate können auch ein Prädikativ enthalten. Prädikative sind Adjektivgruppen, Nominalgruppen oder Präpositionalgruppen, die ins Prädikat gehören:

*Die Vase ist **[sehr zerbrechlich].***

*Der Vogel ist **[ein Papagei].***

*Die Suppe war **[von feinster Qualität].***

Verben mit Prädikativen sind *sein, werden, bleiben, scheinen.*

FUNKTION

Das Prädikat spielt die Hauptrolle im Satz. Es bestimmt die Satzstruktur. Die Verben verlangen nämlich gemäß ihrer Bedeutung bestimmte Satzglieder als Ergänzungen. Es sind die Antworten auf die Fragen, die sich bei bloßer Nennung des Verbs stellen.

sehen: *wer? – was?*

raten: *wer? – wem? – was?*

Die verlangten Ergänzungen sind das Subjekt und die Objekte.

LEISTUNG

Jedes Verb verlangt eine bestimmte Anzahl von Ergänzungen.

Ein **einwertiges Verb** verlangt eine Ergänzung, nämlich fast immer ein Subjekt:

***Hänschen** schläft.*

Ein **zweiwertiges Verb** verlangt zwei Ergänzungen, ein Subjekt und ein Objekt:

Die Leute** sehen **das Boot.

Ein dreiwertiges Verb verlangt drei Ergänzungen, nämlich ein Subjekt und zwei Objekte:

Opa** gibt **dem Kind einen Lutscher.

Ein Verb verlangt Ergänzungen mit bestimmter grammatischer Form.

Sehen verlangt ein Akkusativobjekt, *warten* ein Präpositionalobjekt.

Ich sehe ihn.

Aber nicht: ~~*Ich sehe ihm*~~.

Ich warte auf dich.

Aber nicht: ~~*Ich warte dich*~~.

Manche Verben haben mehrere Anschlussmöglichkeiten. So heißt es auch:

Ich sehe nach dir.

ÜBERBLICK

Fragewort	*wer/was?*	*wessen?*	*wem?*	*wen/was?*	*worauf/wovon?* u. a.
Anschluss	Nominativ	Genitiv	Dativ	Akkusativ	Präposition
Satzfunktion	Subjekt	Objekt	Objekt	Objekt	Objekt
Beispiel	*sie*	*ihrer*	*ihr*	*sie*	*über sie*

TIPP

Man sollte das Prädikat nicht aufblähen durch sogenannte Streckverben:
~~*Ihre Zahlung leisten Sie bitte auf unser Konto.*~~ *Zahlen Sie bitte auf unser Konto.*
Ähnlich:
~~*zum Einsatz bringen*~~*/einsetzen,* ~~*Anwendung finden*~~*/angewendet werden,* ~~*in Wegfall kommen*~~*/wegfallen*

2.2.3 Kongruenz von Subjekt und Prädikat

DEFINITION

Subjekt und Prädikat stehen in Kongruenz. Das heißt: Beide müssen in Person und Numerus übereinstimmen. Darum muss vor allem die Endung des finiten Verbs zum Subjekt passen. Für die Person ergeben sich klare Zuordnungen.

	Subjekt	**Verbform**
1. Person Singular	*ich*	*sage/sagte*
2. Person Singular	*du*	*sagst/sagtest*
3. Person Singular	*er/sie/es*	*sagt/sagte*
1. Person Plural	*wir*	*sagen/sagten*
2. Person Plural	*ihr*	*sagt/sagtet*
3. Person Plural	*sie*	*sagen/sagten*

REGEL

Bei Reihung verschiedener grammatischer Personen richtet sich das finite Verb am liebsten nach der 1. Person:
Du und ich *(wir) komm**en.***
Wenn keine 1. Person da ist, bevorzugt das finite Verb die 2. Person:
Dein Freund und du *(ihr) komm**t** doch?*
Ihr und eure Freunde *könn**t** ruhig bleiben.*

REGEL

Die Kongruenz im Numerus kann Schwierigkeiten machen.
Grundregel: Subjekt im Singular verlangt finites Verb im Singular, Subjekt im Plural verlangt finites Verb im Plural.
Der Reiter *ritt durch die Wüste.*
Die Reiter *ritt**en** durch die Wüste.*
Bei Reihungen ist die Konjunktion zu beachten. Reihungen mit *und* zählen gewöhnlich als pluralisch, auch wenn die Glieder singularisch sind:
Eli und Eike *werd**en** kommen.*
Eli und ihre Freunde werd**en** kommen.

AUSNAHMEN

Ausnahme sind Mengenangaben.
Hier wird öfter nach dem Sinn entschieden:
Eine Menge Leute war/waren da.
Zwanzig Prozent der Spieler zahlen Steuern.
Eine Gruppe von Leuten stand da.
Die Mehrheit der Schüler war/waren dabei.

Ausnahmen sind Zwillingsformeln und Rechnungen:
Groß und Klein tummelte sich auf dem Sportplatz.
An ihm ist Hopfen und Malz verloren.
Drei und drei ist sechs.
(Gemeint ist ja eigentlich *drei plus drei.*)

ZUSATZ

- Ist die Reihung durch das Prädikat getrennt, so wirkt nur der erste Teil des Subjekts:
  Die Mutter steht da und ihre Kinder.
  Mein Bruder kam und wir.
  Auch bei nachgestellten Subjekten kann man so den ersten Teil in den Vordergrund stellen:
  Da steht die Mutter und ihre Kinder.
- Reihungen mit *oder, entweder … oder, sowohl … als auch* zählen gewöhnlich als singularisch, wenn die Glieder singularisch sind:
  Eli oder Eike *wird kommen.*
  Ich oder du *musst das machen.*
- Ist ein Glied Singular und eines Plural, so richtet sich das finite Verb gewöhnlich nach dem näheren:
  Sowohl Eli als auch meine Freunde werden da sein.
  Sowohl meine Freunde als auch Eli wird da sein.

TIPP

Wähle das richtige Reflexivpronomen.
Wir und er haben uns gefreut.
Sie und ihr habt euch gefreut.

2.2.4 Die Objekte: Akkusativobjekt und Dativobjekt

DEFINITION

Das **Akkusativobjekt** ist die Ergänzung im Akkusativ.
Sie antwortet auf die Frage *wen?* für Personen oder auf die Frage *was?* für Dinge.

FORMEN

Nominalgruppe
*Menschen nehmen **die erkennbare Natur** wahr.*
Pronominalgruppe
*Wer mag **das?***

Nebensatz
*Man fragt, **ob es so weitergeht.***
*Sie überlegten, **was zu tun sei.***
Satzwertiger Infinitiv
*Wir erlauben **das Zimmer zu verlassen.***

FUNKTION

Das Akkusativobjekt ist nach dem Subjekt die zweithäufigste Ergänzung und das direkteste Objekt. Es ist sehr vielseitig.

Betroffenes
*Die Kinder verschmieren **das Bild.***
Inhalt
*Ich weiß, **was kommt.***
Ort
*Löwen übersprangen **die Mauer.***

Geschaffenes
*Der Maler malt **das Bild.***
Ziel
*Keiner erreichte **die Stadt.***
Maß
*Das Spiel kostet **drei Mark.***

Häufige Verben mit Akkusativobjekt sind:
werfen, bringen, sehen, wissen, riechen, beherrschen, besitzen; sich winden, sich täuschen; lehren, nennen

DEFINITION

Das **Dativobjekt** ist die Ergänzung im Dativ, die auf die Frage *wem?* antwortet.
Dativobjekte bezeichnen meistens Personen oder Belebtes.

FORMEN

Nominalgruppe
*Scharlatane machen **einem normalen Menschen** manches weis.*

Pronominalgruppe
*Kein Mensch begegnete **ihm.***
Nebensatz
*Ich gebe es, **wem ich will.***

FUNKTION

Personen, die im Dativobjekt genannt werden, sind nicht so direkt von der Handlung betroffen wie beim Akkusativobjekt:

Er brachte die Mutter zum Bahnhof.
Wir malten ihn.

*Er brachte **der Mutter** Gemüse.*
*Wir malten **ihm** etwas.*

Empfänger/Verlierer:
*Sie gaben **ihr** das Tuch.*
Nutznießer/Geschädigter:
*Viel Fleisch schadet **den Tieren**.*

Besitzer:
*Dies gehört **dem Clown** nicht.*
Adressat:
*Wir erzählen **den Kindern** Geschichten.*

Häufige Verben mit Dativobjekt sind:
gefallen, schaden, danken, ähneln, folgen, begegnen, entgegentreten, trotzen, zürnen, drohen, helfen, schmeicheln, gehören; überlassen, glauben, raten

TIPP

Vorsicht: Zweideutigkeiten!
Oft lauten Dativ und Akkusativ gleich.
Wer tapeziert Rentner gegen Entgelt?
Wir suchen zuverlässige Frau, die uns wöchentlich einmal putzt.
Der Artikel verdeutlicht den Kasus:
Wer tapeziert einem Rentner gegen Entgelt?

Vorsicht: Unverträglichkeiten!
Sie fristen ihr Dasein.
~~Sie fristen ihren Geburtstag.~~
Beim Beruferaten will das Team die Berufe unbekannter Personen ~~erforschen~~/ermitteln.

2.2.5 Die Objekte: Genitivobjekt und Präpositionalobjekt

DEFINITION

Das **Genitivobjekt** ist die Ergänzung im Genitiv. Sie antwortet auf die Frage *wessen?*

FORMEN

Nominalgruppe
*Wir vergewissern uns **seiner Loyalität**.*
Pronominalgruppe
*Wir vergewissern uns **dessen**.*

Nebensatz (selten)
*Wir gedenken, **wessen wir bedürfen**.*

FUNKTION

Tatbestand
*Er wurde **des Diebstahls** angeklagt.*

Fehlendes
*Er bedarf **der Pflege**.*

Betroffenes
*Er nahm sich **der Notleidenden** an.*

Im heutigen Deutsch ist das Genitivobjekt sehr selten und es kommt nur bei wenigen Verben und in gehobener Sprache vor. Außerdem wird es durch Ersatzformen verdrängt:
Wir erinnern uns ihrer. – Wir erinnern uns an sie.
Sie spotten dein(er). – Sie spotten über dich.
Das Genitivobjekt steht besonders bei Verben aus der Gerichtssprache.
Verben mit Genitivobjekt sind:
bedürfen, entbehren, harren, gedenken, ermangeln, beschuldigen, anklagen, überführen; sich erwehren, sich annehmen, sich bedienen, sich besinnen, sich enthalten, sich entledigen

VARIANTEN

sich einer Sache entsinnen – sich an eine Sache entsinnen
sich seiner Kraft besinnen – sich auf seine Kraft besinnen
sich seiner Taten schämen – sich wegen seiner Taten schämen
der Dinge harren – auf die Zukunft harren

DEFINITION

Das **Präpositionalobjekt** ist die Ergänzung, die nicht durch einen Kasus markiert ist, sondern durch Präpositionen (die durch das Verb verlangt werden).
Präpositionalobjekte werden erfragt durch präpositionale Fragewörter wie *woran?, worüber?, worauf?* usw.

FORMEN

Präpositionalgruppe
*Das Unternehmen scheiterte **an der üblichen Unfähigkeit.***

Pronominalgruppe
*Die Familie Schulz wohnt **dort unten.***

Nebensatz
*Ich freue mich (darauf), **dass du kommst.***

Satzwertiger Infinitiv
*Sie zwangen uns (dazu), **der Veranstaltung fernzubleiben.***

FUNKTION

Thema
*Sie sprachen ständig **über/von Geld.***
Adressat
*Sie schickten die Pakete **an uns.***
Betroffenes
*Wir arbeiten **an den Hecken.***
Material
*Eis besteht **aus Wasser.***

Partner
*Wir sprachen **mit dem Lehrer.***
Ziel
*Alle streben **nach Liebe.***
Ergebnis
*Eis wird **zu Wasser.***

Verben mit festem Präpositionalobjekt sind:
warten auf, folgen aus, stammen von/aus, scheitern an, abgrenzen von/gegen, orientieren an/auf, ringen mit, denken an, erzählen von, wetten um, zulassen zu, sich wundern über u.a.

VARIANTEN

etwas vermieten an jemanden – jemandem eine Wohnung vermieten
etwas verkaufen an jemanden – jemandem eine Wohnung verkaufen
etwas stehlen von jemandem – jemandem etwas stehlen
Du gehörst zu mir. – Das gehört mir.

2.2.6 Adverbiale

DEFINITION UND BEISPIEL

Adverbiale (Adverbialbestimmungen, Umstandsbestimmungen) sind die hervorgehobenen Satzglieder in folgenden Beispielen:
***Am Montag** bekommen die Leute Geld.*
***In Karlsruhe** regnet es **oft**.*
*Der Maler malt das Bild **aus reiner Freude.***
Hier** fahren Autos **mit großer Geschwindigkeit.

Adverbiale sind freie Satzglieder. Sie sind Erweiterungen, die grammatisch nicht notwendig sind. Für die Verständigung sind sie aber genauso wichtig wie die anderen Satzglieder.
Ein Satz kann mehrere Adverbiale enthalten:
Damals** malte er **aus reiner Freude** das Bild **im Keller.

FORMEN

Präpositionalgruppen
Bei Sonnenaufgang** frühstückten wir **im Gebirge.
Pronominalgruppe
*Bei Sonnenaufgang frühstückten wir **dort.***
Adjektive
*Wir liefen **schnell.***
Adverbien
*Sie kommen **wahrscheinlich.***

Nominalgruppen
***Dieser Tage** machten wir eine Wanderung.*
Nebensätze
***Als es tagte**, waren wir im Gebirge.*
Satzwertige Infinitive
***Um nichts zu versäumen** gingen wir früh heim.*

BEDEUTUNG

Lokale Adverbiale geben räumliche Umstände an:
Auf dem Berg *war die Luft ganz gut.*

Temporale Adverbiale geben zeitliche Umstände an:
Am Morgen *war die Luft ganz gut.*

Modale Adverbiale geben die Art und Weise an:
Sie kamen ***in großer Eile.***

Kausale Adverbiale geben Ursachen an:
Wegen der dünnen Luft *mussten wir langsam gehen.*

ARTEN

Lokale Adverbiale		
Ort	*wo?*	*Ich schlafe* ***unter der Decke.***
Ziel	*wohin?*	*Ich krieche* ***unter die Decke.***
Herkunft	*woher?*	*Wir kommen* ***aus Berlin.***
Temporale Adverbiale		
Zeitpunkt	*wann?*	*Es geschah* ***an Ostern.***
Zeitraum	*wie lange?*	*Wir blieben* ***drei Tage.***
Häufigkeit	*wie oft?*	*So handeln wir* ***immer.***
Modale Adverbiale		
Art und Weise	*wie?*	*Sie lernen* ***mit Eifer/eifrig.***
Umstand	*wobei?*	***Unter diesen Umständen*** *gehe ich.*
Konditionale Adverbiale		
Bedingung		***Bei Regen*** *bleib zu Hause!*
Instrumentale Adverbiale		
Instrument	*womit?*	*Versuch es* ***mit dem Hammer****!*
Kausale Adverbiale		
Ursache	*warum?*	***Durch den Regen*** *entstand großer Schaden.*
Motiv	*wieso?*	*Alles tat er* ***aus Neugierde****.*
Folge	–	***Auf deinen Rat hin*** *blieben wir weg.*
Finale Adverbiale		
Zweck	*wozu?*	*Der Clown stolperte* ***zur allgemeinen Belustigung.***
Konzessive Adverbiale		
Hinderungsgrund		*Sie kamen* ***trotz schlechten Wetters.***

TIPP

Als Adverbiale stehen auch freie Akkusative und freie Genitive. Oft sind sie temporal:
Diesen Monat *komme ich nicht.* ***Dieser Tage*** *war ich in Italien.*

2.2.7 Operationen und Proben

DEFINITION

Wenn wir Sprache genauer untersuchen, brauchen wir Verfahren, die uns zu einem sicheren Ergebnis führen. Wir wollen Experimente machen und das Ergebnis beurteilen. Dafür gibt es Proben, mit denen wir Sätze testen und ihren Aufbau besser verstehen.

In einer Probe wird ein Beispielsatz nach einer genau definierten Prozedur verändert und die Wirkung der Veränderung beobachtet.
Die wichtigsten Proben sind die **Austauschprobe,** die **Verschiebeprobe** und die **Weglassprobe.**

DEFINITION UND BEISPIELE

In der **Austauschprobe** (auch Ersetzungsprobe oder Ersatzprobe) wird ein Wort (oder eine Wortgruppe) durch ein anderes ersetzt. Das Ergebnis wird danach beurteilt, ob es grammatisch richtig ist.
Die Probe gelingt, wenn ein korrekter Satz entsteht. Wenn die Austauschprobe nicht gelingt, gehören die Wörter nicht zur gleichen Wortart, die Wortgruppen nicht zur gleichen Kategorie.
Zum Beispiel kann man den Unterschied von *das* und *dass* in einer Austauschprobe erkennen. Die Konjunktion *dass* kann man nämlich nicht gegen den Begleiter *dieses* austauschen:
Wer weiß, dass du kommst.
~~*Wer weiß, dieses du kommst.*~~

Die Austauschprobe ist nützlich fürs eigene Schreiben, wenn man den besten Ausdruck erproben will.
Man ersetzt ein wichtiges Wort durch ein bedeutungsähnliches oder durch eines aus dem gleichen Wortfeld und beurteilt das Ergebnis nach Stilmerkmalen und Informationsgehalt: Welche Formulierung ist genauer, treffender, stilistisch besser?
Wir kaufen ein Haus.
Wir erwerben ein Gebäude.
Wir erstehen eine Hütte.
Wir legen uns eine Bleibe zu.

DEFINITION UND BEISPIELE

In der **Verschiebeprobe** (auch Umstellprobe) wird in einem Satz ein Wort oder ein ganzer Teil des Satzes verschoben. Was dabei herauskommt, wird danach beurteilt, ob es ein grammatisch korrekter Satz ist. Man erkennt so, welche Reihenfolgen überhaupt möglich sind.
Mit dieser Probe bestimmt man auch die Satzglieder. Denn Satzglieder können nur als Ganzes verschoben werden.
[Am 20. Jänner] ging [Lenz] [durchs Gebirg].
[Durchs Gebirg] ging [Lenz] [am 20. Jänner].
[Lenz] ging [am 20. Jänner] [durchs Gebirg].
[Lenz] ging [durchs Gebirg] [am 20. Jänner].

Außerdem wird durch die Stellung des finiten Verbs die Satzart verändert.
Wir gehen durchs Gebirg. (Aussagesatz)
Gehen wir durchs Gebirg? (Fragesatz)
Gehen wir durchs Gebirg! (Aufforderungssatz)
... weil wir durchs Gebirg gehen. (Nebensatz)

Die Verschiebeprobe ist nützlich für das eigene Schreiben, wenn man die beste Wortstellung erproben will. Man verschiebt einen Satzteil an eine andere Stelle im Satz und prüft, ob das Ergebnis die betonten Teile besser herausstellt, einen besseren Anschluss ans Vorhergehende bietet oder einfach besser klingt.

DEFINITION UND BEISPIELE

In der **Weglassprobe** streicht man in einem korrekten Satz ein Wort oder eine Wortgruppe und beurteilt das Ergebnis: Ist es ein korrekter Satz geblieben?
Ein korrekter Satz muss grammatisch richtig gebaut sein, er muss aber auch einen Sinn haben. Dies heißt: Es muss einen Kontext geben, in dem er sinnvoll verwendet ist:
Es kommt heute ganz bestimmt an.
Es kommt ganz bestimmt an.
Es kommt bestimmt an.
Es kommt an.

Das Ergebnis ist grammatisch richtig und sinnvoll. Es passt zum Beispiel in folgenden Kontext:
Glaubst du, mein Paket kommt an? – Es kommt an.
Das Ergebnis könnte aber entstanden sein aus:
Es kommt drauf an.
Dann ist es keine mögliche Weglassung. Wenn die Weglassprobe nicht aufgeht, ist das Wort oder die Wortgruppe unbedingt notwendig.
Die Weglassprobe ist nützlich fürs eigene Schreiben. Wenn man kurz und prägnant schreiben will, streicht man Wörter und beurteilt das Ergebnis danach, ob es noch die gleiche oder genügend Information enthält.

2.3 Attribute

DEFINITION UND BEISPIELE

Die **Attribute** (Beifügungen) in Nominalgruppen sind einem Nomen untergeordnet.
die Eltern [meines Freundes]
ein [lieber] Gruß [von dir]
Man unterscheidet die Attribute nach ihrer Form (adjektivisch oder nominal) und nach ihrem Anschluss. Die Anschlussmittel sind der Kasus, eine Präposition oder Kasusgleichheit.
Genitivattribute werden mit Genitiv angeschlossen:
der Schiedsrichter [dieser Partie]
die Haare [seiner Mutter]
die Vernehmung [aller]

Präpositionale Attribute sind Nominalgruppen, die durch eine Präposition angeschlossen sind:
unsere Hoffnung [auf Besserung]
der Garten [hinter dem Haus]
das Buch [von ihr]
Außerdem gibt es satzförmige Attribute (in Form von Nebensätzen also) und satzwertige (in Form von satzwertigen Infinitiven).
Attribute sind keine Satzglieder, sondern nur Teile von Satzgliedern.

FORMEN

attributives Adjektiv
die [drohende] Gefahr
Genitivattribut
der Kauf [einer Maschine]; die Beachtung [dessen]
Präpositionalattribut
die Hütte [auf dem Berg]; die Frau [von gestern]
Apposition
mein Vater, [ein guter Spieler]; du [als Mensch]

Relativsatz
die Anschaffung, [die wir vorhaben]
Attributsatz
die Tatsache, [dass es regnet]
satzwertiger Infinitiv
die Gefahr [dich zu verlieren]

FUNKTIONEN

Einschränkung
Mit den zusätzlichen Merkmalen kann man den gemeinten Gegenstand leichter identifizieren:
der Brief
der Brief meiner Schwester
der Brief meiner Schwester an mich
der Brief meiner Schwester an mich aus Köln

Einordnung
Die Attribute dienen vor allem der Untergliederung eines Bereichs. Das ist oft die Voraussetzung um zu verstehen, welcher Gegenstand gemeint ist:
Wein
Wein aus Italien/Frankreich/Kalifornien usw.
Wein in Flaschen/in Fässern/in Kartons usw.

Erläuterung
Die Attribute geben zusätzliche, erklärende Hinweise:
mein Freund, ein wirklich guter Freund, …
der Vorzug guter Verträglichkeit
das Problem der Umweltverschmutzung

BEDEUTUNG

Zugehörigkeit: *die Kinder dieser Familie*
Besitz: *das Haus dieser Familie*
Erläuterung: *der Begriff der Freiheit*
Subjekt: *der Besuch der Mutter*
(Die Mutter besucht jemanden.)
Objekt: *die Untersuchung des Vaters*
(Jemand untersucht den Vater.)

Handelnder: *der Kuss von Fritz*
Empfänger: *der Brief an dich/für dich*
Motiv: *eine Tat aus Eifersucht*
Ursache: *die Verschmutzung durch Abfälle*
Instrument: *Aufschließen mit dem Schlüssel*
Ort: *der Stuhl zwischen uns*
Zeit: *das Spiel am Samstag*

KLEINGEDRUCKTES

Der inhaltliche Bezug ist manchmal nicht eindeutig und nur aus dem Kontext zu verstehen:

der Besuch der Mutter → *Jemand besucht die Mutter.*
der Besuch der Mutter → *Die Mutter besucht jemanden.*

TIPP

Präpositionalattribute sind oft deutlicher als Genitivattribute. Man verwendet sie um den inhaltlichen Bezug oder den Anschluss zu verdeutlichen:
das Paket vom Bruder
das Paket des Bruders
das Paket an den Bruder

Von-Gruppen werden oft als Genitiversatz verwendet. Das kann der Deutlichkeit dienen, es wirkt aber öfter auch unbeholfen.

Genitiv	**Umschreibung**
Peters Brief	*der Brief von Peter* (umgangssprachlich)
Hans' Brief	*der Brief von Hans* (deutlicher)
rechts der Straße	*rechts von der Straße*
inmitten Fremder	*inmitten von Fremden* (deutlicher)
das Auto meiner Mutter	*das Auto von meiner Mutter* (umgangssprachlich)
die Meldung eines Boten	*die Meldung von einem Boten* (undeutlich)

2.3.1 Appositionen

DEFINITION UND BEISPIEL

Appositionen (Zusätze) haben einen veränderlichen Kasus. Sie beziehen sich als Attribut auf ein Nomen. Meistens kommt der Bezug dadurch zum Ausdruck, dass die Apposition den gleichen Kasus hat wie die gesamte Nominalgruppe (Kongruenz):
*Man erkennt de**n** Baum, ein**en** alt**en** Birnbaum.*
*Der Baum, ein alt**er** Birnbaum, steht vor uns.*

Es gibt aber auch Appositionen aus einem Nomen, das nicht dekliniert wird:
Vorangestellt
***Frau** Schön*
Nachgestellt
*die Villa **„Ferienglück"***

ARTEN

Unverbundene Appositionen
*Wir kommen Montag, **den 8. März.***
*Paul, **der einzige Stürmer,** war kaltgestellt.*
Die Apposition ist hier durch die Kasusgleichheit (und Kommas) gekennzeichnet. Man kann sie als verkürzten Satz ansehen:
Paul – er war der einzige Stürmer – war kaltgestellt.

Verbundene Apposition
*Die Spieler **als beste Kenner** sollten auch gefragt werden.*
*Ich **als Fachmann** muss es doch wissen.*
Verbundene Appositionen sind mit *als* oder *wie* eingeleitet:
*Mir als einzig**em** Fachmann musste das passieren.*
*Menschen **wie du und ich** lesen diese Bücher.*

Enge Apposition
*im Monat **Mai,** eine Gruppe **Leute,** der Fall **Redel,** der Hut [des Grafen **Carnon]***
Das appositionelle Nomen ist artikellos und kann oft nicht dekliniert werden.

EIGENSCHAFTEN

Verbundene Appositionen ändern ihren Kasus mit dem Kernwort:
*Die Meinung seines Lehrers als **eines Fachmannes ...***
*Mit seinem Lehrer als **einem Fachmann ...***
*Der Anbau von Reis als **dem wichtigsten Nahrungsmittel ...***
Die Deklination unterbleibt, wenn die Apposition kein Artikelwort enthält:
*Die Meinung des Lehrers **als Fachmann***
Außerdem findet man häufig Dativ statt Genitiv, wenn die Apposition nur ein Adjektiv und keinen Artikel enthält. Dies wird in der Standardsprache vermieden:
~~*Die Meinung des Lehrers **als großem Fachmann***~~

Enge Appositionen, besonders zu Mengen- und Maßangaben *(Gramm, Pfund, Prozent, Paar, Liter, Meter),* ändern ihren Kasus mit dem Kernwort:
*Ein Glas **kaltes Wasser***
*Mit einem Glas **kaltem Wasser***
*Über zwei Kilo **neue Kartoffeln***
*Mit über zwei Kilo **neuen Kartoffeln***

Die Unterlassung der Deklination ist korrekt im Genitiv:
*Der Kauf eines Korbs **frische Eier***
Beim Dativ ist das aber falsch:
*Sie kamen ~~mit einem Korb **frische Eier.**~~*
Ausweichen kann man auf ein Genitivattribut:
ein Korb frischer Eier
mit einem Korb frischer Eier
eine Reihe wichtiger Gespräche
ein Karton fränkischen Wein(e)s
ein Meter indischer Seide
von einem Pfund türkischer Feigen
Die Apposition kann allein die Kasusendung übernehmen:
Der Wert eines Blatt Papiers
Es sollten aber nicht beide Nomen dekliniert werden:
~~*Wegen eines Liters Weins*~~
Eigennamen nach Titeln und Berufsbezeichnungen sind enge Appositionen:
Doktor [Zahn] ist im Urlaub.
Schreinermeister [Wilhelm Weyer] spielt verrückt.

PROBLEME

Appositionen zu Pronomen werden als enge Appositionen empfunden:
*du **kleiner Dicker,** mich **kleinen Dicken***
*du **treuer Freund,** dir **treuem Freund***
*für euch **junge Frauen***
Sie werden nicht durch Kommas abgetrennt, gehorchen aber der Kongruenzregel.

Unverbundene Appositionen ändern ihren Kasus mit dem Kernwort:
*Die Meinung seines Lehrers, **eines Fachmanns** auf diesem Gebiet, sollte eingeholt werden.*
*Mit seinem Lehrer, **einem Fachmann** auf diesem Gebiet, wäre Kontakt aufzunehmen.*
*Ludwig **der Deutsche** lebte im Mittelalter.*
*Dies verdanken wir Ludwig **dem Deutschen.***

Man kann die Apposition auch loslösen und im Nominativ bringen. Sie klingt dann wie ein Zusatz oder wie ein Einschub:
*Die Stimme gehört Herrn Heizer, **einer** der beiden Schiedsrichter.*
*Die Meinung seines Lehrers – **ein Fachmann** auf diesem Gebiet – war uns wichtig.*

In einzelnen Fällen steht die unverbundene Apposition im Dativ:
*Worin wird die Schönheit dieser Landschaft, **einem** der schönsten Gebiete, gesehen?*
Standardsprachlich wird das vermieden.

KLEINGEDRUCKTES

Der Name ist Apposition, wenn der Titel mit Artikel steht. Der Eigenname wird dann nicht dekliniert:
*Die Dienstreise **des Direktors Müller***
*Die Pläne **des Architekten Bruchhaus***
*Die Kriege **des Königs Heinrich***

Steht der Titel ohne Artikel, wird der Eigenname dekliniert:
*[Direktor Müller**s**] Dienstreisen*
*[Architekt Karl Bruchhaus**ens**] Pläne*
Das Reich [König Heinrichs IV.] (= des Vierten)

Die Anrede *Herr* wird immer dekliniert:
*Herr**n** Müllers Wohnung*
*Sie gab Herr**n** Müller die Wohnung.*
*Herr**n** Professor Müllers Wohnung*

Fräulein bleibt undekliniert in Verbindung mit *Tochter, Schwester, Braut* oder wenn ein Artikel vorausgeht:
Die Prüfung Ihres Fräulein Tochter
Die Prüfung des Fräulein Maier

Ohne Artikel hingegen wird der Name dekliniert:
*Fräulein Maier**s** Prüfung*

Folgen mehrere Titel aufeinander, so wird nur der erste dekliniert:
*Die Klinik des Chefarzt**s** Professor Zahn.*

Bei mehreren Eigennamen wird nur der letzte, der Familienname, dekliniert:
*[Vera Müller**s**] Wohnung*

TIPP

Meide Missverständnisse, die entstehen, wenn das Bezugswort nicht klar ist:
*Der Bruder seines Lehrers, **ein Fachmann** auf diesem Gebiet, …*
Hier versteht man *Bruder* als Bezugswort.
*Der Bruder seines Lehrers, **eines Fachmanns** auf diesem Gebiet, …*
Hier ist *Lehrers* das Bezugswort; das Verständnis sichert nur die Kongruenz.

Vermeide Missverständnisse, die durch unklaren Bezug entstehen:
*Er wurde von seinem Bruder **als großem Fachmann** vorgeschlagen.*
*Er wurde von seinem Bruder **als großer Fachmann** vorgeschlagen.*

2.3.2 Attributfolgen

DEFINITION

Die Grammatik verbietet es nicht, mehrere Attribute zu einem Nomen zu stellen. So entstehen Attributfolgen:

die Einladung	*unserer Freunde*	*nach Rendsburg*	*die Wirren*	*dieser Zeit,*	*große Wirren in der Tat, …*
	Genitivattribut	**Präpositionalattribut**		**Genitivattribut**	**Apposition**

ARTEN

Die Attribute zu einem Nomen können gleichgeordnet sein oder untergeordnet und Treppen bilden:

Gleichberechtigte Attribute

die Reise [Klärchens] [in die Türkei]

der Bericht [von Klärchen] [über die Reise]

Attribut-Treppe

die Reise
Klärchens
von nebenan

der Bericht
über die Reise
von Klärchen

Attributhäufungen sollte man vermeiden. Sie sind oft unklar oder schwer verständlich:
Ist in *der Bericht über die Reise von Klärchen* gemeint Klärchens Bericht oder Klärchens Reise?

EIGENSCHAFTEN

Die nominalen Attribute haben in der Regel ihren Platz rechts vom Kernwort. Ihre Reihenfolge ist normalerweise Genitivattribut vor Präpositionalattribut vor Apposition. Unter bestimmten Bedingungen können sich aber die Attribute von diesem Platz entfernen.
Genitivattribute können voranstehen, wenn sie Eigennamen sind oder Eigennamen ähneln. Diese Attribute ersetzen den Artikel, sie geben die Zugehörigkeit an:

[Doktor Simmlers] *Praxis*
[Nelli Altvaters] *Geheimnis*
[Mutters] *Geburtstag*
[Großvaters] *Krankheit*
Die Voranstellung wirkt stilistisch gehoben.

Auch pronominale Genitivattribute stehen oft voran:
wessen *Einführung?,* ***deren*** *Einführung*

SONDERFÄLLE

Präpositionalattribute können dem Kernwort vorangehen. Sie sind dann besonders betont:

Von Goethe	*lese ich jetzt*	*ein Drama*	.
Attribut		**Nominalgruppe**	

An der Ecke	*der kleine Laden*	*macht zu.*
Attribut	**Nominalgruppe**	

Appositionen und Relativsätze können vom Kernwort abrücken:

Ich habe	*einen Pullover*	*gekauft,*	*ein wunderbares Stück*.
	Nominalgruppe		**Apposition**

Ich habe	*einen Pullover*	*gekauft,*	*der mir gefällt*.
	Nominalgruppe		**Relativsatz**

TIPP

Wähle die richtige Präposition zum Bezugsnomen: *Interesse an, Achtung vor, Liebe zu, Bedürfnis nach, Vertrauen zu.*
Das vorangestellte Demonstrativpronomen heißt im Plural *deren:* ***deren*** *Kinder,* ***deren*** *Angelegenheiten.*
Nachgestellt heißt es immer *derer: die Kinder* ***derer,*** *die hier wohnen.*

2.4 Satzbaupläne

DEFINITION UND BEISPIELE

Die grammatischen Muster, nach denen Sätze gebaut sind, heißen Satzbaupläne. Die Baupläne für Sätze werden vom jeweiligen Prädikat bestimmt, meistens also von einem Verb.
Ein Satz ist grammatisch vollständig, wenn alle vorgesehenen Satzglieder besetzt sind oder wenn man sich die Besetzungen hinzudenken kann.

1.	*Der Frühling*	*naht*.		
	Subjekt	**Prädikat**		
2.	*Rita Ruile*	*lernt*	*einen guten Beruf*.	
	Subjekt	**Prädikat**	**Akkusativobjekt**	
3.	*Die Leute*	*warten*	*auf das Spiel*.	
	Subjekt	**Prädikat**	**Präpositionalobjekt**	
4.	*Die Geschichte*	*gefällt*	*mir und andern*.	
	Subjekt	**Prädikat**	**Dativobjekt**	
5.	*Wir alle*	*harren*	*der Dinge*.	
	Subjekt	**Prädikat**	**Genitivobjekt**	
6.	*Der Staat*	*gibt*	*allen Bürgern*	*Sicherheit*.
	Subjekt	**Prädikat**	**Dativobjekt**	**Akkusativobjekt**
7.	*Der Tester*	*rät*	*den Kunden*	*zum Kauf*.
	Subjekt	**Prädikat**	**Dativobjekt**	**Präpositionalobjekt**

Am häufigsten sind die Pläne 2 und 3.

PROBLEME

Unterbesetzungen oder **Überbesetzungen** der Satzbaupläne führen zu Fehlern.

Fehlendes Subjekt
Hier lässt ~~sich~~/sich's leben.

Fehlendes Objekt
So erfährt die Bevölkerung **[was?]** *über Gewohnheiten ihrer Politiker.*
Viele Mitarbeiter waren **[wem?]** *unterstellt.*
Wenn Sprache hervorgeht **[woraus?],** *dann entsteht Grammatik.*
Seid ihr euch klar **[darüber],** *dass die Natur verrottet?*
Auch heute ist sich die Wissenschaft nicht einig **[worüber?].**

Überbesetzungen
Es heißt ~~dies~~ natürlich nicht, dass es keine Lösung gibt.
Der Kleine wollte seine Puppe ~~ihm~~ nicht hergeben.
Ich bin ~~mir~~ gewohnt die Eier selbst zu kochen.
~~Dem Herzog wurden seine beiden Kinder vergiftet.~~
~~Er konnte seine Ideen nicht mit der Realität übereinstimmen.~~
~~Großvater ist mitten aus der Familie verschieden.~~
~~Sie waren mit der ganzen Familie beleidigt.~~

PROBLEME

Eine andere Fehlerquelle sind **Fehlbesetzungen.**
Sie entstehen durch falsche Anschlüsse.

Genitiv

Wir sollten uns endlich ~~diesen Problemen~~/dieser Probleme annehmen.
Wir waren uns ~~über den Wert~~/des Wertes des Gemäldes wohl bewusst.
Das ist doch ~~einem Lehrer~~/eines Lehrers unwürdig.
Und ~~dem~~/dessen bin ich schon lange überdrüssig.

Dativ

Können Sie ~~mich~~/mir drei Mark leihen?

Akkusativ

Wer darf sich schon ~~ein großer~~/einen großen Fußballer nennen?
Das alles bedeutet nichts anderes als ~~der~~/den Versuch menschliches Verhalten zu ändern.
Es freut ~~einem~~/einen immer, wenn man so etwas liest.
~~Mir~~/Mich schauderte vor dem letzten Stück Weg.

Nominativ

Sie wollte endlich ~~sich~~/sie selbst sein.

Präposition

~~Das~~/Darüber müssen wir erst argumentieren.
~~Das~~/Darüber müssen wir verhandeln.
~~Über ihn~~/Mit ihm bin ich sehr zufrieden.
Er montierte ~~der Maschine~~/an die Maschine eine neue Bremse.

TIPP

Denk daran:
sich interessieren für, sich vertiefen in, argumentieren über/für/gegen, schließen auf, feilschen um;
interessiert an, stolz auf, zufrieden mit

2.4.1 Stellungsfelder

BEISPIEL

Der gegliederte Satz zerfällt in drei Stellungsfelder.

Jeder von uns	*kehre vor seiner eigenen Tür,*	*und zwar nur dort.*
Vorfeld	**Mittelfeld**	**Nachfeld**

DEFINITION

Das **Vorfeld** leistet die **Orientierung** für den restlichen Satz oder den Anschluss an vorher Gesagtes.
Darum enthält es oft Ausdrücke, die an den vorangehenden Text anschließen:
Da *stand ein* ***schöner Baum.***
Er *war aber kahl.*
Das **Mittelfeld** trägt die Hauptlast der **Information.** Es enthält die eigentliche Aussage und darum oft mehrere Satzglieder:
Sie hat ***[sich] [letztes Jahr] [mit einer Säge] [in den Arm]*** *geschnitten.*
Das **Nachfeld** ist **Zusätzen und Nachträgen** vorbehalten:
Du hast ihn wohl nie gemocht, ***den Tanzlehrer?***
Der scharfe Frost hält an, ***auch im Gebirge.***

FUNKTION

Das **Vorfeld** ist fast immer durch ein einziges Satzglied besetzt; Konjunktionen zählen nicht als Satzglied:
*Aber **[ein Auto]** muss kein Gebrauchsgegenstand sein.*
Üblicherweise steht eines der folgenden Satzglieder im Vorfeld:
Das **Subjekt**
[Die Riesen] *standen vorn und verdeckten die Sicht.*
Ein **temporales Adverbial**
[Am Montag] *wurde der Einbruch in eine Grunewaldvilla entdeckt.*
Ein **lokales Adverbial**
[In Italien] *trinkt man gewöhnlich Wein zum Mittagessen.*
Die Adverbiale bringen dem Leser eine schnelle Orientierung.

FUNKTION

Im **Mittelfeld** können viele Satzglieder nacheinander stehen. Am Anfang des Mittelfelds stehen das Subjekt, temporale, lokale und andere Adverbiale, sofern sie nicht im Vorfeld stehen:

Wie oft haben [wir Kinder] [im letzten Winter] gerodelt!
Subjekt — **Temporaladverbial**

Wir lebten [im vergangenen Winter] [auf der Alm].
Temporaladverbial — **Lokaladverbial**

Am Ende des Mittelfelds stehen die infiniten Teile des Prädikats, die Prädikative und die Richtungsadverbiale:

Man soll sich nicht von jedem [in die Karten] [gucken lassen].
Richtungsadverbial — **infiniter Prädikatsteil**

Die Reise war damals für uns alle [sehr angenehm].
Prädikativ

In der Mitte stehen die Objekte in der Abfolge Dativobjekt vor Akkusativobjekt vor Präpositionalobjekt:

Wir wollten [unserem Peter] [ein Fahrrad] schenken.
Dativobjekt — **Akkusativobjekt**

Man muss [die Leute] [auf ihre Chancen] hinweisen.
Akkusativobjekt — **Präpositionalobjekt**

Der Zeuge antwortet [dem Richter] [auf alle Fragen].
Dativobjekt — **Präpositionalobjekt**

FUNKTION

Im **Nachfeld** stehen:
Präpositionalobjekte
Wir waren ganz stolz ***[auf unsere Taten].***
Wir haben getratscht ***[über andere Leute].***
Vergleichsgruppen
Wir haben es ganz genauso gemacht ***[wie unsere Vorgänger].***
Lange Satzglieder
Sie haben das auch geschrieben ***[für alle, die nicht dabei waren].***
Zusätze (die nicht im Satz eingebunden sind)
Sie waren an jenem Abend alle da, ***[die Spieler des FC Bayern].***

Öfter bringt man auch Satzglieder, die einem zu lang oder zu gewichtig erscheinen, ins Nachfeld:
Und da kramten sie hervor ***[die Nägel, die Schrauben, die Muttern und was sonst noch alles].***

TIPP

Allzu lange Subjekte gehören nicht ins Vorfeld.
[~~Die Reise meiner Tante, über die schon berichtet wurde, nachdem sie bekannt wurde,~~] erregt großes Aufsehen.
Vorsicht bei Umstellungen! Vergiss den richtigen Kasus nicht:
~~Der~~/Den Hauptteil meiner religiösen Erziehung leistete unser Pfarrer.
Also nicht aus der Konstruktion fallen.

2.4.2 Wirkung der Stellung

DEFINITION

Es gibt eine normale Abfolge der Satzglieder. Diese Abfolge erscheint uns als neutral, sie fällt uns nicht auf.
Mit Satzgliedern an ungewohnten Stellen erzielen wir besondere Wirkungen. Solche „Eindrucksstellen" sind das Vorfeld und das Ende des Mittelfelds.

FUNKTION

In manchen Fällen ist es grammatische Routine, Satzglieder ins Vorfeld zu stellen.
Finites Verb im Vorfeld kennzeichnet den Satz als Fragesatz oder Aufforderungssatz:
***Warst** du schon in Italien?*
***Fahr** endlich nach Hause!*

Ein *w*-Wort im Vorfeld kennzeichnet den Satz als Ergänzungsfrage:
***Welche** Hefte haben Sie denn verloren?*
In Antworten auf Fragen steht das entscheidende Satzglied an der hinteren Eindrucksstelle:
Wo kaufst du deine Bücher?
*Ich kaufe meine Bücher **bei Pastwa.***

TIPP

Satzglieder kann man aus ihrer Grundstellung herausholen um den Anschluss ans Vorangehende deutlich zu machen. Das Satzglied, mit dem man von Dingen spricht, die schon erwähnt wurden oder die dem Leser schon bekannt sind, bringt man möglichst weit vorn:
*Vor mir standen Eli und Ben. **Diese** beiden mochte ich besonders gern.*
Man kann Satzglieder auch aus ihrer Grundstellung herausholen um sie hervorzuheben. Dazu eignet sich besonders das Vorfeld. So ist in folgenden Beispielen jeweils das Satzglied im Vorfeld hervorgehoben:
***Dieses Buch** lese ich noch einmal.*
***Mir** brauchst du das nicht zu sagen.*
***Etwas** wollt ich dich immer fragen.*
***Latscht** der einfach über meine Rosen!*

Außerdem kann man Satzglieder hervorheben, indem man sie aus der Grundstellung weiter nach rechts schiebt:
*Der Briefträger hat das Päckchen **mir** gegeben.*
Hervorheben kann man auch das Adverbial, das man vor andere Adverbiale stellt, die ihm gewöhnlich vorangehen:
*Der Mann hat **aus Eifersucht** nach der Hochzeit das Weite gesucht.*
Es lohnt sich immer, mit der Verschiebeprobe die beste Stellung zu ermitteln.
Die starke Hervorhebung erscheint oft als gefühlsbetont:
***Stolz** bin ich auf diesen Sieg schon.*
***Aufgestanden** ist er, welcher lange schlief.*
***Aus Seide** kann ich keine Kleider gebrauchen.*

BEISPIELE

unbetont	betont
Das war eine Überraschung.	***Eine Überraschung** war das.*
Er hat zwei Hühner gegessen.	***Zwei Hühner** hat er gegessen.*
Gestern habe ich ihn gesehen.	*Gesehen habe ich gestern **ihn.*** (nicht sie)
Der Freund erschien letztes Jahr nach langer Abwesenheit wieder.	*Nach langer Abwesenheit erschien letztes Jahr wieder der **Freund.***
Ich möchte ihm die Augen auskratzen.	***Die Augen** auskratzen möchte ich ihm.*
Es fällt auf, dass keiner einen Anspruch anmeldet.	***Auffällig ist,** dass keiner einen Anspruch anmeldet.*
Sie gehen mit den Hühnern ins Bett.	*Sie gehen ins Bett mit den **Hühnern.***
Ich bin über den Lenker geflogen.	*Bin **ich** über den Lenker geflogen!*
Wer hat ihm das Buch gegeben?	*Wer hat das Buch **ihm** gegeben?*

2.4.3 Umstellungen

LEISTUNG

Ein Satzglied, das einen Kontrast zu einem vorhergehenden ausdrückt, bringt man möglichst weit vorn:
*Jetzt erfanden sie Methoden zur Bearbeitung von Eisen. **Bronze** konnten die Menschen schon vorher bearbeiten.*
*Wir haben von dir noch nichts gehört. **Von all den andern** haben wir lange Bescheid.*
*Sie hatte schon mit vielen zusammengearbeitet. **Mit Kurt** hat sie den Kurs entwickelt. **Mit Laura** hat sie ihn erprobt. **Mit Ingo** hat sie ihn durchgeführt.*

Bringt man ein Satzglied später, als der Leser erwartet, kann man Spannung erzeugen und dieses Satzglied besonders hervorheben.

Definite Satzglieder stehen oft vor indefiniten. So treten Nominalgruppen mit definitem Artikel vor solche mit indefinitem Artikel, ebenso Personalpronomen, die ja auf bestimmte, bekannte Individuen Bezug nehmen.

Akkusativ vor Dativ
*Wir wollten **die Sache** einem Polizisten darlegen.*
*Wir wollten **es** einem Freund schenken.*

Dativ vor Akkusativ
*Wir wollten **dem Polizisten** eine Ausrede auftischen.*
*Wir wollten **einem Freund** ein Buch schenken.*

LEISTUNG

Satzglieder kann man aus ihrer Grundstellung herausholen um einen angenehmen Rhythmus zu erzeugen. So ist es besser, kurze Satzglieder vor längeren zu bringen. Dies gilt auch für die Glieder in Reihungen.

Mögliche Abfolge
Sie überließen [den Mitgliedern der ersten Stunde] [eines].
Der Mensch lernt [aus reiner Neugierde] [etwas].
Wir arbeiten mit größter Sorgfalt und fleißig.
Sie verkaufte Südfrüchte, Obst und Gemüse.

Besserer Rhythmus
Sie überließen [eines] [den Mitgliedern der ersten Stunde].
Der Mensch lernt [etwas] [aus reiner Neugierde].
Wir arbeiten fleißig und mit größter Sorgfalt.
Sie verkaufte Obst, Gemüse und Südfrüchte.

TIPP

Das unbetonte es kann nicht an „Eindrucksstellen" stehen; ebenso wenig das unbetonte Reflexivpronomen *sich*.
Sich sollte möglichst weit nach vorn gebracht werden:
*Da haben zwei Menschen **sich** unter Abertausenden gefunden.*
Oder sogar:
*Da haben **sich** zwei Menschen unter Abertausenden gefunden.*
~~*Da haben zwei Menschen unter Abertausenden **sich** gefunden.*~~

2.4.4 Die Satzklammer

DEFINITION UND BEISPIEL

Das finite Verb hat im Aussagesatz fast immer die Zweitstellung inne. Es eröffnet das Mittelfeld. Das Prädikat wird, falls es mehrteilig ist, auseinander gerissen. Sein zweiter Teil beschließt das Mittelfeld. Diese Umklammerung des Mittelfeldes heißt Satzklammer.
*Sie **haben** damit erneut einen Großeinsatz* .... ***ausgelöst.***

FORMEN

Die Satzklammer wird durch verschiedene grammatische Formen erzeugt.
Zusammengesetzte Verbformen (Perfekt, Plusquamperfekt, Futur I, Futur II und Passivformen)
*Die beiden **hatten** zu Fuß über 20 Kilometer **zurückgelegt.***
Modalverben mit Infinitiv
*Die beiden **wollten** zu Fuß über 20 Kilometer **zurücklegen.***
Trennbare Verben
*Die beiden **legten** zu Fuß über 20 Kilometer **zurück.***
Streckformen
*Die beiden **setzten** sich zu Fuß **in Bewegung.***
Prädikative
*Die beiden **sind** nach über 20 Kilometer zu Fuß **erschöpft.***
Wahrnehmungsverben mit Infinitiv
*Man **sah** die beiden 20 Kilometer zu Fuß **zurücklegen.***

FUNKTION

Die Satzklammer ist typisch für die deutsche Wortstellung. Sie bringt oft Verstehensprobleme.
Wenn das Mittelfeld sehr voll ist, dann hinkt der zweite Prädikatsteil weit hinterher. Der Leser hat sich oft schon auf eine Deutung eingestellt und geht in eine Verstehensfalle:
*Der alte Herr **platzte** nach dem Essen zu seinem 80. Geburtstag mit seiner Ansicht **heraus.***
*Der Besitzer **schlug** den Sklaven aus dem fernen Afrika immer wieder die Flucht **vor.***

TIPP

Die Satzklammer kann man vermeiden. Man wählt ein anderes Prädikat.
*80 Polizisten **suchten** die Ortschaft und Umgebung **ab.***
*80 Polizisten **durchkämmten** die Ortschaft und Umgebung.*
*Sie **waren** auf sorgfältige Prüfung des Antrags **bedacht.***
*Sie **achteten** auf sorgfältige Prüfung des Antrags.*
Man entlastet das Mittelfeld. Oft müssen gar nicht all die Adverbiale und Attribute im Mittelfeld stehen. Man kann sie manchmal weglassen oder in einen eigenen Satz bringen:
*Die Buben **haben** erneut einen Großeinsatz von Polizei und Feuerwehr im Landkreis Schweinfurt **ausgelöst.***
*Die Buben **haben** erneut einen Großeinsatz **ausgelöst.** Feuerwehr und Polizei durchsuchten vier Stunden lang die Umgebung.*
Man klammert aus und bringt Satzglieder ins Nachfeld. Präpositionalgruppen und Aufzählungen lassen sich ausklammern:
*Sie waren nicht eingerichtet **auf solche Unfälle.***
*Die Sache kam mir größer vor **als vermutet.***
*Die Abenteuerlust hat gesorgt **für den Einsatz von 100 Polizisten, 10 Fahrzeugen und einem Hubschrauber.***
Nebensätze kann man gut ausklammern:
*Sie konnten vom Großvater abgeholt werden, **der sie strahlend und erleichtert empfing.***
*Man soll, **wenn alle Stricke reißen,** doch lieber die Polizei rufen.*
***Wenn alle Stricke reißen,** soll man doch lieber die Polizei rufen.*
Die Ausklammerung klingt mehr nach gesprochener Sprache, die Satzklammer nach Schriftsprache.

2.5 Satzverbindungen

DEFINITION UND BEISPIELE

Sätze sind vollständige und selbstständige Einheiten der Verständigung. Meistens äußern wir aber Folgen von Sätzen, Texte also. Den Übergang vom Satz zum Text schaffen **Satzverbindungen.**
Es gibt zwei Sorten von Satzverbindungen.
Satzreihen (Parataxe) sind Satzverbindungen, in denen selbstständige Sätze aneinander gereiht und miteinander verbunden sind:
Meine Freundin fährt Ski, aber ich laufe Schlittschuh.
Alles ging gut, wir waren also froh.
Satzgefüge (Hypotaxe) sind Satzverbindungen, in denen unselbstständige Sätze (Nebensätze) in einen Hauptsatz eingebettet und so mit ihm verbunden sind:
Meine Freundin fährt Ski, während ich Schlittschuh laufe.
Alles ging gut, sodass wir froh waren.

FORMEN

In **Satzreihen** stehen grammatisch vollständige und selbstständige Sätze gleichgeordnet hintereinander (Koordination). Sie werden öfter durch nebenordnende Konjunktionen verbunden, mit denen ihr inhaltliches Verhältnis ausgedrückt ist:
Du hast Geburtstag ***und*** *ich habe Namenstag.*
Du hast Geburtstag, ***aber*** *ich habe Namenstag.*
Es gibt auch die Verbindung durch Verweise:
Morgen habe ich Namenstag, ***er*** *wird natürlich gefeiert.*
Morgen habe ich Namenstag, ***deshalb*** *wird gefeiert.*
Das Pronomen ***er*** verweist inhaltlich auf *Namenstag*, es ist nur im Kontext der Satzreihe verständlich. Das Adverbialpronomen ***deshalb*** verweist auf den ganzen vorangehenden Satz und drückt die inhaltliche Verbindung aus. Die Sätze einer Satzreihe können auch unverbunden nebeneinander stehen, ohne Konjunktion oder Verweispronomen. Selbst in diesem Fall kann das inhaltliche Verhältnis verstanden werden, beispielsweise als Gegensatz:
Du hast Geburtstag, ich habe Namenstag.
Wir denken uns den inhaltlichen Zusammenhang hinzu, weil die Folge nur dann einen Sinn ergibt.

KLEINGEDRUCKTES

Reihung
Gleichartige Wortgruppen kann man nebenordnen:
[der kleine Muck] und [dieser Riese]
Sie [tanzten] und [sprangen].
So entsteht eine neue Wortgruppe als Reihung zweier gleichartiger Wortgruppen. Gereihte Wortgruppen sind meist durch Konjunktionen verbunden wie *und, oder*.
Reihungen kann man auf Satzreihen zurückführen:
Sie tanzten und sie sprangen.

Reihungen können mehrfach ausgeführt sein. So entstehen Häufungen:
[der letzte Mohikaner], [der Muck], [der winzige Karl] und [wir aus Kiel]
Die verbindende Konjunktion *und* muss man sich zwischen allen Paaren denken. Sie ist nur der Sparsamkeit halber nicht wiederholt.

TIPP

Als Schreiber muss man aufpassen, welche Zusammenhänge sich der Leser hinzudenken wird:
Meine Eltern haben fünf Kinder, drei davon erfreuen sich bester Gesundheit; zwei gehen noch zur Schule.
Unser Hund ist sehr nett. Er frisst alles; besonders liebt er kleine Kinder.
Die Grenze zwischen zwei beliebigen Sätzen wird in der Schrift markiert. Ebenso die Grenze zwischen gereihten Elementen. Hier steht mindestens ein Komma, falls keine nebenordnende Konjunktion erscheint.

2.5.1 Satzgefüge

DEFINITION UND BEISPIEL

In **Satzgefügen** sind Nebensätze in einen Trägersatz eingebettet und ihm untergeordnet (Subordination). Der Trägersatz kann ein Hauptsatz sein oder selbst schon ein Nebensatz:
Wir wissen, [dass ihr kommt].
Wir wissen, [dass ihr kommt, [weil wir kommen]].

Im letzten Fall ist der *weil*-Satz dem *dass*-Satz untergeordnet, so entsteht eine Unterordnungstreppe:
Wir wissen,
dass ihr kommt,
weil wir kommen.

KENNZEICHEN

- Nebensätze sind Satzglied oder Satzgliedteil. Darum stehen sie auch an den entsprechenden Stellen, zum Beispiel an der Stelle des Subjekts oder des Objekts:
  Jeder / *Wer will,* } *kommt.*
- Sie haben ein finites Verb in Endstellung, hinter dem nur selten noch etwas steht:
  Ich denke, dass das ***klappt.***
  Ich denke, dass das heute ***klappt,*** *hoffentlich.*
- Sie sind meist durch Konjunktionen eingeleitet, manchmal beginnen sie mit *w*-Wörtern oder *d*-Wörtern:
  Die Reise, ***die*** *wir machen …*
  Wer weiß, ***wie*** *das funktioniert?*
- Sie sind unselbstständig und können nicht allein stehen:
  ~~*dass du kommst*~~

ROLLE

Nebensätze spielen eine grammatische Rolle im Trägersatz. Häufig sind sie Satzglieder (sogenannte Gliedsätze), manchmal auch Attribute.

Subjektsatz
Dass ihr kommt, freut uns.
was?/wer?

Objektsatz
Wir hoffen, dass ihr kommt.
was?

Adverbialsatz
Wenn es geht, kommen wir.
Bedingung

Attributsatz
Die Reise, die wir machen, beginnt.
welche?

FUNKTION

In Satzgefügen werden Aussagen in Beziehung gesetzt:

- Aussagen werden in gedankliche Verbindung gebracht. Dies gilt besonders für Adverbialsätze.
  [Wir sind glücklich], weil [du kommst].
- Über eine Aussage wird etwas gesagt, beispielsweise, dass jemand sie gemacht hat. Dies ist bei Subjektsätzen und Objektsätzen der Fall:
  [Dass du kommst], wurde uns verschiedentlich berichtet.
- Aussagen werden zur näheren Charakterisierung von Gegenständen verwendet, besonders bei Attributsätzen:
  Der Satz, [der hier steht], ist wahr.

Kleingedrucktes

Gliedsätze und satzwertige Infinitive können als Attribute stehen:
Seine Annahme, ***dass Ostern vorbei sei,*** *erwies sich als falsch.*
Wir kennen den Glauben, ***es sei alles in Ordnung.***
Hast du den Willen, ***die Sache zu vergessen?***
Es gibt folgende Formen:
dass-Satz/*ob*-Satz
der Eindruck, dass etwas passiert
dein Zweifel, ob sich etwas ändert
Uneingeleiteter Inhaltssatz
unsere Hoffnung, er bleibe hier
seine Meldung, alles sei gelaufen
***w*-Satz**
die Frage, weshalb es so kommen musste
der Ort, wo wir sind
Satzwertiger Infinitiv
der Wunsch, endlich zu gewinnen
eine Methode, dies zu erreichen
Sie sind besonders üblich, wenn das Kernwort ein Verbalnomen ist:
[Die Behauptung, dass er da war,] ist zweifelhaft.
Was meinst du zu [der Frage, ob Eva schuld ist]?
[Ihre Absicht, die Schule zu verlassen,] gab sie auf.
[die Erwähnung dessen, dass du kommst]
[die Verwunderung darüber, dass eine Ecke fehlt]

2.5.2 Subjektsätze und Objektsätze

Definition

Subjektsätze und Objektsätze stehen an Stelle der entsprechenden Satzglieder. Sie sind Gliedsätze. Ihren Namen tragen sie nach den nominalen Füllungen der Satzglieder und sie antworten auf die entsprechenden Fragen: *wer* oder *was?*, *wen* oder *was?*, *wem?* usw.

Formen

Inhaltssätze sind durch die Konjunktionen *dass* oder *ob* eingeleitet:
Dass *die Eisdecke zersprang, wundert mich nicht.*
Man fragt sich, ***ob*** *das zu vermeiden wäre.*
Sie drücken den Inhalt einer Überlegung, einer Rede oder einer Bewertung aus.
Inhaltssätze stehen als Subjekt, als Akkusativobjekt oder als Präpositionalobjekt. Ihre Form ändern sie dabei nicht:
Dass es so kommen musste, *erstaunt nicht.*
Ich bedauere, ***dass es so kommen musste.***
Ich wundere mich (darüber), ***dass es so kommen musste.***
dass und *ob* zeigen an, ob der Inhaltssatz eher feststellend *(dass)* oder eher fragend *(ob)* gedacht ist.
Besonders üblich sind die Inhaltssätze bei der **Redewiedergabe.** Der Hauptsatz enthält hier die Redeeinleitung, der Objektsatz den Inhalt, also was gesagt wurde:
Mein Freund hat gesagt, dass alles in Butter sei.
Sie haben mich gefragt, ob alles in Butter sei.

***w*-Sätze** sind Nebensätze, die durch ein pronominales *w*-Wort eingeleitet sind:
Wer *das macht, wird bestraft.*
Ich verstehe, ***was*** *ich lese.*
Sie nehmen unbestimmt Bezug auf Gegenstände, Personen und Sachverhalte.
w-Sätze können als Subjekt stehen oder als irgendein Objekt:
Wer will, kommt.
Ich sehe, wen ich will.
Man entsinnt sich, wessen man sich entsinnt.
Wir bleiben, wo wir sind.

Eine zweite Art von *w*-Sätzen heißen **indirekte Fragesätze.** Sie stehen nur als Subjekt und als Akkusativobjekt und nur bei Verben oder Prädikaten, die auch Inhaltssätze haben können:
Ich weiß nicht, ***wo du bist.***
Wen es trifft, *ist egal.*

ROLLEN

Subjekt
Wer das versteht, weiß schon viel.
wer?

Akkusativobjekt
Ich weiß, dass es viele Sätze gibt.
was?

Dativobjekt
Wem man verpflichtet ist, dankt man.
wem?

Genitivobjekt
Sie erinnern sich, wessen sie können.
wessen?

Präpositionalobjekt
Sie erinnern ihn, dass er bleiben wollte.
woran?

Der Trägersatz ist ohne den Nebensatz unvollständig. Lässt man den Nebensatz weg, so bleibt nur ein abweichender Satzrest oder man muss sich aus dem Kontext etwas hinzudenken.

KLEINGEDRUCKTES

Uneingeleitete Objektsätze, die eigentlich die Form von Hauptsätzen haben, werden in die Nebensatzrolle gezwungen durch das Prädikat:
Die Polizei beteuert, die Gefahr sei vorbei.
Ohne den Objektsatz wäre der Hauptsatz unvollständig.
Die Unterordnung wird oft durch den Konjunktiv angezeigt:
*Es hieß, er **sei** jetzt wieder gesund.*
*Ute meinte, wir **kämen** bald.*
Uneingeleitete Objektsätze dienen häufig der indirekten Rede.
Neben diesen Grundformen können auch satzwertige Infinitive als Satzglied stehen und sogar Sätze mit der Form von Hauptsätzen:
Hier zu bleiben hat keinen Sinn.
Subjekt

Wir bemühen uns alles zu bedenken.
Objekt

Man sagt, er sei nicht da.
Objekt

Satzwertige Infinitive kann man meistens in *dass*-Sätze umformulieren:
Die Offiziere befahlen ihm den Angriff abzublasen.
Die Offiziere befahlen ihm, dass er den Angriff abblase.
Das fehlende Subjekt muss man erschließen.
***Ich** entschließe mich gleich zu gehen.*
(**Ich** will gehen.)
*Ich bitte **dich** gleich zu gehen.*
(**Du** sollst gehen.)
*Ich erlaube **ihr** gleich zu gehen.*
(**Sie** darf gehen.)

2.5.3 Adverbialsätze

DEFINITION UND BEISPIELE

Adverbialsätze sind Nebensätze an Stelle von Adverbialen:
Weil die Erde rund ist, *kann sie sich gut drehen.*
Warum kann die Erde sich gut drehen?
Hier ist der *weil*-Satz ein kausales Adverbial. Er könnte ersetzt sein durch *aus diesem Grund, wegen ihrer runden Gestalt* oder *deshalb.*

Ein anderes Adverbial vertritt der Nebensatz in folgendem Beispiel:
Wenn es Taler regnet, *bin ich dabei.*
Hier ist der *wenn*-Satz ein konditionales Adverbial. Er könnte ersetzt sein durch *unter dieser Bedingung.*
Adverbialsätze sind freie Erweiterungen, die als Ganzes dem Hauptsatz gegenüberstehen.

FORMEN

Adverbialsätze, die durch unterordnende Konjunktionen eingeleitet sind, bilden die typische Form von Adverbialsätzen:
Man befreit sich, ***indem*** *man die Fesseln langsam löst.*
w-Sätze, die durch ein *w*-Wort eingeleitet sind, bilden eine andere Form der Adverbialsätze:
Wir machen das, ***wie*** *wir es immer gemacht haben.*
Als Adverbial sind diese Sätze nicht notwendig und eher Weiterführungen mit einer gewissen Selbstständigkeit.

Im Adverbialsatz ist *wie* ein Vergleichswort, der ganze Adverbialsatz ist ein Vergleichssatz.
Neben den Grundformen gibt es uneingeleitete Adverbialsätze mit dem finiten Verb in Erststellung:
Kommt einer von rechts, *hat er Vorfahrt.*
Diese Satzgefüge sehen aus wie zwei Hauptsätze in Frageform. Der erste ist aber ein Bedingungssatz zum zweiten als Hauptsatz.

ARTEN

Kausalsätze *(weil, da …)*
Das ist möglich, weil die Kugel aus fester Materie besteht.
Finalsätze *(damit …)*
Sprich deutlich, damit du verstanden wirst.
Konditionalsätze *(wenn, falls …)*
Sie sind keine Dichter mehr, falls sie je welche waren.
Konsekutivsätze *(sodass …)*
Man stieß sie, sodass sie hinfiel.

Konzessivsätze *(obwohl …)*
Obwohl ich lange hier lebe, entdecke ich täglich Neues.
Temporalsätze *(als, da …)*
Als sich der Knäuel auflöst, bleibt ein Spieler liegen.
Modalsätze *(wie …)*
Es funktioniert, wie das Video zeigte.
Lokalsätze *(wo …)*
Wo immer er fotografieren will, sind Spitzel zur Stelle.

KLEINGEDRUCKTES

Als Adverbiale stehen auch **satzwertige Infinitive.**
Diese Infinitive sind eingeleitet mit *um/ohne/(an)statt:*
Sie strauchelten ohne zu fallen.
Satzwertige Infinitive sind keine vollständigen Nebensätze, ihnen fehlt das Subjekt und das finite Verb.
Inhaltlich enthalten sie aber Aussagen und man kann sie zu Adverbialsätzen umformulieren:
Wir lassen euch siegen um euch bei Laune zu halten.
Wir lassen euch siegen, damit ***wir*** *euch bei Laune halten.*
Hier ist Vorsicht geboten um kein Gesetz zu übertreten.
Hier ist Vorsicht geboten, damit ***man*** *kein Gesetz übertritt.*

Das Subjekt satzwertiger adverbialer Infinitive muss man im Kontext erkennen.
Darum vermeide Sätze wie
~~Meine Eltern schickten mich an die Nordsee um gesund zu werden.~~
Meine Eltern schickten mich an die Nordsee, damit ich gesund werde.
~~Es kommen Löschzüge aus den benachbarten Gemeinden um das Feuer zu löschen.~~
Es kommen Löschzüge aus den benachbarten Gemeinden, mit denen man das Feuer löschen wollte.

2.5.4 Arten von Adverbialsätzen

ARTEN

Kausale Adverbialsätze werden durch die Konjunktionen *weil, da, zumal* eingeleitet.
Sie geben eine Ursache, eine Begründung oder ein Argument für etwas an. Der Grund steckt im Adverbialsatz:
Die Tür steht offen, weil du sie nicht zugemacht hast.

Weiterführende *w*-Sätze zeigen ihre Funktion durch die einleitenden *w*-Wörter wie *weswegen, weshalb:*
Ich hatte Durst, weshalb ich viel Tee trank.
Hier steckt der Grund aber im Hauptsatz.

Nachdem ist eine temporale Konjunktion. Man sollte sie nicht kausal gebrauchen.
~~*Nachdem ihr nicht da wart, sind wir gegangen.*~~
Weil ihr nicht da wart, sind wir gegangen.

Finale Adverbialsätze werden durch die Konjunktionen *damit, dass* eingeleitet:
Mach schnell, damit du den Zug bekommst.
Beeil dich, dass du nicht zu spät kommst.
Dieser *dass*-Satz darf nicht verwechselt werden mit einem Inhaltssatz.
Die finalen Adverbialsätze nennen den Zweck oder das Motiv einer Handlung. Der jeweilige Zweck steckt dabei im Adverbialsatz:
Ronja zielte, damit nichts vorbeiging.
Zweck

Weiterführende *w*-Sätze zur Angabe des Zwecks können mit *wodurch* eingeleitet werden:
Er schüttelte sich wie wahnsinnig, wodurch er sich zu befreien hoffte.
Finale Bedeutung haben die satzwertigen Infinitive, die mit *um* eingeleitet sind:
Sie taten alles um das Spiel zu gewinnen.

Konzessive Adverbialsätze werden durch die Konjunktionen *obwohl, obgleich, wenngleich* eingeleitet:
Obwohl das Glas sprang, brach es nicht.
Unsere Reise war schön, wenngleich sie einige Unannehmlichkeiten brachte.
Die konzessiven Adverbialsätze formulieren eine Tatsache, die normalerweise dagegen spricht, dass der Hauptsatz wahr ist. Der Hauptsatz ist also gegen die normale Erwartung wahr:
Ich esse nichts, obwohl ich Hunger habe.
Auch *w*-Sätze mit *auch* können konzessive Bedeutung gewinnen:
Welche Gründe du auch anführst, ich bleibe hier.

Temporale Adverbialsätze werden durch die Konjunktionen *als, ehe, nachdem* u. a. eingeleitet:
Als die Uhr zwölf schlug, kamen die Geister.
Ehe es eins schlug, mussten sie von dannen.
Der Adverbialsatz formuliert eine relative Zeitangabe für den Hauptsatz.
Ich trat ein, sobald die Tür aufging.
Zeitangabe

Das genauere zeitliche Verhältnis zwischen Hauptsatz und Nebensatz wird durch die Konjunktion angegeben.
Vorzeitigkeit des Hauptsatzes geben an *bevor, ehe, bis:*
Wir warten, bis du kommst.
Nachzeitigkeit des Hauptsatzes geben an *nachdem, seit(dem):*
Seit er ging, habe ich nichts mehr gehört.
Gleichzeitigkeit geben an *während, als, indem, solange:*
Sie war ganz still, während er schlief.

Dem Zeitverhältnis von Hauptsatz und Nebensatz können auch die Tempora entsprechen. Ist der Hauptsatz nachzeitig, wird der Nebensatz vorzeitig sein und oft ein Tempus der Vorzeitigkeit (Perfekt, Plusquamperfekt, Futur II) enthalten.

NS: Perfekt **HS: Präsens**
Seit ich getankt habe, fühle ich mich sicher.

NS: Plusquamperfekt **HS: Präteritum**
Nachdem er gegangen war, wurde es lustig.

NS: Futur II **HS: Futur I**
Sobald du trainiert haben wirst, wirst du schneller sein.

Weiterführende *w*-Sätze mit temporaler Bedeutung sind eingeleitet durch temporale Adverbialpronomen:
Er ging, worauf alles harmonisch wurde.
Ich habe getankt, wonach ich mich sicher fühle.

ARTEN

Konditionale Adverbialsätze werden durch die Konjunktionen *wenn, falls, sofern* eingeleitet:
Wenn es kalt wird, schneit es.
Falls es schneit, fahren wir Schlitten.
Die konditionalen Adverbialsätze geben eine Bedingung an, der Hauptsatz bezeichnet die mögliche Folge:
Ihr gewinnt nur, wenn ihr gut spielt.
Bedingung

Ein *wenn*-Satz im Präteritum oder Perfekt kann auch temporal gemeint sein:
(Immer) wenn er viel gegessen hatte, spielte er schlecht.
Dann nennt der *wenn*-Satz eine Tatsache, die sich wiederholt hat.

Irreal heißen Konditionalsätze im Konjunktiv II oder mit *würde*-Umschreibung:
Wir würden nie gehen, wenn wir nicht müssten.
Wir wären doof, wenn wir aufgäben.
(Wir sind aber nicht doof und wir geben nicht auf.)

Uneingeleitete Konditionalsätze haben keine Konjunktion und die Form eines Fragesatzes:
Hast du was, bist du was.
Der Hauptsatz hat das finite Verb in Zweitstellung, weil der Konditionalsatz die erste Satzgliedstelle füllt.

Konsekutive Adverbialsätze werden durch die Konjunktionen *sodass* und *dass* eingeleitet:
Das Wasser wurde immer weniger, sodass die Blumen die Köpfe hängen ließen.
Sie machten einen derartigen Lärm, dass alles zusammenlief.
Die konsekutiven Adverbialsätze geben eine tatsächliche Folge an. Die jeweilige Folge steckt im Adverbialsatz; der Hauptsatz gibt die Ursache oder den Grund an:
Der Wind wehte, sodass das Geld wegflog.
Folge

In dieser Verwendung kommen auch satzwertige Infinitive vor:
Der Topf war zu groß um überzulaufen.
Verwende satzwertige Infinitive mit *um* nicht, um eine Folge anzugeben:
Michael raste die Treppe hinauf, ~~um sich gleich ein Bein zu brechen~~.

Modale Adverbialsätze werden durch die Konjunktionen *indem, ohne dass* eingeleitet:
Wir begrüßen uns, indem wir uns anlächeln.
Eva lächelte, ohne dass sie mit der Wimper zuckte.
Die modalen Adverbialsätze geben die Umstände oder die Art der Ausführung an. Der Umstand steht im Adverbialsatz:
Es graupelte, ohne dass es kalt war.
Umstand

Manchmal erscheint der Umstand auch wie eine Ursache:
Ich warf die Maschine an, indem ich den Schalter kippte.
Ich warf die Maschine dadurch an, dass ich den Schalter kippte.

So … dass muss nicht immer konsekutiv zu verstehen sein, es kann auch modal gedeutet werden:
Er behandelte ihn so, dass er sich wohl fühlte.

Weiterführende *w*-Sätze mit modaler Bedeutung werden angeschlossen durch *wobei* und *wie:*
Sie lockerten sich, wobei sie jeden Muskel durchgingen.
Sie lockerten sich, wie sie es gelernt hatten.

Satzwertige Infinitive mit modaler Bedeutung werden eingeleitet durch *ohne* oder *anstatt:*
Sie verließen uns ohne mit der Wimper zu zucken.

Lokale Adverbialsätze können nicht durch Konjunktionen eingeleitet sein. Sie beginnen immer mit *w*-Wörtern:
Wo das Denkmal steht, ist ein schöner Platz.
Wie weit wir auch gingen, sahen wir nur Steppe.
Der lokale Adverbialsatz drückt keinen Sachverhalt aus, sondern gibt unbestimmt einen Ort an.

2.5.5 Relativsätze

DEFINITION UND BEISPIELE

Relativsätze sind Nebensätze, die als Attribute zu Nomen stehen und durch Relativpronomen eingeleitet sind. Relativsätze sind die hervorgehobenen Nebensätze in folgenden Beispielen:
Da lagen die Früchte, ***die ich so gern mochte.***
Leute, ***welche Steuern zahlen,*** *stützen alle.*
Waldi saß in dem Korb, ***in dem vorher Mufti gelegen hatte.***

KENNZEICHEN

Relativsätze sind gekennzeichnet
- durch die einleitenden Relativpronomen *der, die, das, welcher, welche, welches* im passenden Kasus;
- durch die Endstellung des finiten Verbs.

Relativsätze sind die häufigsten Nebensätze. Das Relativpronomen ist eindeutiges Kennzeichen des Relativsatzes.

FORMEN

Das Relativpronomen ist ein Satzglied im Relativsatz. Darum muss es unterschiedliche Formen annehmen.
Subjekt
der Kasten, ***der*** *fällt, …*
Akkusativobjekt
der Bogen, ***den*** *ich sehe, …*
Dativobjekt
das Kind, ***dem*** *ich danke, …*
Genitivobjekt
der Himmel, ***dessen*** *ich gewahr werde, …*
Präpositionalobjekt
die Rübe, ***von der*** *ich esse, …*
Adverbial
das Bett, ***in dem*** *ich schlafe, …*
Prädikativ
der Mensch, ***der*** *ich bin, …*

Das Relativpronomen kann sogar **Attribut** sein:
Der Junge, ***dessen*** *Mütze ich gefunden habe, …*

EIGENSCHAFTEN

Relativsätze sind Teile von Nominalgruppen. Ihr Bezugswort ist der Kern: ein Nomen oder ein Pronomen.
Der Relativsatz antwortet auf die Fragen *welcher?, welche?* oder *was für ein?, was für?*
Welcher *Krug? Der Krug, der in der Ecke steht.*
Was *für ein Haus? Ein Haus, in dem es sich wohnen lässt.*
Was *für Häuser? Häuser, in denen es sich wohnen lässt.*

Das Bezugswort im Hauptsatz bestimmt Genus und Numerus des Relativpronomens (Kongruenz). Der Kasus des Relativpronomens ist hingegen bestimmt durch seine grammatische Rolle im Relativsatz:
der Junge, ***der*** *da geht/****den*** *ich suche …*
ein Mädchen, ***das*** *raucht/****dem*** *ich gefalle, …*
Inhaltlich verweist das Relativpronomen auf sein Bezugswort:
der ***[Hut]*** *meiner Schwester,* ***[den]*** *ich gefunden habe, …*
[keiner] *aus der Mannschaft,* ***[der]*** *nachdachte, …*

FUNKTIONEN

Ein Relativsatz kann näher bestimmen, welcher Gegenstand oder welche Person mit dem Nomen gemeint ist:
Diejenigen Leute, die immer jammern, fühlen sich vielleicht ganz gut.
Ohne den Relativsatz weiß man nicht, wer gemeint ist. Solche Relativsätze sind **einschränkend.**
Einschränkende Relativsätze werden verwendet um verschiedene Arten eines Gegenstands zu unterscheiden:
Die Leute, die vorn stehen, …
Die Leute, die hinten stehen, …
Die Leute, die ich gern mag, …
Die Leute, die ich weniger gern mag, …
Einschränkende Relativsätze sind also Mittel der Genauigkeit.

Ein Relativsatz kann **erläuternd** sein, nämlich dann, wenn man schon versteht, welcher Gegenstand oder welche Person gemeint ist:
Maradona, der gefoult wurde, war schnell wieder auf den Beinen.
Hier gibt der Relativsatz eine zusätzliche Erläuterung, fast so wie ein Hauptsatz:
Maradona wurde gefoult, er war aber schnell wieder auf den Beinen.
Maradona – er wurde gefoult – war schnell wieder auf den Beinen.

KLEINGEDRUCKTES

Relativpronomen können auch Pronomen als Bezugswörter haben:
Niemand, der verantwortlich handelt, wird verachtet.
Nichts, was passierte, berührte sie.

Bei den Personalpronomen der 1. und 2. Person kann das Relativpronomen nicht allein Subjekt im Relativsatz sein. In diesen Fällen wird das Personalpronomen auch im Relativsatz wiederholt:
Du, *der* ***du*** *stets auf der Hut bist, …*
Wir, *die* ***wir*** *so nicht weitermachen, …*
Du *und* **ich,** *die* ***wir*** *ja gute Freunde waren, …*

Das Relativpronomen *welcher* wird eher als steif angesehen und gemieden. Nur um Wiederholungen zu vermeiden wählt man *welcher* statt *der:*
Derjenige, ***der/welcher*** *lange schläft, vertut viel Zeit.*

Als Relativpronomen kommt auch das Indefinitpronomen *was* vor. Es steht
- nach Pronomen im Neutrum wie *nichts, etwas, alles, manches, das:*
  Alles, was ich weiß, …
- nach Adverbialpronomen wie *darüber, darum, darauf:*
  Erinnerst du dich daran, was du gesagt hast?
- nach Nominalisierungen im Neutrum:
  Das Beste, was ich erlebt habe, …
  Man vermeidet den *was*-Anschluss bei definiten Nominalgruppen. Also nicht:
  Das Haus, ~~was ihr verkauft habt, …~~

2.5.6 Schwierige Satzgefüge

DEFINITION UND BEISPIELE

Ein Nebensatz ist seinem Trägersatz untergeordnet. Jeder Nebensatz kann selbst wieder Trägersatz sein, sodass mehrfache Unterordnungen entstehen. Die mehrfachen Unterordnungen haben die Form von Treppen.

Wir müssen fordern,
dass die Zensur aufhört,
damit wir frei schreiben können.

Wer kennt die Leute,
die die Melodie bestimmen,
nach der wir tanzen?

Sätze mit mehreren Nebensätzen sind schwerer zu verstehen als einfache Sätze. Aber solange die Treppen nur abwärts gehen, sind sie durchaus erträglich.

Treppauf wird es schwieriger, besonders, wenn man springen muss.

freut mich.
Dass du behauptest,
die Sache sei ausgestanden,

lachte ich.
Als man mich fragte,
ob ich beabsichtige,
die Sache aufzugeben,

Am schwierigsten sind Schachtelsätze, in denen es mehrmals treppab, treppauf geht:

Man hat die Sache, *annulliert.*
weil es eilte,

Ein Mensch, *irrt.*
der nur Dinge, *glaubt,*
die er sieht,

Hier wird ein Satz zerrissen und zwischen seine Teile werden untergeordnete Sätze eingefügt. Wenn das über mehrere Stufen geht, versteht man kaum noch etwas.

3

Text und Kommunikation

3.1 Der Text

DEFINITION

Ein Text ist ein Brief, ein Gedicht, ein Aufsatz, ein Buch, Kochrezept, Notizzettel usw.
Oberflächlich ist ein Text eine Folge von Sätzen. Die Sätze eines Textes müssen aber einen inneren Zusammenhang haben.

- Ein Text ist eine Folge von Sätzen, die einen Gesamtsinn ergibt.
- Ein Text hat ein Thema. Das Thema ist ein Sachverhalt oder ein Gegenstand des Problems, um das es im Text geht. Oft wird das Thema durch eine Überschrift formuliert.
- Ein Text hat eine innere Logik. Er schreitet fort von einem Gedanken zum nächsten. Seine einzelnen Sätze haben eine inhaltliche Verbindung, die wir erfassen müssen.
- Ein Text hat eine Form. Sie entspricht den Absichten, die der Autor mit dem Text verfolgt. So hat ein Brief eine andere Form als eine Gebrauchsanweisung oder eine Personenbeschreibung.

EIGENSCHAFTEN

Texte dienen der schriftlichen wie der mündlichen Verständigung. Darum gibt es schriftliche und mündliche Texte.

- Schriftliche Texte sind nicht für ein direktes Gegenüber gedacht. Leser können nicht zurückfragen. Darum muss ich als Schreiber vorsorgen für den Leser.
- Oft hat man mehrere Leser, kennt ihren Sprachgebrauch nicht und weiß auch nicht recht, was sie wissen. Deshalb muss ich mir gut überlegen, was den Partner interessieren könnte.
- Schriftliche Texte werden gewöhnlich in der **Standardsprache** formuliert, damit viele Menschen sie lesen können.
- Schriftliche Texte sind dauerhaft; zwischen Schreiben und Lesen vergeht oft längere Zeit. Deshalb muss ich sie sorgfältig und ausführlich formulieren.
- Als Sprecher bilden wir meist nur kurze Sätze, als Schreiber neigen wir zu längeren Sätzen. Ich muss aber an meine Leser denken, meine Sätze übersichtlich gestalten, sorgfältig auf den Satzbau und den Wortschatz achten.
- In schriftlichen Texten hat man keine Betonung und Intonation. Dafür muss man Ersatzmöglichkeiten kennen. Vor allem muss man die Möglichkeiten der Rechtschreibung sorgfältig nutzen: genau und richtig schreiben, Satzzeichen klug verwenden.
- Für schriftliche Texte gibt es meistens Vorbilder. Es gibt Traditionen, die festlegen, was ein Text enthalten sollte, wie er aufgebaut sein sollte usw. Im Einzelnen ist das abhängig von der **Textsorte** (Brief, Zeitungsbericht, Gedicht usw.).

FORMEN

Der Text ist eine Einheit der Verständigung. Der Autor möchte bestimmte Absichten verwirklichen. Darum muss er den Text so abfassen, dass seine Leser ihn verstehen, seine Absichten erfassen.

- Der Schreiber will Gegenstände und Sachverhalte der Welt darstellen. Dazu muss er sie **sachlich und klar** präsentieren. Vielleicht muss er sich selbst vorher Informationen beschaffen.
- Der Schreiber will **Anteilnahme** wecken, Einstellungen seiner Leser verändern, Gefühle bei ihnen erregen. Dazu kann er eigene Gefühle ins Spiel bringen, gefühlsgeladene Wörter verwenden, die Leser zum Weiterdenken bringen.
- Der Schreiber will einen **Kontakt mit seinen Lesern** herstellen und erhalten. Dazu wird er die Sprache seiner Leser sprechen. Er wird versuchen den **passenden Stil** zu treffen. Und er wird vielleicht sogar seine Leser ansprechen.
- Der Schreiber will die Leser **erfreuen.** Darum wird er auf die Schönheit achten. Er wird die äußere Form seines Textes pflegen, wird **anregende Bilder,** angenehmen **Rhythmus und Klang,** ansprechende Wörter und **Redensarten** wählen.

KLEINGEDRUCKTES

Für **Intonation und Betonung** gibt es in der Schrift Ersatzmittel. Einen Ausruf kann man im schriftlichen Text unterschiedlich kennzeichnen:

Stellung des finiten Verbs

Hat *der zugelangt!*

Die Erststellung des Verbs kennzeichnet den Ausruf.

Ausrufezeichen

*Der hat zugelangt**!***

Ein normaler Aussagesatz wird durch das Ausrufezeichen als Ausruf gekennzeichnet.

Interjektionen und Verwandtes

Ach Gott, *hat der zugelangt!*

Partikeln

Der hat ***aber*** *zugelangt!*

Die Betonung ist im mündlichen Sprachgebrauch meistens eine Hervorhebung. Hervorheben kann man im schriftlichen Text durch:

Stellung

Ich mochte diese Klöße besonders.

Diese Klöße *mochte ich besonders.*

Setzt man das Akkusativobjekt an die Spitze, so wirkt das wie Betonung.

Herausholen in einen Vorsatz

Es waren diese Klöße, *die ich so mochte.*

Zusatzwörter

Du hattest eine Schwäche.

Du hattest ***nur*** *eine Schwäche.*

Du hattest eine ***einzige*** *Schwäche.*

Du hattest ***nur*** *eine* ***einzige*** *Schwäche.*

3.1.1 Stilmerkmale

ÜBERBLICK

Eigene und fremde Texte kann man nach ihren Stilmerkmalen beurteilen. Viele Merkmale sind an sich neutral. Ob sie gut oder schlecht wirken, ist abhängig von der Textsorte und den Zielen des Schreibers.

einfach
einfache Darstellung
kurze, einfache Sätze
übliche Wörter
Fachwörter erklärt
konkret dargestellt
knapp, keine Phrasen
klare Verweise und Bezüge

kompliziert
komplizierte Darstellung
lange, verschachtelte Sätze
seltene Wörter
Fachwörter nicht erklärt
abstrakt dargestellt
Phrasen und Schwulst
undeutliche Verweise

kurz und prägnant
nichts Überflüssiges
beschränkt aufs Wesentliche
gedrängte Darstellung
konzentriert
knappe Darstellung
es kommt auf jedes Wort an
keine Wortmonster
keine Floskeln
treffende Wörter

weitschweifig
viel Überflüssiges
viel Unwesentliches
breite Darstellung
abschweifend
ausführlich
vieles könnte man weglassen
unübersichtliche Wörter
Floskeln und Flickwörter
Allerweltswörter

anregend
ansprechende Darstellung
anschaulich: Bilder, Vergleiche, Redewendungen
Beispiele, Details
schön und kunstvoll
Abwechslung im Satzbau
direkte Rede, Interjektionen
Variation im Ausdruck
Höhepunkt gut vorbereitet
persönliche Empfindungen
fantasievoll
Verbalstil

langweilig
farblose Darstellung
trocken: keine ansprechende Sprache
abstrakt und global
fad und steif
monotone Satzbaupläne
rein darstellend
Wiederholungen
Höhepunkt vorweggenommen
unpersönlich
einfallslos
Nominalstil

geordnet
folgerichtig
übersichtlich
alles der Reihe nach
Wesentliches hervorgehoben
roter Faden sichtbar
Übergänge plausibel
Gedankenbrücken/Bindewörter
gegliedert
Absätze
Zwischenüberschriften

ungeordnet
zusammenhanglos, wirr
unübersichtlich
alles durcheinander
Wesentliches in Unwesentlichem
kein roter Faden
Übergänge fehlen
keine Bindewörter
ungegliedert
Bandwurmtext
keine Binnengliederung

3.1.2 Stilfiguren

ÜBERBLICK

Alliteration
Folge von Sinnwörtern, die der gleiche Anlaut in betonter Silbe hervorhebt
Milch macht müde Männer munter.
Kind und Kegel, hier und heute

Anapher
Wiederholung des Satzanfangs in Satz- und Versfolgen
Zeiten kommen, Zeiten gehen.

Antithese (Gegensatz)
Gegenüberstellung von Aussagen oder von Wörtern mit entgegengesetzter Bedeutung (Antonyme)
Lüge vergeht, Wahrheit besteht.
Jenseits von Gut und Böse

Chiasmus
Wortfolge über Kreuz (a+b, b+a)
Grün ist die Heide, der Himmel ist blau.
Natur ist alles, alles ist Natur. (Goethe)

Ellipse
Weglassung von Wörtern, besonders solchen, die man erschließen kann
Fang große Sterne und kleine (Sterne)!
Der Arme trinkt zu viel (Alkohol).

Euphemismus
verhüllendes Wort, Beschönigung
von uns gehen (für sterben)
freisetzen (für entlassen)

Hyperbel
Übertreibung (vergrößernd/verkleinernd)
Tausendmal berührt, tausendmal ist nichts passiert.

Klimax
Schrittweise Steigerung von Ausdrücken
Wir ärgerten uns grün, nein schwarz.

Litotes
Hervorhebung durch Untertreibung (oft mit Verneinung des Gegenteils)
nicht übel, ganz schön

Metapher
Übertragene Verwendung eines Ausdrucks (verkürzter Vergleich)
Peter ist ein Fuchs.

Oxymoron
Verbindung zweier Ausdrücke, die sich eigentlich widersprechen
bittersüß, helles Dunkel, geordnetes Chaos

Parallelismus
Wortfolge parallel (a+b, a+b)
Der Wahn ist kurz, die Reu ist lang.
Heiß ist die Liebe, kalt ist der Schnee.

Periphrase
Umschreibung eines Begriffs durch mehrere Wörter
das Auge des Gesetzes (= Polizist)

Personifikation
Vermenschlichung
Der Himmel weint.
Ihr Knie sagte alles.

Pleonasmus
Wortverbindung, in der etwas doppelt ausgedrückt ist
weißer Schimmel; alter Greis
So flog der Adler mit den Flügeln dahin.

Tautologie
Doppelaussage, zweimal das Gleiche sagen
Ich tue es und ich mache es.

Variation
Verwendung eines bedeutungsverwandten Worts zur Vermeidung der Wiederholung
Sie bekam ihr zweites Kind. Das Baby hatte …

Wiederholung
Gleiches Wort in kurzem Abstand nacheinander (häufig auch Stilfehler)

Wortspiel
Pfiffige Zusammenstellung, Veränderung von Wörtern, Spiel mit Mehrdeutigkeiten
Sie werden diesen Plan rückgratlos (rückhaltlos) verfolgen.
Kuhn macht Schlafzeilen (Schlagzeilen).

Zeugma
Verbindung eines Worts mit zwei Ausdrücken, die nicht in gleicher Weise passen
Ich heiße Heinz Erhard und Sie herzlich willkommen.
Nimm dir Zeit und nicht das Leben.

3.1.3 Textstruktur

DEFINITION

Text heißt so viel wie Gewebe. Durch den Text laufen Fäden und halten ihn zusammen. Der Autor muss die Fäden durch Wörter sichtbar machen und der Leser muss sie an Wörtern erkennen. Solche Fäden sind vor allem **Verweise** und **Bindewörter** als Gedankenbrücken.

FORMEN

Verweise
Mit Pronomen und Artikelwörtern wird ausgedrückt, dass von wiederkehrenden Gegenständen und Personen die Rede ist. So entsteht der rote Faden des thematischen Zusammenhangs.

Bindewörter
Sie verdeutlichen den Zusammenhang zwischen benachbarten Sätzen, indem sie ihr inhaltliches Verhältnis ausdrücklich angeben. Öfter fassen sie auch ganze Passagen zusammen.

BEISPIEL

Ein Text handelt von bestimmten Dingen und Personen. Es trägt zu seinem Zusammenhalt bei, dass öfter von diesen Dingen und Personen die Rede ist.
Dieser Text handelt vor allem von einem Polizeihund und seinem Herrchen. Von beiden ist an mehreren Stellen die Rede. Dazu werden unterschiedliche sprachliche Mittel verwendet, wie die Hervorhebungen zeigen.

dpa. MÜNCHEN
Hund als Lebensretter
Ein ausgemusterter Polizeihund hat seinem **Herrn** das Leben gerettet. **Der 56-jährige Rentner** aus München war 17 Jahre lang Zwingermeister bei der Polizeihundeschule in München-Allach. **Das zehnjährige Tier** hat **den Rentner, der** bei einem Spaziergang in den Isar-Auen nach einem Herzanfall zusammengebrochen war, am Mantelkragen gepackt und 60 m weit zur Landstraße gezerrt. Wie die Polizei weiter berichtete, brachten Arbeiter eines nahe gelegenen Klärwerks **den Bewusstlosen** ins Krankenhaus, wo **er** gerettet werden konnte.

LEISTUNG

Mit manchen Ausdrücken kann man direkt von Dingen und Personen sprechen. So stehen die Pronomen *ich* und *du* immer für den Sprecher und den Angesprochenen. Auch Eigennamen stehen direkt für ihren Träger. Hingegen meint ein Pronomen wie *er* mal diese Person, mal jene, mal dieses Ding, mal jenes. Es kommt auf den Kontext an:
Ein Rentner ging spazieren. Erschöpft brach ***er*** *zusammen. Aber es war ein Polizeihund in der Nähe.* ***Er*** *rettete dem Rentner das Leben.*
Mit dem ersten *er* ist der Rentner gemeint, mit dem zweiten aber der Polizeihund. In diesen Fällen spricht man von Verweisen. Verweise haben einen Vorgänger oder ein Bezugswort. Man versteht sie nur über dieses Bezugswort. Verweismittel sind Pronomen und Begleiter.

TIPP

Um Wiederholungen zu vermeiden verwendet man
- Pronomen, die auf die Hauptfiguren verweisen, z. B. *er, sie, diese, dieser, sie alle, einige von ihnen* usw.
- Nominalgruppen mit unterschiedlichen Nomen, die Abwechslung bringen, z. B. *der Mann, das Herrchen, der Rentner, der Bewusstlose* usw.

3.1.4 Verweismittel

ÜBERBLICK

Personalpronomen
Arbeiter *waren in der Nähe.* ***Sie*** *brachten den Bewusstlosen ins Krankenhaus.*
Adverbialpronomen
M. kam ***ins Krankenhaus. Dort*** *erholte er sich schnell.*
Relativpronomen
Ein Rentner, der *in den Isar-Auen spazieren ging, …*
Definiter Artikel
Ein Polizeihund *rettet Menschenleben.* ***Das*** *Tier …*

Demonstrativpronomen
Die Polizei hat ***gute Hunde. Solche*** *Begleiter bräuchten wir auch.*
Da war auch ***ein Polizeihund. Dieser*** *rettete dem Rentner das Leben.*
Possessivpronomen
Der Hund *rettete* ***seinem*** *Herrn das Leben.*

Jeder Verweis kann selbst Vorgänger werden. So entstehen **Verweisketten.** Sie sind rote Fäden, die den Text zusammenhalten: *ein Polizeihund … er … dieses Tier … der Lebensretter; ein Rentner … er … dieser … der Bewusstlose.* Verweisketten sollten nicht zu monoton sein. Die Nomen kann man variieren und verschiedene treffende Ausdrücke suchen.

ARTEN

Häufig und üblich sind Verweise, denen ihr Bezugswort vorangeht. Sie sind **Rückverweise:**
Ein Fuchs *fiel in den Brunnen.* ***Er*** *wusste nicht, …*
Vorverweise verweisen auf Bezugswörter, die erst folgen. Solange man das Bezugswort nicht kennt, hängt der Verweis in der Luft. Darum ist hier der Abstand meistens geringer als beim Rückverweis.
Vorverweise sind Ankündigungen, darum erzeugen sie Spannung:
Er *war nun schon Stunden gefangen in diesem tiefen Brunnen. Was sollte* ***er*** *tun? Da kam zum Glück ein durstiger Bock und sah* ***den Fuchs …***

REGELN

Vorgänger und Verweis gehören zusammen. Zu jedem Verweis muss man den Vorgänger erkennen; nur dann versteht man ihn. Die **Verweisregeln** sind streng:

- Vorgänger und Verweis haben das gleiche Genus (Kongruenz).
  Maskulinum:
  Da fand Leo ***den Rentner. Dieser*** *lag bewusstlos am Boden.*
  Femininum:
  Die Polizei *kam gleich.* ***Sie*** *war von Arbeitern benachrichtigt worden.*
  Neutrum:
  Das Krankenhaus *lag an der Isar.* ***Es*** *war schnell zu erreichen.*
- Vorgänger und Verweis haben den gleichen Numerus (Kongruenz).
  Singular:
  Der Hund *war zufällig da.* ***Er*** *hat seinen Herrn sofort erkannt.*
  Plural:
  Die Hunde *waren zufällig da.* ***Sie*** *spielten in den Isar-Auen.*
- Vorgänger und Verweis sollten nicht zu weit auseinander stehen:
  Der Polizeihund *kannte den Rentner ganz gut. Beide waren über lange Jahre in der Polizeihundeschule München-Allach. Dort werden jährlich 200 Hunde ausgebildet. Jetzt aber hatte* ***er*** *lange ausgedient.*

Insbesondere sollten zwischen Vorgänger und Verweis keine Wörter stehen, die selbst als Bezugswort in Frage kämen.

KLEINGEDRUCKTES

Manchmal richtet man sich nicht nach dem Genus, sondern nach dem natürlichen Geschlecht.
So erklärt sich das feminine Pronomen in folgendem Beispiel:
Wir alle suchten ***das Mädchen. Sie*** *war ja lange bekannt.*
Ähnlich geht man manchmal vor bei *Fräulein, Weib, Mannequin, Fotomodell.*

TIPP

Abwechslung ist empfehlenswert, aber sie kann auch verwirren. Wenn man für das Gleiche immer wieder andere Ausdrücke verwendet oder zwischen verschiedenen Ausdrücken springt, kommt der Leser nicht mehr mit.

Man sollte ein Bezugswort nicht aufnehmen durch Allerweltswörter wie: *das Ding, die Sache, der Gegenstand.* Sie bringen keine Information und können sogar verwirren, weil sie für alles Mögliche passen:

Wir tauschten das Motorrad gegen ein Auto. ***~~Dieses alte Ding~~/Die alte Maschine*** *hat uns lange geärgert.*
Wir tauschten das Auto gegen ein Motorrad. ***Der alte Wagen*** *hat uns lange geärgert.*

3.1.5 Gedankenbrücken

DEFINITION UND BEISPIEL

Im Text reiht sich ein Satz an den andern. Doch wie der Faden im Innern einer Kette zieht sich durch den Text ein gedanklicher Zusammenhang. Satznachbarn sind durch Gedankenbrücken verbunden. Dies gibt dem Text seinen Zusammenhalt.

Nina aß wie ein Scheunendrescher. Sie war sehr hungrig.

Die gedankliche Verbindung zwischen den beiden Sätzen besteht darin, dass der Hunger der Grund dafür war, dass Nina so viel aß. In andern Fällen besteht eine zeitliche Brücke; eine Handlung folgt auf die andere:

Er holte den Ball und sprang ins Wasser.

Er sprang ins Wasser und holte den Ball.

Hier ist die zeitliche Abfolge nicht durch Wörter ausgedrückt; die Reihenfolge der Sätze genügt. Wir nehmen an, dass der erste Satz auch die erste Handlung bezeichnet.

FUNKTION

Gedankliche Brücken gibt es mancherlei. Der Dienst am Leser verlangt, dass man sie unterscheidet, und vor allem, dass man sie im Text zum Ausdruck bringt. Deutlich wird die Gedankenbrücke, wenn man passende Ausdrücke dafür gebraucht:

Er putzte die Zähne und ging ***dann*** *ins Bett.*

Er ging ins Bett und putzte ***vorher*** *die Zähne.*

Die Bezeichnung der Gedankenbrücken dient der Deutlichkeit. Es gibt viele grammatische Möglichkeiten, die Gedankenbrücken zu verdeutlichen. Meistens verwenden wir bestimmte Bindewörter.

FORMEN

Konjunktion (nebenordnend)

Nina aß wie ein Scheunendrescher. ***Denn*** *sie war sehr hungrig.*

Konjunktion (unterordnend)

Nina aß wie ein Scheunendrescher, ***weil*** *sie sehr hungrig war.*

Bindeadverb

Nina aß wie ein Scheunendrescher. Sie war ***nämlich*** *sehr hungrig.*

Adverbialpronomen

Nina war sehr hungrig. ***Deshalb*** *aß sie wie ein Scheunendrescher.*

w-Wort

Nina war sehr hungrig, ***weshalb*** *sie wie ein Scheunendrescher aß.*

Partikel

Nina aß wie ein Scheunendrescher. Sie war ***ja*** *sehr hungrig.*

Präposition

Wegen *ihres Hungers aß Nina wie ein Scheunendrescher.*

TIPP

Bindewörter sind Wegweiser für den Leser, man muss darauf achten, dass man solche Wegweiser nicht zu selten setzt. Vor allem muss man genaue Wegweiser setzen.

Die ständige Wiederholung von *und* oder *und dann* wirkt schnell langweilig und ist außerdem ungenau.

3.1.6 Arten von Gedankenbrücken

DEFINITION UND BEISPIELE

Kopulativ (Anreihung)
Die Anreihung ist die allgemeinste inhaltliche Verbindung. Sie besagt, dass die aneinander gereihten Sätze beide gelten sollen. Die Anreihung dient zwar der Fortsetzung des Texts, sie drückt aber keine besonderen Gedankenverhältnisse aus.
Es ist ein Metall ***und*** *es ist gelb.*
Du grüßt, ***wobei*** *du dich leicht verbeugst.*
Sie kannten Bayern ***wie auch*** *die Bayern.*
Sie kannten Bayern, ***zudem*** *seine Schlösser.*
und, sowie, sowohl … als auch, weder … noch, nicht nur … sondern auch, zudem, überdies, außerdem, ferner, dazu

Alternativ (Wahl)
Mit dieser Verknüpfung werden zwei Möglichkeiten als Alternative dargestellt. Eine der beiden Aussagen soll also gelten.
Du kannst mehr Fleisch essen ***oder*** *(aber) du nimmst mehr Gemüse zu dir.*
Anstatt *mehr Fleisch zu essen kannst du mehr Gemüse zu dir nehmen.*
oder, entweder … oder, anstatt … dass, anstatt … zu, stattdessen, sonst

Restriktiv (Einschränkung)
Genauigkeit ist eine Tugend. Wenn man etwas Allgemeines behauptet, sind oft Einschränkungen angebracht. Mit einer Einschränkung nimmt man eine allgemeine Aussage teilweise zurück. Man kann sich also absichern gegen Einwände.
Man hörte nichts, ***bloß*** *eine Uhr tickte.*
Man hörte nichts, ***außer dass*** *eine Uhr tickte.*
Man hörte nichts, ***allerdings*** *tickte eine Uhr.*
Man hörte nichts ***außer*** *dem Ticken einer Uhr.*

Komparativ (Vergleich)
Vergleiche stellen zwei Aussagen gegenüber, die beide gelten sollen. Oft genügt auch eine Vergleichsgruppe in einem Satz, ohne dass beide Aussagen zu vollständigen Sätzen ausgeführt sind. Vergleiche lassen den Leser die Sache besser verstehen, weil er sie von anderen abgrenzen kann, Ähnlichkeiten und Unterschiede sieht. Außerdem können Vergleiche Anschaulichkeit bringen.
Du erwirbst Häuser, ***wie*** *normale Leute Brötchen kaufen.*
Normale Leute kaufen Brötchen. ***Genau so*** *kaufst du Häuser.*
Hauskauf war bei ihm ***wie*** *Brötchenkauf.*
als ob, wie wenn, ebenso, ähnlich, ganz anders, desgleichen

Adversativ (Entgegensetzung)
Eine Entgegensetzung ist eine Art Vergleich; sie betont aber die Unterschiede. Zusätzlich zu den Bindemitteln wird sie deutlich in Gegensatz-Wörtern (Antonymen):
die Jüngeren – die Älteren, die Großen – die Kleinen, viel – nichts, hier – dort.
K. hat gar nichts bezahlt, ***aber*** *W. hat zu viel gezahlt.*
Während *K. gar nichts bezahlt hat, hat W. zu viel gezahlt.*
K. hat gar nichts bezahlt, ***dagegen*** *hat W. zu viel gezahlt.*
sondern, doch, jedoch, dagegen, indessen, dennoch, einerseits … andererseits, zum einen … zum andern

Temporal (Abfolge)
Der Ausdruck der zeitlichen Abfolge erscheint ganz natürlich. So versteht man unverbundene Sätze gern als Abfolge, man fügt im Geist ein *dann* hinzu. Sprachlich können wir jedoch die Aussagen in anderer Reihenfolge bringen als die Ereignisse. Dazu haben wir Ausdrücke, die uns die Reihenfolge verdeutlichen. Auch das Tempus spielt seine Rolle.
Nachdem *sie Kaffee getrunken hatten, fühlten sie sich wohl.*
Sie tranken Kaffee, ***danach*** *fühlten sie sich wohl.*
Nach *dem Kaffeetrinken fühlten sie sich wohl.*
und dann, nachdem, als, ehe, bevor, während, sobald, danach, zuvor, darauf, endlich, damals, währenddessen, früher, schließlich

DEFINITION UND BEISPIELE

Explikativ (Erklärung)
Die Erklärung führt zum besseren Verständnis ein Beispiel oder einen Sonderfall an. Dies wird öfter als ein Beleg oder ein Argument für eine These verstanden. Es kann sich aber auch um die Erklärung eines Wortes handeln, von dem man als Schreiber vermutet, dass es der Leser nicht versteht. Darum sind solche kurzen Erklärungen leserfreundlich.
Sie hatten viel zu tun, sie mussten ***nämlich*** *täglich den Weg kehren.*
Sie hatten viel zu tun, sie mussten ***ja*** *mehrmals täglich den Weg kehren.*
Sie hatten viel zu tun, ***und zwar*** *mussten sie täglich den Weg kehren.*

Konditional (Bedingung)
Allgemeine Gesetzmäßigkeiten, Regeln und natürliche Zusammenhänge werden durch Bedingungsgefüge angegeben. Ihre beiden Teilsätze enthalten oft auch eine zeitliche Abfolge, aber eine Bedingung ist keine Tatsache. Sie bleibt offen, kann eintreffen oder nicht.
Wenn *du fällst, wirst du dich verletzen.*
Fall nicht, ***sonst*** *verletzt du dich!*
Bei *Regen fällst du.*
wenn, falls, sofern, sobald, bevor … nicht, andernfalls, dann

Konsekutiv (Folge)
Die Folgen zu bedenken und anzugeben macht deutlich, wie Tatsachen zusammenhängen. Die tatsächliche Folge ist oft bedingt durch eine allgemeine *Wenn-dann*-Regel. Aber im Gegensatz zur konditionalen Brücke müssen bei der konsekutiven beide Teilaussagen wirklich Tatsachen sein.
Es war sehr kalt, ***sodass*** *der See zufror.*
Es war sehr kalt. ***So*** *fror der See zu.*
Es war sehr kalt. ***Infolgedessen*** *fror der See zu.*
Infolge *der Kälte fror der See zu.*
sodass, dermaßen … dass, daraufhin, somit, also, folglich, demzufolge

Kausal (Begründung)
Die Menschen interessieren sich nicht nur für die Erscheinungen und die Tatsachen. Sie wollen die Hintergründe sehen, die Regeln und Gesetzmäßigkeiten kennen. Darum ist es wichtig, die Gründe und Ursachen zu erkennen und zu nennen. Wer jemanden überzeugen will, sollte in seinem Text unbedingt Gründe angeben. Wer etwas verständlich machen will, sollte auf die Hintergründe nicht verzichten.
Er kam in die Klinik. ***Denn*** *er war krank.*
Er kam in die Klinik, ***weil*** *er krank war.*
Er war krank. ***Deshalb*** *kam er in die Klinik.*
Er war krank, ***weswegen*** *er in die Klinik kam.*
Wegen *seiner Krankheit kam er in die Klinik.*
weil, da, denn, zumal, deshalb, deswegen, darum, weshalb, nämlich, doch

Final (Zweck)
Die finale Verbindung gibt die Zwecke, Ziele und Absichten an, die Menschen mit ihren Handlungen verfolgen. Wer menschliche Handlungen darstellt, sollte deshalb auch ihre Ziele und Motive nennen. Sie machen die Handlung verständlich.
Ich tat alles ***um*** *reich* ***zu*** *werden.*
Ich wollte reich werden. ***Dazu*** *tat ich alles.*
Für *das Reichwerden tat ich alles.*
Den Zweck einer Handlung kann man auch als Grund für sie angeben mit dem Verb *wollen:*
Ich tue alles, ***weil*** *ich reich werden* ***will.***
Die finale Verbindung kann sich auch auf Handlungen beziehen, die gar nicht genannt sind. Trotzdem verstehen wir, dass es sich um eine Absicht handelt:
Das Stoppschild ist rot, ***damit*** *man es besser sieht.*
damit, um … zu, dass, dazu, dafür, deshalb, deswegen

Konzessiv (Einräumung)
Behauptungen wecken im Leser bestimmte Erwartungen. Wird über diese Erwartungen nichts gesagt, nimmt der Leser stillschweigend an, dass sie zutreffen. Der gute Schreiber nimmt im Geiste aber vorweg, was sein Leser glauben könnte. Und wenn es ihm wichtig erscheint, wird er ihn vor falschen Erwartungen bewahren.
Es war zwar Krieg, ***aber*** *es ging mir gut.*
Obwohl *Krieg war, ging es mir gut.*
Es war Krieg. ***Trotzdem*** *ging's mir gut.*
obwohl, obgleich, aber, wo doch, trotzdem, immerhin, sowieso, dennoch, trotz allem

3.1.7 Das Thema

DEFINITION UND BEISPIEL

Zu einem Text gehört meist ein **Thema.** Thema ist das, wovon der Text handelt. Das Thema ist eine Ankündigung, die der Schreiber einlösen muss. Bevor er den Text geschrieben hat, ist das Thema seine Aufgabenstellung.
Das Thema steckt in der **Überschrift** des Textes, vielleicht versteckt, vielleicht nur in einem Sinnwort. Ein Thema ist aber mehr: Es ist eher als Satz zu formulieren. Die Überschrift ist oft nur eine Nominalgruppe. So muss man sie erst richtig ausbauen um das Thema und die Aufgabe zu erkennen.

Überschrift	**Thema**
Im Wasserwerk	Erzählen, was ich im Wasserwerk erlebt habe Berichten, was im Wasserwerk passiert ist Beschreiben, wie ein Wasserwerk funktioniert

FUNKTION

Meistens steckt in der Überschrift ein Hinweis auf die Aufgabenstellung:

Ein Bagger bricht ein	→	Erlebniserzählung
Wie ein Bagger arbeitet	→	Vorgangsbeschreibung
Baggerlärm!	→	Stimmungsbild
Ein Bagger vorm Haus	→	Schilderung
Der fliegende Bagger	→	Fantasieerzählung

ROLLE

Ein Thema kann man sich erschließen. Aus der Formulierung und dem Sinnwort entwickelt man genauere Aufgaben, Schlüsselfragen und Leitgedanken.
Aus der Formulierung „Erzählen, was ich im Wasserwerk erlebt habe" ergibt sich, dass eine Erzählung angestrebt ist. Grundlage soll ein Erlebnis sein, also wird die Erzählung in der Vergangenheit spielen. Es soll ein Erlebnis des Schreibers selbst zugrunde liegen, also wird die Erzählung streckenweise in Ich-Form abzufassen sein; sie kann Bezug nehmen auf Gedanken und Gefühle des Schreibers.

Hingegen wäre eine Beschreibung eher zeitlos, sachlich, der Schreiber tritt zurück zugunsten objektiver Darstellung.
Aus der Formulierung „Beschreiben, wie ein Wasserwerk funktioniert" ergeben sich Leitfragen:
Was ist ein Wasserwerk?
Wozu dient ein Wasserwerk?
Aus welchen Teilen besteht es?
Wie arbeiten die Teile?
Wie greifen die Teile ineinander?

Aber auch mit allgemeinen Fragen kann man ein Thema erschließen:
Wer? Was? Wann? Wo? Wie? Warum?

TIPP

Zu einem Thema kann vielerlei gehören, man muss aber auch bedenken, was nicht dazugehört. Alles, was zum Thema gehört, muss einen Zusammenhang mit ihm haben und etwas zur Problemstellung beitragen. Der Zusammenhang muss für den Leser plausibel sein, sonst ginge man einfach vom Hundertsten ins Tausendste.

Auch wenn man sich als Leser einen Zugang zu einem Text verschaffen will, kann man fragen:
Was ist das Thema?
Welche Probleme behandelt der Text?
Wie ist er aufgebaut?
Welche sprachlichen Mittel werden verwendet?

3.1.8 Die Stoffsammlung und die Gliederung

DEFINITION UND BEISPIEL

Was zu einem Thema gehört, kann man in einer **Stoffsammlung** oder in Notizen zusammentragen. Die Stoffsammlung enthält alles, was einem zum Thema einfällt. Die Einfälle stehen in kurzen Sätzen oder in Stichwörtern. Sie folgen einander bunt und ungeordnet.

Stoffsammlung: Meine Mutter
groß und blond – streng, aber gerecht – hat einmal einem Kind das Leben gerettet – arbeitet viel – größer als mein Vater – schmale Nase – auffallende Erscheinung – blaue Augen – lange, feingliedrige Hände – spielt gut Klavier. – an einem Sonntag geboren – als Kind Konzerte – ehrgeizig – besonders gut im Rechnen – Ausbildung als Computerspezialistin – selbst streng erzogen – als Kind lange krank – gute Sportlerin (Basketball) – Mittelpunkt in Gesellschaft

AUFBAU

Ein Thema hat eine bestimmte Struktur. Die Einzelheiten gehören mehr oder weniger eng zusammen. So entstehen **Unterthemen.** Die Unterthemen ergeben eine Ordnung:
Verschiedene **Aspekte des Themas**
die Technik des Wasserwerks, sein Nutzen, die Probleme

Verschiedene **Phasen** eines Vorgangs
die Vorbereitung eines Spiels, das Spiel selbst, das Ergebnis und die Folgen

Verschiedene **Teile** eines Gegenstands
der Park eines Schlosses, das Gebäude, der Thronsaal

Was **für** und was **gegen** eine Meinung spricht
Vorteile und Nachteile

Ein **Spezialfall** zum allgemeinen Fall
die Abseitsregel und verschiedene Beispiele für Abseits

TIPP

Im Text wird das Thema entwickelt. Jeder Satz muss einen direkten oder indirekten Zusammenhang mit dem Thema haben. Die Überschrift gibt dem Leser schon einen Hinweis, aber so richtig erkennt er das Thema erst im Lesen des Textes. Darum muss der Autor vorsichtig zu Werke gehen. Er muss seine Leser behutsam und auf üblichen Wegen zum Thema und im Thema führen.

DEFINITION

Die Ordnung und die Struktur des Themas muss der Autor dem Leser vermitteln. Er muss eine gute Reihenfolge der Darstellung wählen und die Ordnung im Text verdeutlichen. Dazu hilft ihm die Gliederung. In der **Gliederung** setzt der Autor die Ordnung in eine Reihenfolge um. In einer Erzählung kann er zum Beispiel eins nach dem andern erzählen, so wie es zeitlich abgelaufen ist. Er kann aber auch von hinten anfangen, vom Ergebnis ausgehen und erzählen, wie es dazu gekommen ist. Er kann schließlich Zeitsprünge machen.

BEISPIEL

Eine Gliederung zeigt nicht nur die Reihenfolge, sondern auch das Verhältnis der Unterpunkte.

Gliederung: Meine Mutter

1 Das Äußere
1.1 Größe und Gewicht
1.2 Erscheinung und Haltung
1.3 Das Gesicht
1.4 Die Hände

2 Der Charakter
2.1 Umgang mit andern
2.2 Umgang mit sich selbst

3 Der Werdegang
3.1 Geburt und Kindheit
3.2 Ausbildung
3.3 Berufsleben

Die Gliederung zeigt die Unterordnung und die Nebenordnung in den Ziffern: Nebengeordnet ist, was die gleiche Anzahl Ziffern hat, zum Beispiel 1 und 2 und 3. Untergeordnet ist, was mehr Ziffern hat, zum Beispiel sind 1.1 und 1.2 der 1 untergeordnet.

AUFBAU

Ein Text kann mehrere Teile haben. Üblich ist der dreiteilige Textaufbau.

A Einleitung (Orientierung)
- Orientierung
- Personen vorstellen
- Skizze der Ausgangssituation
- Fragen und Ziele des Schreibers

B Hauptteil (Ablauf der Handlung)
- Kernthema ausführen
  Eines schönen Tages
  Da auf einmal …
  Plötzlich …
  …

C Schluss (Fazit)
- Ausklang
- Nutzanwendung
- Anregungen

TIPP

Erzählungen sind meistens nach einem **Dreischritt** gebaut. In diesem allgemeinen Schema lassen sie aber viel Spielraum.
Die Ausführung der Erzählung ist weitgehend dem Autor überlassen und der muss sich etwas einfallen lassen, damit er seine Leser unterhält.

3.1.9 Textgliederung

DEFINITION

Ein Text verläuft linear, ein Satz folgt dem anderen. Aber er ist inhaltlich gegliedert, es gibt einzelne Sinnschritte. **Absätze** fördern die Orientierung und Übersichtlichkeit. Sie sind durch das Schreib- oder Druckbild herausgehoben; sie beginnen mit einer neuen Zeile und enden vielleicht mitten auf der Zeile.
Die Gliederung durch Absätze kann auch durch Zwischenüberschriften, durch Leerzeilen oder durch Einrückungen verdeutlicht sein.

Inhaltlich ist ein Absatz jeweils einem Unterthema, einem Aspekt des Themas, gewidmet. Der Absatz sollte so enden, dass man zu einem andern Unterthema übergehen kann. Die Absätze eines Texts sollen möglichst **Sinnschritte** zeigen und die Sinnschritte sollen auch durch Absätze hervorgehoben sein.
Also: ein Sinnschritt – ein Absatz.

FORMEN

Die Sinnschritte sollen augenfällig werden. Dazu sollten die Absätze möglichst am Anfang einen Hinweis enthalten.

Ein Absatz kann mit einem Hinweis auf das Unterthema beginnen. So könnte man den Absatz über die Lage eines Cafés mit unterschiedlichen Formulierungen beginnen:
Das kleine Café liegt …
Das Café „Herzerl" ist … gelegen.
Kommen wir zur Lage unseres Cafés.
Die Lage unseres Cafés zeichnet sich aus durch …
Ein Absatz kann mit einem Hinweis auf seine Funktion im Text beginnen:
*Meine **These** ist …*
*Hierfür gibt es einige **Argumente …***
***Also** muss man sagen/eingestehen …*
***Zusammengefasst** bedeutet das …*

Ein Absatz kann mit einem Stichwort beginnen, das andeutet, worum es geht:
***Der Fall:** Im Jahre 1910 wurde in Bremen …*
***Die Entwicklung:** Nach diesem dramatischen Beginn …*
***Die Lösung:** So waren am Ende alle Beteiligten …*
Ein Absatz kann mit einer Frage beginnen:
Was kann man dafür vorbringen?
Was spricht dagegen?
Was folgt daraus?
Wie geht's weiter?

KLEINGEDRUCKTES

Deutliche Hinweise auf den Textaufbau sind auch Satzzeichen und **Gliederungszeichen.** Für die innere Gliederung einzelner Sätze sind natürlich Kommas und Satzschlusszeichen vorgeschrieben. Man kann aber zusätzlich **Gedankenstriche** und **Klammern** verwenden:
*Wenn Sie mit diesen Vorschlägen einverstanden sind **–** wir gehen davon aus, dass Sie das sind **–**, brauchen Sie nicht zu antworten.*
*Am Nachmittag wollten wir den Mount Vernon **(**das ist der höchste Berg der Region**)** noch einmal besteigen.*

Doppelpunkte markieren oft den Beginn einer Textpassage. Sie sind wie Gedankenbrücken *(folglich, denn, also)*, indem sie ankündigen, dass die folgende Passage eine Erklärung (explikativ) oder eine Folge (konsekutiv) formuliert:
*Wir drückten, wir schoben, wir streichelten**:** Der Esel bewegte sich nicht.*
*Und dann wussten wir es endlich**:** Die ganze Geschichte war erfunden.*

Gleichgeordnete Absätze etwa in Aufzählungen kann man durch einen Gedankenstrich am Anfang (einen sogenannten **Spiegelstrich**) kennzeichnen:
- Spiegelstriche zeigen den Anfang des Absatzes.
- Spiegelstriche verdeutlichen, dass es sich um parallele Einheiten handelt.

Will man eine Ordnung in solchen Aufzählungen zeigen, so verwendet man **Ziffern** am Beginn der Absätze (***1.**, **2.*** usw.). Dies ist aber nur angebracht in Sachtexten.

3.1.10 Textsorten und Textformen

DEFINITION UND BEISPIELE

Texte kann man gruppieren nach verschiedenen Sorten. Jede Textsorte hat ihre formalen und inhaltlichen Besonderheiten. In **Gedichten** finden wir oft Verse, besonderen Rhythmus und Reime. **Kochrezepte** bringen die Zutaten in Stichwörtern, den Kochablauf ausführlich und das Produkt oft im Bild.

Nach den Zwecken der Textsorte richtet sich auch der Stil. **Briefe** können persönlich gehalten sein oder aber in offizieller Sprache. **Nachrichten** sind betont sachlich, **Kommentare** enthalten Wertungen.
Für die meisten Textsorten gibt es Vorbilder und Muster.

FORM

Mit einer **Bewerbung** will ich einen Adressaten über mich selbst informieren, der Bewerber wird das aber so tun, dass der Adressat ihn auswählt. Deshalb wird er sich in einem günstigen Licht darstellen (aber sachlich und nicht übertrieben). Für den Erfolg einer Bewerbung ist nötig, dass sie alle wichtigen Daten enthält und der üblichen Form entspricht.

Briefkopf *Datum*
Adresse des Adressaten

Ihre Anzeige vom …

Anrede
Hiermit bewerbe ich mich …
Ich bewerbe mich, weil …
Bisher habe ich …
Empfehlungen und weitere Auskünfte …
Grußformel
Unterschrift
Anlagen

FORM

Ein **Lebenslauf** dient dazu, einen andern über sein Leben zu unterrichten. Meistens hat der Lebenslauf einen offiziellen Zweck. Er kann ausführlich geschrieben sein oder tabellarisch. Für beide Formen gibt es eingeführte Muster. Muster eines tabellarischen Lebenslaufs:

Name:	*Fremdsprachen: ....*
Geburtsdatum:	*Hobbys: ....*
Geburtsort:	*Beruf(swunsch): ....*
Eltern:	*Schulbildung: ....*

FORM

Ein **Protokoll** stellt in sachlicher und kurzer Form ein abgelaufenes Ereignis dar, zum Beispiel eine Unterrichtsstunde, eine Konferenz, eine Versammlung. Den Hauptteil bilden der Verlauf und die Ergebnisse.
Wer mehr Wert auf den Verlauf legt, schreibt ein **Verlaufsprotokoll.** Wer mehr Wert auf die Ergebnisse legt, schreibt ein **Ergebnisprotokoll.**
Aber immer muss das Protokoll eine Reihe wichtiger Daten enthalten. Den Verlauf stellt man aus der zeitlichen Abfolge dar. Man verwendet fast ausschließlich das Präsens.

Gegenstand:	
Zeit:	*Ort: ....*
Teilnehmer:	*Anwesende: ....*
Themen:	
Beginn:	
Verlauf:	
Ergebnisse:	
Ende:	
Ort und Zeit (der Abgabe):	
Protokollführer:	*Unterschrift: ....*

3.2 Sprachwissen

DEFINITION UND BEISPIELE

Bei jeder menschlichen Verständigung oder Kommunikation gibt es wenigstens einen Sprecher (oder Schreiber) und einen Hörer (oder Leser) als Partner. Damit die Verständigung klappt, brauchen beide aber Wörter und Sätze, also einen Text. Und sie brauchen eine gemeinsame Sprache, in der sie den Text formulieren und deuten. Dazu ist für beide wichtig, dass sie die Sprache kennen und etwas über die Welt wissen.
Im **Dialog** (Zwiegespräch) wechseln die Rollen: Wer jetzt Sprecher ist, kann gleich darauf Hörer sein und umgekehrt.

Einfaches Kommunikationsmodell

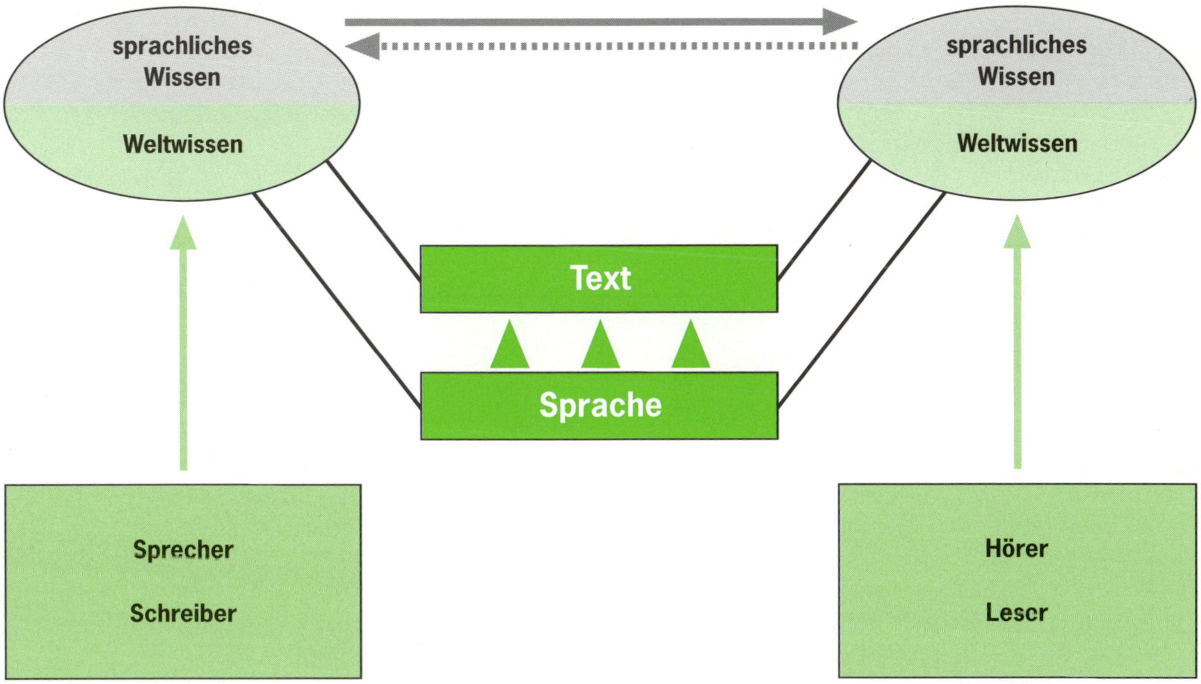

Menschen können nicht nur in der Wortsprache, mit Texten kommunizieren. Sie haben auch andere Zeichensysteme: Gestik (Gebärden), Mimik (Gesichtsausdruck), Zeichen und Symbole.

Verkehrszeichen

darstellendes Zeichen

Symbol

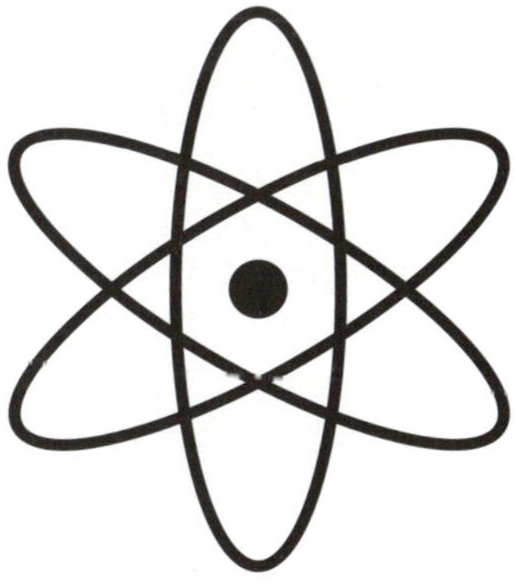

Bedeutung:

Einfahrt verboten

lächeln, freundlich

radioaktiv

3.2.1 Wortbedeutung

DEFINITION

Jedes Wort hat eine äußere **Form** und eine **Bedeutung.**
Die äußere Form sind die Laute oder Buchstaben; die Bedeutung ist, was wir mit dem Wort sagen können.

Form — **Bedeutung**

FUNKTION

Wörter verschiedener Wortarten haben verschiedene Funktionen.
Nomen haben oft mit Dingen oder Gegenständen zu tun; wir verwenden sie um über Gegenstände zu reden. Aber die Bedeutung ist nicht der Gegenstand. Denn mit dem Wort *Stuhl* kann man beispielsweise über jeden x-beliebigen Stuhl reden, also über eine ganze Menge von Gegenständen.
Verben bezeichnen oft Vorgänge und Handlungen; mit Adverbien können wir modifizieren und mit Partikeln signalisieren wir Einstellungen.

EIGENSCHAFTEN

Die Wortbedeutung hat verschiedene Aspekte:

- *Was bezeichnet das Wort?*
- *Woran erinnert das Wort?*
- *Welche Stimmung, welche Gefühle ruft das Wort hervor?*
- *In welchem Bereich, in welcher Stilschicht wird das Wort gebraucht?*

Neben der Bedeutung im engeren Sinn sind andere Aspekte der Bedeutung für die Verwendung eines Wortes wichtig. Diese Nuancen schwingen oft mit und man muss sie erkennen um richtig zu verstehen.

Emotion/Gefühl
sachlich, gefühlvoll, ironisch, neutral
Partnerbezug
vertraulich, distanziert, ansprechend
Wertung
positiv, negativ, beschönigend, abwertend, gespreizt
Register
vulgär, derb, salopp, umgangssprachlich, normal, feierlich, gehoben, poetisch
Poetisch: *Antlitz, Haupt*
Gehoben: *speisen, urinieren, schauen*
Normal: *Gesicht, Kopf, sehen*
Umgangssprachlich: *austreten, kucken, Wirtschaft*
Salopp: *futtern, pinkeln, Kneipe*
Vulgär: *Rübe, fressen, pissen, glotzen*

BEISPIEL

Viele Wörter sind mehrdeutig (Polysemie).

Form — **Bedeutung 1** / **Bedeutung 2** / **Bedeutung 3**

ausmachen — **abschalten** / **erkennen** / **stören**

PROBLEME

Die verschiedenen Bedeutungen mehrdeutiger Wörter können mehr oder weniger eng verwandt sein. Wenn die Bedeutungen weit auseinander liegen, spricht man auch von Homonymen. Homonyme sind: *Schimmel, Pass, Mutter, Bank, Satz, einstellen, niederschlagen, richten*

In welcher Bedeutung ein Wort verwendet ist, zeigt sich meistens im Zusammenhang. Verhältnismäßig eindeutig sind:

Das macht mir nichts aus.
Mach bitte das Licht aus.
Zu dem Ball kamen viele Leute.
Sie ritt auf einem Schimmel.
Mein Vater liebt meine Mutter.
Hast du Geld auf der Bank?

Weniger deutlich sind diese Beispiele:

Wer kann das ausmachen?
Der Ball war sehr voll.
Schimmel mag ich nicht.
Die Mutter war überdreht.
Die Bank war frisch gestrichen.
Alles wurde niedergeschlagen.

3.2.2 Bedeutungsübertragung

DEFINITION UND BEISPIELE

Wörter können übertragen verwendet werden. Sie haben dann nicht ihre eigentliche Bedeutung, sondern eine bildliche. Übertragene Verwendungen heißen **Metaphern:**
am Fuß des Bergs; ein Tischbein
die Schranken des Gesetzes
der Weg zur deutschen Einheit
der Fahrplan wirtschaftlicher Gesundung
Die Sonne lachte vom Himmel.
Da haben wir den Salat!
Dafür bezahle ich keine müde Mark.

Die Metapher verstehen wir auf der Grundlage der wörtlichen Bedeutung. Wenn zwei Wörter eigentlich nicht so recht zusammenpassen, müssen wir uns etwas einfallen lassen. Wir nehmen eine Übertragung vor, konzentrieren uns auf einen Bedeutungszug, wir sehen eine Art Bild:
Hals des Menschen – Flaschenhals
süßer Kuchen – süße Töne
heller Tag – heller Junge

ARTEN

Viele Metaphern und Übertragungen sind nicht neu; sie sind schon üblich und wir haben keine Probleme sie zu verstehen. Übliche Metaphern heißen auch tote oder **verblasste Metaphern;** neu gebildete sind oft **kühne Metaphern:**
hohler Tag; das Spiel küsste uns.

Kühne Metaphern finden wir öfter in Gedichten:
Die Steine feinden
Fenster grinst Verrat
In Komposita wird ein Glied manchmal übertragen verwendet:
Handschuh, Wasserhahn, Katzenzunge, Fingerhut, Wolkenkratzer, Windhose, Warteschlange

Häufig vermenschlichen wir Gegenstände, indem wir sie mit Verben verbinden, die menschliche Tätigkeiten bezeichnen:
Die Sonne grinst.
Seine Schulden fraßen ihn auf.
Der Krieg tötet viele Menschen.
Solche Redeweisen können den wahren Sachverhalt verschleiern.

FUNKTION

Wörter mit übertragener Bedeutung werden auch in sogenannten **Redewendungen** (Idiomen) verwendet:
Die beiden blasen ins gleiche Horn.
Wer spielt die erste Geige?
Der hat eine lange Leitung!
Sie werfen das Geld zum Fenster raus.
Die gesetzliche Hürde ist nicht zu überwinden.
Redewendungen oder Redensarten muss man als Ganzes verstehen, oft steht ein Bild oder ein Vergleich dahinter.

Hier kommt es auf feine Nuancen an:
Es liegt mir auf der Zunge.
(Ich möchte es aussprechen, es fällt mir aber nicht ein.)
Es brennt mir auf der Zunge.
(Ich möchte es aussprechen, soll es allerdings nicht.)
Es zergeht mir auf der Zunge.
(Ich spreche es mit Vergnügen aus.)
Auch **Sprichwörter** sind nicht wörtlich zu verstehen:
Man soll den Tag nicht vor dem Abend loben.
(Man soll etwas nicht beurteilen, ehe es zu Ende ist.)

TIPP

Redewendungen wirken oft treffend und besonders plastisch.
Achte aber darauf, dass du sie nicht windschief verwendest, d. h. leicht abweichend. Wenn du unsicher bist, verwende die normale Redeweise.

Hüte dich vor Bildbrüchen. Wenn eine Metapher auch wörtlich zu verstehen ist, können komische, aber auch ungewollte Wirkungen entstehen:
Ihr Getränkehandel ist ein Saftladen.
Unsere Maschinen hungern nach Ersatzteilen.
Der Zahn der Zeit kann Wunden heilen.

3.2.3 Bedeutungserklärung und Bedeutungsnuancen

DEFINITION UND BEISPIELE

Wörter stehen untereinander in mehr oder weniger engen Beziehungen. Wichtig sind folgende Verwandtschaften:
Ein Wort bedeutet fast das Gleiche wie ein anderes **(Synonymie).**
Ein Wort bezeichnet das Gegenteil eines anderen **(Antonymie).**
Ein Wort bezeichnet den **Oberbegriff** zu einem anderen.

Synonyme sind:
Fahrstuhl – Lift – Aufzug
Metzger – Fleischer – Beinhauer
schnell – eiligst – hurtig – dalli – rasch – presto
Samstag – Sonnabend
fast – beinahe
anfangen – beginnen – anheben
müde – erschöpft – schlapp – schlaff – abgespannt

Antonyme sind:

groß ↔ klein	dick ↔ dünn
hoch ↔ tief	hungrig ↔ satt
wahr ↔ falsch	richtig ↔ falsch
wahr ↔ unwahr	schön ↔ hässlich

Antonyme im weiteren Sinn sind:

Vater ↔ Mutter	Bruder ↔ Schwester
Hass ↔ Liebe	hungrig ↔ durstig
rot ↔ grün	anfangen ↔ aufhören
oben ↔ unten	

ZUSATZ

Nicht nur einzelne Wörter, auch längere Ausdrücke können synonym sein:
lärmen – Krach machen *höflich – wohlerzogen*
Die Bedeutungen von Synonymen sind fast nie ganz gleich, sie überlappen sich aber weitgehend:

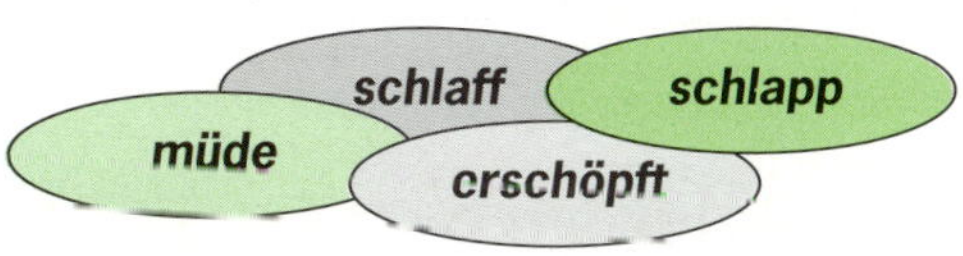

Synonyme unterscheiden sich oft darin, dass sie zu verschiedenen Sprachebenen (Sprachvarietäten) gehören.

FORMEN

Um die Bedeutung eines Worts zu erklären zeigen wir, wie es gebraucht wird.
Es gibt verschiedene Methoden der Worterklärung.

Man gibt an, wie der bezeichnete Gegenstand aussieht oder funktioniert:
Ein Kegel ist eine flaschenförmige Holzfigur, die aufrecht aufgestellt wird und beim Kegeln mit der Kugel umgeworfen wird.

Man gibt ein Synonym:
Gegenstand = Ding;
Konsens = Fremdwort für *Einverständnis*

Man gibt eine Definition:
Markt = Platz, wo Waren verkauft werden
Wort = kleinstes selbstständiges Sprachzeichen

Man zeigt, wie das Wort verwendet wird:
Von Job spricht man, wenn man eine Arbeit als vorübergehend kennzeichnen will oder wenn man salopp redet.

Blond sagt man nur von Haaren.

Bei Abkürzungen nennt man das ganze Wort:
TV = Turnverein oder *Television*

Bei Komposita erklärt man das Verhältnis der Teile und wenn nötig die Bedeutung der Teile:
Stadtmuseum = Museum in der Stadt
= Museum, das die Stadt trägt
= Museum zur Geschichte einer Stadt

3.2.4 Oberbegriff und Unterbegriff

DEFINITION

Ein **Oberbegriff** fasst mehrere Unterbegriffe zusammen:

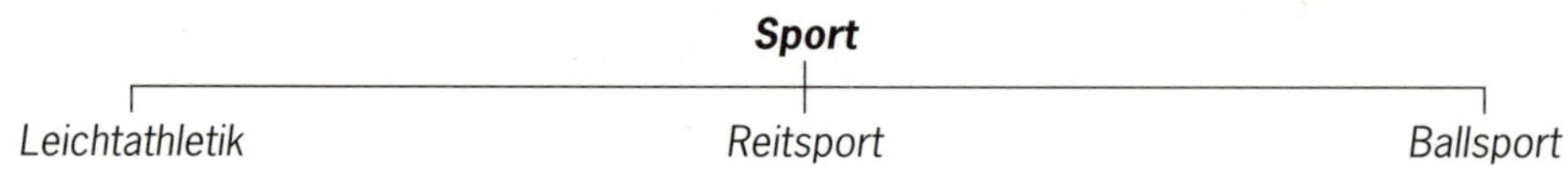

Der Oberbegriff ist allgemein, die Unterbegriffe sind spezieller. Will man einen Bereich einteilen, sucht man alle Unterbegriffe, die hineingehören. Die Unterbegriffe sollten aber auf einer Ebene liegen und sich alle sauber ausschließen. So bekommt man einen Begriffsbaum.

BEISPIEL

Man kann Begriffsbäume zu einer Begriffshierarchie zusammenfügen. Dann erhält man einen ausführlicheren Baum, der über mehrere Stufen geht.

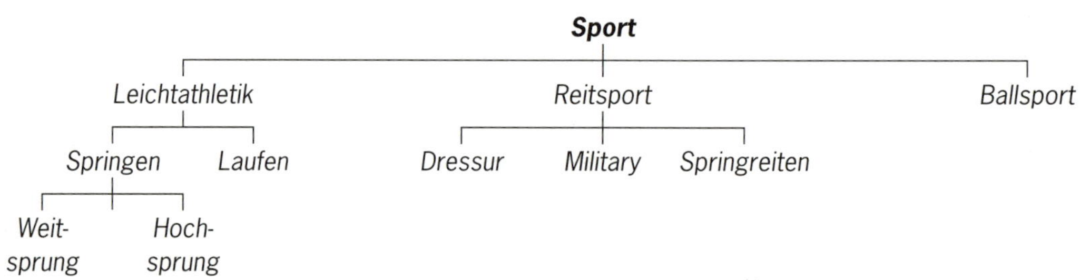

FUNKTION

Eine **Begriffshierarchie** ordnet einen Bereich der Welt. Darum sind Begriffshierarchien besonders wichtig in Fachsprachen. Die Fachwörter an den einzelnen Knoten müssen präzis gegeneinander abgegrenzt sein.
Aber es gibt oft mehrere Ordnungsmöglichkeiten. So könnte man die Sportarten auch danach ordnen, ob man sie allein oder in Mannschaften ausübt oder ob sie draußen oder in der Halle betrieben werden.

3.2.5 Bedeutungsmerkmale

DEFINITION UND BEISPIEL

Unterschiede und Ähnlichkeiten der Bedeutung beschreibt man mit **Bedeutungsmerkmalen.** So unterscheiden die Merkmale männlich ↔ weiblich eine lange Kette von Wörtern.

$$\frac{\textit{Mann}}{\textit{Frau}} \approx \frac{\textit{Vater}}{\textit{Mutter}} \approx \frac{\textit{Bruder}}{\textit{Schwester}} \quad \begin{array}{l}\textbf{männlich}\\ \textbf{weiblich}\end{array}$$

Manchmal kann man die Merkmale nicht so leicht ermitteln:

$$\frac{\textit{Mensch}}{\textit{Beine}} \approx \frac{\textit{Fisch}}{\textit{Flossen}} \approx \frac{\textit{Vogel}}{\textit{Flügel}} \approx \frac{\textit{Auto}}{\textit{Räder}} \approx \frac{\textbf{???}}{\textbf{???}}$$

FUNKTION

Die Merkmale bestimmen nicht nur Ketten von Gleichungen, sie können auch überordnen und unterordnen. Und sie zeigen den inneren Aufbau der Bedeutung:

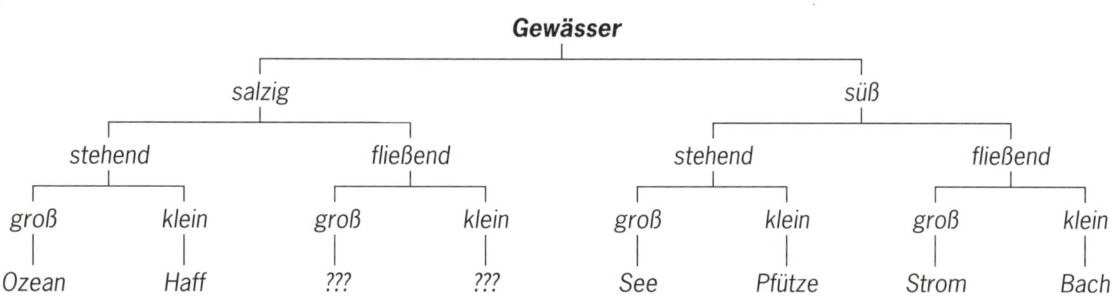

FORMEN

Bedeutungsmerkmale kann man in einer Tabelle zusammenstellen.

Verben der Fortbewegung

Verben **Merkmal**	*aufrecht*	*schnell*	*schwerfällig*	*würdig*	*bequem*	*mit kleinen Schritten*
gehen	+	±	±	±	±	±
kriechen	–	±	±	±	±	±
laufen	+	+	±	±	±	±
spazieren	+	±	±	±	+	±
trödeln	+	–	±	±	+	±
schreiten	+	±	±	+	±	±
stapfen	+	±	+	±	±	±
stolzieren	+	–	±	+	±	±
trippeln	+	+	±	±	±	+

3.2.6 Wortfeld

DEFINITION

Wörter mit verwandter Bedeutung bilden ein **Wortfeld.** Oft deckt ein Wortfeld einen ganzen Sinnbereich ab und wird auch nach ihm benannt. Alle Wörter eines Wortfelds haben die gleiche Wortart.

BEISPIEL

Ausschnitt aus dem Wortfeld „sagen"

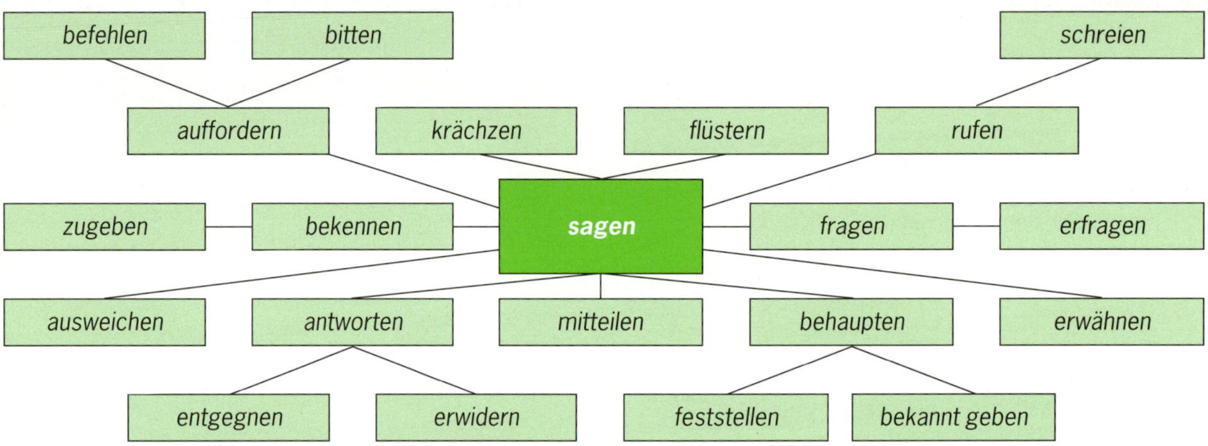

BEISPIEL

Manche Wortfelder sind einfacher. Man kann sie auf einer Linie anordnen.

Lineares Wortfeld

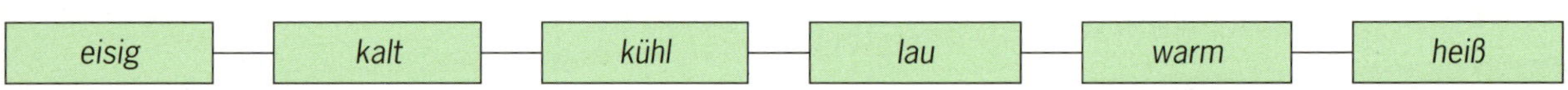

TIPP

Im Wortfeld finden wir viele eng verwandte Wörter. Jedes hat seine individuellen Eigenschaften. Wer das treffende Wort sucht, muss sich im Wortfeld auskennen. Wer sich z. B. im Wortfeld des Sagens gut auskennt, kann für die Einleitung der direkten und indirekten Rede das passende Verb auswählen. So schreibt man abwechslungsreicher und genauer.

3.2.7 Fremdwort, Lehnwort, Fachwort

DEFINITION UND BEISPIELE

Fremdwörter sind aus fremden Sprachen eingeführt und wirken noch fremd. Sie haben oft eine besondere Lautung und Schreibung. Manche sind schwer zu verstehen.

Griechisch:
System, Katastrophe, Parallele, Paragraph, Symbol

Lateinisch:
produktiv, Reaktion, Akkusativ

Englisch:
Handout, Teenager, Yuppie, Touch

Französisch:
Chauffeur, Niveau, Quartier, Korps

Es gibt aber auch Fremdwörter, die uns ganz vertraut sind:
Idee, Streik, Test, kaputt, total, cool, foul, Gitarre, Armee, Person, super, Papier, Klavier

DEFINITION UND BEISPIELE

Lehnwörter waren vor langer Zeit Fremdwörter. Sie sind gut eingepasst, haben keine auffälligen Lautfolgen mehr und wir erkennen oft nicht mehr, dass sie nicht ursprünglich deutsch sind.
Die meisten Lehnwörter stammen aus dem Lateinischen. Schon kurz nach Christi Geburt haben unsere germanischen Vorfahren von den Römern Wörter übernommen für Sachen, die ihnen neu waren:
Wein (lat. vinum), *Kelch* (lat. calix), *Pfeil* (lat. pilum), *Drache* (lat. draco), *Straße* (lat. strata), *Ziegel* (lat. tegula), *Fenster* (lat. fenestra)

Später kamen christliche Wörter und vor allem Wörter aus dem Schulbereich:
schreiben (lat. scribere), *Schule* (lat. schola), *Tinte* (lat. tincta), *Tafel* (lat. tabula), *Brief* (lat. breve), *Stil* (lat. stilus); *Kapelle* (lat. capella), *Teufel* (lat. diabolus), *opfern* (lat. operari); *Rose* (lat. rosa), *Kohl* (lat. caulis), *impfen* (lat. imputare)
Später sind Übernahmen nicht mehr lautlich eingedeutscht worden. Ihnen merkt man die fremde Herkunft an, sei es an der Aussprache: *Repertoire,* sei es an der Schreibung: *Physik.*

DEFINITION UND BEISPIELE

Fachwörter (auch **Termini;** Singular: Terminus) sind Wörter, die in Fachsprachen gebräuchlich sind. Sie sind meist genau definiert und nur für Fachleute verständlich.
Jura: *Einspruch, Revision, Delikt, Kronzeuge, Verteidigung, Prozess*
Politik: *Qualifizierte Mehrheit, Verhältniswahl, Joint Venture, Asyl, Partei, Quote, Entsorgung, Protestnote*
Elektronik: *Modem, Display, Main Frame, Bit, Byte*
Medizin: *Katarrh, Prostata, Karzinom, Influenza, Verstauchung, Luxation*
Wirtschaft: *Personalabbau, Konjunktur, stabil, Dumping, Umsatz, Kartell*
Musik: *Oktave, E-Dur, Sextett*
Technik: *Drehzahl, galvanisieren*

TIPP

Die **Definition** eines **Fachworts** wird so gegeben:
1. Angeben eines Oberbegriffs X
2. Angeben eines unterscheidenden Merkmals Y:
   Ein A ist ein X, das Y ist.
   Der Service ist ein Schlag (Oberbegriff), *mit dem man den Ball ins Spiel bringt* (unterscheidendes Merkmal).
   Eine Primzahl ist eine Zahl (Oberbegriff), *die nur durch 1 und sich selbst teilbar ist* (unterscheidendes Merkmal).

Oft ist die Definition aber schwieriger.

Abseits ist die Stellung eines Spielers im Fußball (Oberbegriff), *die sich ergibt, wenn im Moment der Ballabgabe zwischen einem Angreifer und der gegnerischen Torlinie weniger als zwei Gegner stehen* (Unterbegriff) *und folgende Zusatzbedingungen gelten:*
- *Der Ball kommt nicht vom Gegner.*
- *Der Spieler ist nicht in der eigenen Spielhälfte.*
- *Der Spieler greift ins Spiel ein.*
- *Es handelt sich nicht um einen Eckstoß, einen Einwurf oder einen Schiedsrichterball.*

3.2.8 Sprachgeschichte

ÜBERBLICK: VORZEIT

Jede Sprache hat eine Geschichte und Verwandte. Das Deutsche ist eine germanische Sprache wie das Englische, das Schwedische, das Dänische und einige andere. Aber es hat auch noch ältere Verwandte, weil das Germanische nur eine der sogenannten indoeuropäischen oder indogermanischen Sprachen ist. Zu dieser großen Familie gehören auch das Lateinische (und alle, die von ihm abstammen), das Griechische, das Keltische und viele alte Sprachen.

Aus dieser Zeit lange vor Christi Geburt sind uns viele Wörter überkommen, sog. **Erbwörter.** Sie haben aber ihre Lautform im Lauf der Jahrhunderte verändert.
Landwirtschaft: *Vieh, Rind, Kuh, bauen, säen, Acker, Feld, Furche*
Bäume: *Erle, Buche, Birke*
Werkzeuge und entsprechende Tätigkeiten: *Beil, Zange, Nagel, Ahle, mahlen, weben*
Verwandtschaft: *Mutter, Vater, Tochter, Sohn, Nichte*

ÜBERBLICK: RÖMISCHE ZEIT

Die verschiedenen germanischen Stämme hatten Kontakte zu ihren Nachbarn, besonders zu den Römern. Die Römer waren den Germanen in vielem überlegen, sie hatten weite Gebiete des heutigen Deutschlands erobert. Im Westen, an Mosel und Rhein, gründeten sie blühende Orte wie Mainz, Köln, Trier, mit Tempeln, Amphitheatern, Bädern, Wasserleitungen. Diese Städte waren Mittelpunkte römischer Macht, aber auch regen Handels. Dabei gingen nicht nur Waren und Gefangene hin und her, sondern auch Wörter. Die Römer übernahmen einige germanische Wörter, aber mehr profitierten die Germanen.

Besonders waren sie beeindruckt vom römischen Kriegsgerät. Dem Wurfspeer der Römer, dem *pilum* (Pfeil), hatten die Germanen lange nichts entgegenzusetzen. Schrecklich war den Germanen das römische Feldzeichen, der riesenhafte Schlangenleib mit aufgesperrtem Rachen, den die Römer *draco* nannten.
Aber nicht nur die römische Kriegskultur beeinflusste die Germanen. Auch der Wein *(vinum)* mit allem Drumherum hinterließ seine Spuren. Man trank ihn aus Kelchen oder Bechern und oft war er so stark, dass man ihn erst mit Wasser mischen musste.

BEISPIELE

Frühe Lehnwörter aus dem Lateinischen

Krieg

lateinisch	althochdeutsch	neuhochdeutsch
pilum	*pfil*	*Pfeil*
draco	*trahho*	*Drachen*
campus	*champf*	*Kampf*
strata	*strassa*	*Straße*
vallum	*wal*	*Wall*

Hausbau

lateinisch	althochdeutsch	neuhochdeutsch
tegula	*ziagal*	*Ziegel*
fenestra	*fenstar*	*Fenster*
calcem	*kalch*	*Kalk*
mortarium	*mortar*	*Mörtel*
tunica	*tunihha*	*Tünche*

Wein und Handel

lateinisch	althochdeutsch	neuhochdeutsch
vinum	*win*	*Wein*
mostum	*most*	*Most*
bicarium	*behhari*	*Becher*
calix	*kelich*	*Kelch*
miscere	*miskan*	*mischen*
imputare	*impfon*	*impfen*
pondo	*pfunt*	*Pfund*
moneta	*munizza*	*Münze*
mercatus	*markat*	*Markt*
saccus	*sac*	*Sack*
cista	*kista*	*Kiste*

BEISPIELE

Spätere Lehnwörter aus dem Lateinischen

Eine zweite Phase der Wortübernahme begann im 8. Jahrhundert. Jetzt wurden Wörter aus dem Buchlatein und dem Christentum übernommen.

Schule

lateinisch	althochdeutsch	neuhochdeutsch
schola	*scuola*	*Schule*
breve	*briaf*	*Brief*
tincta	*tincte*	*Tinte*
tabula	*taval*	*Tafel*
clocca	*glocca*	*Glocke*
diabolus	*tiufal*	*Teufel*
claustrum	*klostar*	*Kloster*

Kirche

lateinisch	althochdeutsch	neuhochdeutsch
capella	*kapella*	*Kapelle*
predicare	*bredigon*	*predigen*
operari	*opfaron*	*opfern*
tractare	*trahton*	*trachten*
scribere	*scriban*	*schreiben*

Mit dem Weltreich der Römer wurde die lateinische Sprache so verbreitet, dass sie bis ins 18. Jahrhundert die gesamte gelehrte Welt beherrschte. So kamen weitere lateinische Wörter im 16. Jahrhundert nach Deutschland, vor allen Dingen gelehrte Wörter wie *Doktor, Kapitel, Tinktur, Manuskript, Takt, Note, Kolleg, diskutieren, operieren, demonstrieren, reparieren, protestieren, traktieren.*

BEISPIEL

Natürlich entwickelte sich auch die deutsche Sprache. Das deutsche Wort *Frau* sah in verschiedenen Epochen so aus:

indogermanisch ***prouan***

- germanisch *fraujan*
  - gotisch *frauja*
  - altsächsisch *froio*
  - altnordisch *Freyja*
  - althochdeutsch *frouwe*
    - mittelhochdeutsch *vrouwe* Herrin
- altindisch *purvah* der Frühere, der Erste
- lateinisch *primus*

Das althochdeutsche *fro*, ‚Herr', ist bei uns früh ausgestorben. Es gibt aber noch Überreste, etwa in *Fronleichnam*, ‚Leichnam des Herrn', oder *Frondienst*.
Freyja ist der Name einer nordischen Göttin. Er ist erhalten in *Freitag*.

BEDEUTUNGSWANDEL

Nicht nur die Lautung der Wörter änderte sich, sondern auch ihre Bedeutung.
Das Wortfeld „Frau“

Mittelhochdeutsch:
wîp

- **sozial** (hoch stehend)
  - verheiratet: *vrouwe*
  - unverheiratet: *jungvrouwe*, *vrouwelin*
- **juristisch** (Ehe)
  - *hûsvrouwe*, *wirtin*
  - *lone* (veraltet)
- **biologisch** (weiblich)
  - verheiratet: *wîp*
  - unverheiratet / jung: *maget*
- jung: *dame*
- *diu* (veraltet)

Neuhochdeutsch:
Frau

- **juristisch** (Ehe)
  - *Ehefrau*, *Gattin*
- **biologisch** (weiblich)
  - unverheiratet: *Fräulein*
  - unberührt: *Jungfrau*
  - jung: *Mädchen*
  - niederer Stil: *Weib*
- **funktionell** (Dienerin)
  - *Magd*

NEUHOCHDEUTSCH

Für die Entstehung der heutigen deutschen Standardsprache waren Martin Luther und seine Bibelübersetzung im 16. Jahrhundert ausschlaggebend. Damals gab es in Deutschland viele regionale Schreibsprachen und Dialekte, insbesondere Niederdeutsch und Oberdeutsch. Die weite Verbreitung der Lutherbibel schuf hier einen Ausgleich. Gegen die oberdeutschen Wörter haben sich Luthers Varianten in vielen Fällen durchgesetzt.

Hügel – Bühl   *Kahn – Nachen*   *Ufer – Gestade*
Ziege – Geiß   *Lippe – Lefze*   *beben – bidmen*
warte – beiten   *klein – lützel*

Außerdem hat Luther viele Wörter und Ausdrücke neu gebildet: *Denkzettel, Lückenbüßer, Mördergrube, Herzenslust, Luftverpestung, Luftvergiftung, Stückwerk, Kleingläubiger, wetterwendisch; sein Scherflein beitragen, mit seinem Pfunde wuchern*

KLEINGEDRUCKTES

Im Lauf der Zeit hat das Deutsche noch viele weitere Lehnwörter aufgenommen.
Französisch: *Tanz, Lanze, Bombe, Tante, Onkel, Sorte, Soße, Mode, Parkett, Hotel*
Italienisch: *Bank, Bilanz, netto, Kasse, Kredit, Lack, Post, Skat, Salat, Granate*
Slawisch: *Grenze, Quark, Gurke, Peitsche, Bemme, Groschen, Düse, Jause*

3.2.9 Personennamen

DEFINITION

Namen sind Nomen/Substantive, die einzelne Individuen benennen. In unserer Kultur hat jeder Mensch wenigstens zwei Namen: einen Vornamen (oder mehrere) und einen Familiennamen. Der Vorname wird von den Eltern gegeben; der Familienname wird sozusagen vererbt. Bei der Heirat kann ein neuer Familienname angenommen werden.

FORM UND BEDEUTUNG

Die meisten der üblichen Vornamen gehen auf germanische Namen zurück. Im Germanischen wurden sie aus normalen Wörtern gebildet und hatten einen bestimmten Sinn. Bestandteile, die wir auch heute noch erkennen können, hatten etwa folgende Bedeutung:

Adal- Besitztum	*Ber(n)-* Bär	*Diet-* Volk
Fried- Friede	*Ger-* Wurfspieß	*Her-* Heer
Hild- Kampf	*Lud-* berühmt	*Sig-* Sieg
Wolf- Wolf		

-bald kühn	*-bert* glänzend, berühmt	
-brecht glänzend	*-gard* Zauber	*-gund* Kampf
-har Heer	*-hard* hart	*-hilt* Kampf
-hold Mut	*-lind* Zauber	*-mar* berühmt
-mut Mut	*-ot* Besitz(tum)	*-rich* Herrscher
-run Zauber	*-trud* Kraft	

Mit diesen Bestandteilen kommt man auf die ursprüngliche Bedeutung von Namen wie *Adalbert, Sigmar, Dietrich, Otmar, Hildegard, Bernhard, Herbert, Gerhild.* Viele Vornamen gibt es in mehreren Varianten: *Hans, Hannes, Hennes, Johann, Jan, John* sind alles Formen des Namens *Johannes*. Mehrere Varianten gibt es auch zu den Namen *Elisabeth, Georg, Gertrud, Jakob.* Zu vielen Namen gibt es Kurzformen: *Bert, Doris, Franz, Fritz, Grete, Heinz, Lena, Tina, Toni.*

BEISPIELE

Viele Vornamen stammen aus der Bibel oder der biblischen Geschichte. Sie sind hebräischen, griechischen oder lateinischen Ursprungs.

hebräisch:

Adam	Mann aus der Erde
Anna	Gnade, Anmut
David	Liebling
Elisabeth	Gott hat geschworen
Eva	Leben
Gabriel	Gott ist Held
Joachim	den Gott erstehen lässt
Johannes	Gott ist gnädig
Judith	Frau aus Juda
Maria	die Herbe
Martha	Herrin
Michael	wer ist wie Gott
Susanna	Lilie
Thomas	Zwilling

griechisch:

Alexander	der wehrhafte Mann
Andreas	der Mannhafte
Barbara	die Fremde
Dorothea/Doris	Gottesgeschenk
Eugen	der Edelgeborene
Georg	Bauer
Helene	die Leuchtende
Irene	Friede
Katharina	die Reine
Margarete	Perle
Nikolaus/Klaus	Volkssieger
Petrus/Peter	Fels
Sophia	Weisheit
Theo(phil)	Gottesfreund

lateinisch:

Amadeus	ihn liebt Gott
August(us)	der Erhabene
Beate/Beatrix	die Beglückerin
Christian	der Christliche
Felix	der Glückliche
Konstanze	Beständigkeit
Laura	Lorbeer
Leo	Löwe
Martin	der Kriegerische
Paul	der Kleine, Geringe
Rosa	Rose
Ursula	kleine Bärin
Verena	die Zurückhaltende
Viktor	der Sieger

Auch in neuerer Zeit wurden Vornamen aus anderen Sprachen übernommen:

Spanisch:	*Carmen, Anita; Carlos*	**Nordisch:**	*Karin, Birgit; Sven*
Französisch:	*Nicole, René; André*	**Slawisch:**	*Jana, Tanja; Boris*
Englisch:	*Jessica; Mike, Kevin*	**Italienisch:**	*Mario, Marco; Elena*

3.2.10 Namen

ÜBERBLICK

Namen
- Personennamen
  - Vornamen
  - Nachnamen
  - Spitznamen
- Tiernamen
- Geografische Namen
  - Gewässernamen
    - Flussnamen
    - Seenamen
  - Ortsnamen
  - Ländernamen

ENTSTEHUNG

Familiennamen sind als Zusätze zu Vornamen entstanden. Als im Mittelalter die Orte größer wurden, gab es viele Menschen mit gleichem Vornamen. Daher brauchte man zur Unterscheidung Zusätze zu den Vornamen:
- Die Verwaltung brauchte eindeutige Namen für die Steuerlisten, Einwohnerlisten, Taufverzeichnisse.
- Der Familienname kennzeichnete die Verwandtschaft. Damit wurden Erb- und Besitzansprüche deutlich gemacht.

FORMEN

Zu den Familiennamen gibt es oft Varianten und eine Geschichte: *Meier*, auch *Meyer, Mayer, Maier, Mair, Mayr, Meyr*, stammt vom lateinischen *major*, der Größere, der Ältere' und bezeichnete den Verwalter eines Guts *(Meierei)*.
Dieser Verwalter übte auch die niedere Gerichtsbarkeit aus. Da es bei jedem Meierhof einen Meier gab, wurde der Name sehr gebräuchlich. Zur Unterscheidung verwendete man dann Zusätze: *Steinmayer, Falkenmeyer, Obermeir, Niedermayer, Ostermeier* (hat nichts mit Ostern zu tun!).

BEISPIELE: HÄUFIGE FAMILIENNAMEN

Herkunftsbereiche

Familienname nach Beruf

Müller	*Schmitt*
Wagner	*Wehner*
Bäcker/Beck	*Pfister*
Schwinghammer	*Blechschmidt*
Bäuerle	*Scheuermann*
Bader	*Hoffmann*
Maier (Gutsverwalter)	
Richter	*Kaufmann*
Kuhlmann	*Nüssler*
Heringer	*Hefner* (Hafen=Topf)

Schulte/Schultheiß (Bürgermeister)
Lehmann (Lehensverwalter)
Bellmann (Ausrufer mit der Schelle)
Herold (Turnieraufseher)

Vorname des Vaters

Anderson	*Andresen*
Joachimsen	*Jansen*
Millowitsch	*Iwanowitsch*

Vorname

Adam	*Anders (Andreas)*
Albert	*Franz*
Ernst	*Heintz*
Jahn	

Ableitung von Vornamen

Wülfing	*Kuhnert*
Seppler	*Heintzmann*
Frenzel	*Kleinpaul*
Langhans	*Jäggle*

Herkunftsort

Furtwängler	*Frankfurter*
Mannheim	*Bremerich*
Gera	

Herkunft (für Zugereiste)

Niederländer	*Türk*
Deutsch	*Welsch*
Schwab	*Hess*
Westphal	*Beyer*
Pelzer	*Döring* (Thüringer)
Flemming	*Preiß*
Allgöwer	*Böhm*

Wohnstätte

Steinhaus	*Bächler*
Steinbrückner	*Zurbriggen*
Häusler	*Brockhaus*
Fichtel	*Birkner*
Zurlinde	*von der Tann*
Angermüller	*Aichmüller*
Eckmann	*Vogelweider*
Vorfelder	*Thalwiese*
Beiwinkel	*Freisewinkel*

BEISPIELE: ORTSNAMEN

Ortsnamen tragen Städte und Dörfer. Sie sind oft alt und sie haben in ihrer langen Geschichte ihre Gestalt so verändert, dass man den ursprünglichen Sinn nicht mehr versteht.

Auf lateinische Bezeichnungen gehen viele Ortsnamen im Westen zurück:

Koblenz → Confluentes ‚Zusammenfluss'
Köln → Colonia ‚Kolonie'
Trier → Treverum ‚(Ort) der Treverer'

In späterer Zeit wurden Ortsnamen mit Suffixen gebildet. Manche dieser Suffixe sind für uns nicht mehr verständlich:

*Eisen**ach***	*Wei**mar***	*Berl**in***	*Leip**zig***
*Gos**lar***	*Pank**ow***	*Chemn**itz***	*Cott**bus***

Ursprünglich hatten sie aber Bedeutung. So deuten *-ach*, *-mar* und *-itz* auf Wasser hin, *-zig* auf eine Siedlung.

Andre Suffixe verstehen wir noch gut:

-heim	*-furt*	*-dorf/dorp/trup*
-wies(en)	*-bach/bek*	*-brunn/born*
-haus(en)/hus(en)		*-hof/hofen*
-stadt/stedt/statt/stetten		

KLEINGEDRUCKTES

Wer Familiennamenforschung betreibt, muss vorsichtig sein. Viele Familiennamen lassen mehrere Deutungen zu: *Franzmann* könnte Herkunftsbezeichnung sein, aber auch nach dem Vornamen *Franz; Gickler* kommt von *giggeln* und heißt Geiger oder aber Gaukler. Strecker kann der Folterknecht sein oder einer, der Stoffe streckt, oder der Stricker.

3.2.11 Sprachvarietäten

DEFINITION

Die deutsche Sprache ist kein einheitliches System. Sie lebt in vielen Formen und Spielarten, die man **Varietäten** nennt. Jede Varietät hat ihre eigene Existenzberechtigung und ihre eigene Funktion. Im Zentrum steht die Standardsprache. Um sie ranken sich andere Varietäten.

ÜBERBLICK

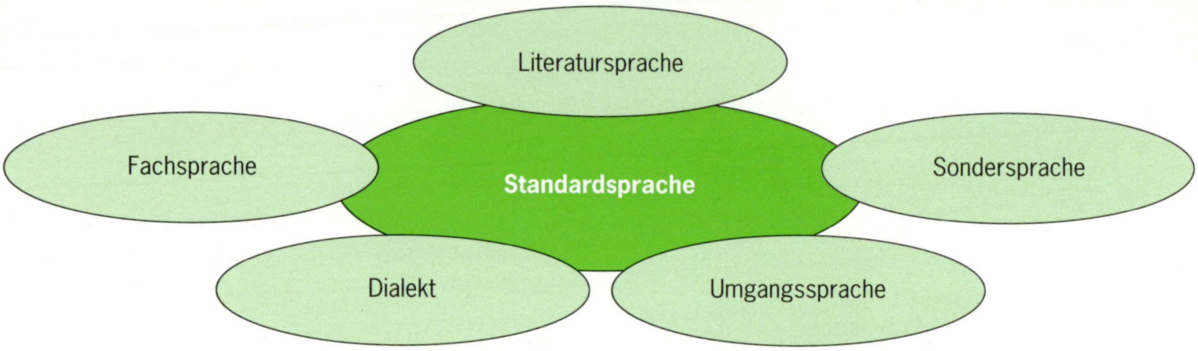

DEFINTION

Standardsprache
Die Standardsprache ist die Sprachform, die für das gesamte Sprachgebiet gilt. Sie ist wesentlich Schriftsprache, wird aber auch gesprochen. Die deutsche Standardsprache hat sich in Jahrhunderten entwickelt. Sie ist heute recht streng geregelt, durch Normen bestimmt und begrenzt.
Daran haben viele Gelehrte mitgewirkt. Sie haben Regeln aufgestellt nach den Vorbildern anerkannter Schriftsteller (z. B. Martin Luther) und nach ihrem Sprachgefühl. Die Regeln wurden in Lehrbüchern festgehalten und in der Schule gelehrt. Trotzdem verändert sich die Sprache noch langsam und unmerklich.
In Standardsprache ist fast die gesamte deutsche Literatur abgefasst. Auch im öffentlichen Sprachgebrauch wird sie verlangt; sie dient der überregionalen Verständigung.

Sondersprache
Sondersprachen entstehen in sozialen Gruppen, etwa bei Jägern oder Soldaten. Sie sind geprägt durch Kommunikationsgewohnheiten. Eine wichtige Sondersprache ist die **Jugendsprache,** die sich von überkommenen Gewohnheiten und von der Erwachsenensprache absetzt.

Umgangssprache
Die Umgangssprache ist die Sprachform, die wir im täglichen Umgang sprechen. Im Gegensatz zur Standardsprache ist sie vorwiegend gesprochene Sprache. Sie kommt aber auch in der Literatur öfter vor. Schriftsteller schreiben Umgangssprache, wenn sie Personen natürlich reden lassen.
In der Umgangssprache ist manches erlaubt, was in der Standardsprache nicht als korrekt gilt. Man verwendet
- Kurzformen: *rauf, nix*
- Verschleifungen: *Wir ham; das isn Ding*

Beim Schreiben muss man die orthografisch festgelegte Form der Standardsprache verwenden.
Auch im Wortschatz gibt es Unterschiede:
Karre, Schlitten, Kiste für *Auto, Wagen;*
Knete, Mäuse für *Geld, finanzielle Mittel*

Umgangssprache	**Standardsprache**
eine zune Tür	*eine geschlossene Tür*
dem seine Kappe	*dessen Kappe*
dem Fritz seine Kappe	*Fritzens Kappe*
Für was bist du?	*Wofür bist du?*
größer wie	*größer als*
wegen dem Auto	*wegen des Autos*
wegen euch	*euretwegen*
R. hatte Sauwut.	*R. hatte großen Zorn.*

DEFINITION

Literatursprache
Die Literatursprache wird in literarischen Werken verwendet. Sie ist eigentlich keine besondere Sprache und sie hat auch keine besonderen Wörter. Sie unterscheidet sich von der Standardsprache vor allem dadurch, dass sie die sprachliche Routine aufbricht: Sie verwendet ein Wort etwas anders (Abweichung, Metapher usw.) und sie verwendet öfter Stilfiguren.
Auch Abweichungen von der Norm sind nicht selten um besondere Effekte zu erzielen:
Die Welt erkaltete, der Mensch verblich.

Dialekt
Ein Dialekt ist die Sprachform, die in einem bestimmten Sprachgebiet, also nur in einer begrenzten Gegend, gesprochen wird. Dialekte werden kaum geschrieben, sie sind mehr dem informellen Umgang vorbehalten. Allerdings schreiben manche Dichter im Dialekt und drücken damit ihre Verbundenheit mit der Heimat aus.
Dialektsprecher sprechen nicht falsch oder unregelmäßig. Im Dialekt ist alles genauso systematisch und geregelt wie in der Standardsprache, nur eben etwas anders.

Fachsprache
Eine Fachsprache ist die Sprachform, die Fachleute sprechen, wenn sie über Fragen und Gegenstände ihres Fachs reden. Es gibt Fachsprachen für die verschiedensten Bereiche wie Mode, Musik, Finanzen.
Sport: *Foul, Staffel, Aus, Disziplin, Bodycheck, Turnier*
Verwaltung: *zwecks, anlässlich, betreffs, seitens, anmieten, Landschaftsverbrauch, Geruchsbelästigung, Ernährungssektor, in Fortfall kommen, auf der Grundlage von, gegebenenfalls, Versorgungsurheber, Verkehrsberuhigung*
Computer: *Datenverarbeitung, EDV, Hardware, Software, Programm, Bit, Diskette, Textverarbeitung, Modul, Chip*
Medizin: *Krebsmortalität, Krankheitsbild, Fraktur, kontaminiert, Zyste, Gewebe, Organ, kanzerogen*
andere Wissenschaften: *Vegetation, Artenvielfalt, Erosion, Emission, Greifvogel, Neutron, Halbwertzeit, Synonym, Konnotation*
Die Fachsprache soll adäquat (angemessen) und präzis (genau) sein. Sie enthält genau definierte Wörter: Termini (Singular: Terminus) oder Fachwörter.

ÜBERBLICK

Deutsche Dialekte

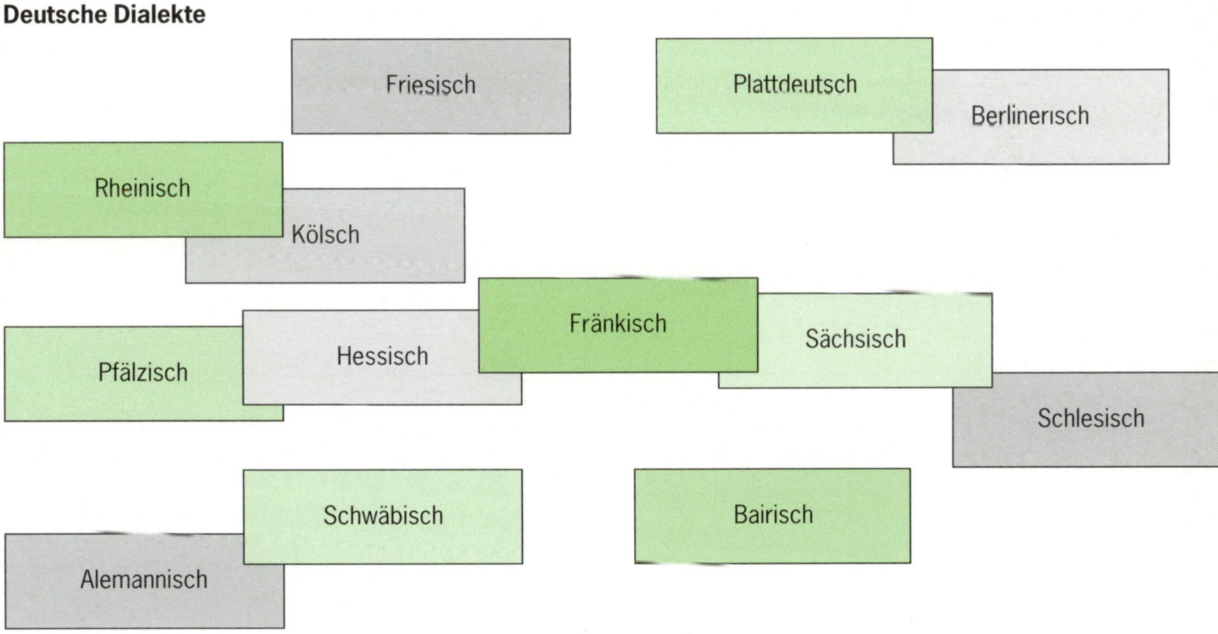

3.2.12 Wörterbücher

DEFINITION UND BEISPIELE

Ein **Wörterbuch** liefert uns Informationen über Wörter: ihre Schreibung, Bedeutung, Verwendung, Herkunft.
Ein **Lexikon** dagegen enthält Informationen über Personen, Erscheinungen und Ereignisse der Welt.
Die meisten Wörterbücher sind nach Stichwörtern alphabetisch geordnet. So hat jedes Wort seinen ganz bestimmten Platz, damit wir es als **Stichwort** leicht finden können.
Das Stichwort ist meistens fett gedruckt. Ein Bindestrich vertritt es oft im Wörterbuchartikel. Bedeutungsangaben stehen oft in (einfachen) Anführungszeichen; Verwendungsbeispiele für das Wort werden meistens kursiv gedruckt. Außerdem gibt es viele Abkürzungen und Symbole in Wörterbüchern. Sie sind in den Hinweisen zur Benutzung erklärt.

Rechtschreibwörterbücher wollen zeigen, wie ein Wort geschrieben wird. Sie nennen auch das Genus, zeigen den Kasus und die Pluralbildung und bringen wichtige Ableitungen.

> ***Ohnmacht,*** *die; -, -en;* ***ohnmächtig***
> ***oh; oho***
> ***Ohr,*** *das; -(e)s, -en;* ***Öhrchen***
> ***Öhr,*** *das; -(e)s, -e*

Bedeutungswörterbücher geben die Bedeutung an und illustrieren den Gebrauch der Wörter.

> ***ohnmächtig*** (Adj.)
> *1. „vorübergehend, für eine kurze Zeit ohne Bewusstsein": Die einen wurden ohnmächtig, die andern schrien panisch um Hilfe.*
> *2. „ohne Macht, machtlos": Die Verteidiger sahen dem Torjäger ohnmächtig zu.*

Synonymenwörterbücher enthalten Synonyme für ein Wort und sie zeigen, wie die einzelnen Wörter gebraucht werden, die Ähnlichkeiten und die Unterschiede.

> ***ohnmächtig***
> *„vorübergehend ohne Bewusstsein, oft durch einen körperlichen Schwächeanfall":*
> *Der Boxer ging ohnmächtig zu Boden.*
> ***bewusstlos***
> *„ohne Bewusstsein, oft für längere Zeit oder besonders tief":*
> *Starr und bewusstlos lag er in seinem Bett.*
> ***weggetreten***
> *„für kürzere Zeit ohne Bewusstsein oder ohne klare Überlegung":*
> *Du warst wohl geistig weggetreten?*
> ***besinnungslos***
> *„ohne Bewusstsein, auch aus psychischen Ursachen":*
> *Besinnungslos vor Zorn schaute er zu.*
> *Sie war für kurze Zeit besinnungslos.*

Fremdwörterbücher geben die Bedeutung und die Schreibung von Fremdwörtern an.

> ***Narkose*** (griech.)
> *medizinischer Terminus*
> *„Betäubung"*
> ***Koma*** (griech. ‚tiefer Schlaf')
> *medizinischer Terminus*
> *„tiefe Bewusstlosigkeit, die von außen nicht beeinflusst werden kann"*

TIPP

Abkürzungen und Symbole nicht einfach überlesen; sie sind wichtig.
Also in den Erklärungen nachschauen.

3.3 Grundlagen der Rechtschreibung

DEFINITION UND BEISPIELE

Die deutsche Rechtschreibung ist gut geregelt. Sie folgt einigen allgemeinen **Prinzipien.**

Das Lautprinzip
Es besagt, dass die Wörter im Großen und Ganzen so geschrieben werden, wie man sie spricht.
Darum genau auf die Aussprache achten!
Sprich dir ein schwieriges Wort auch mal innerlich vor.
Schwierig wird es, wenn Laute und Buchstaben nicht eindeutig zugeordnet sind.

Das Stammprinzip
Es besagt, dass der gleiche Wortstamm in verschiedenen Wörtern oder auch Wortformen gleich geschrieben wird. Ein Wortstamm mit Doppelkonsonant bleibt darum normalerweise in allen Wortformen und Zusammensetzungen erhalten:
Mann – männlich – Tormann

halte von *halten*	*hallte* von *hallen*
harte von *hart*	*harrte* von *harren*

Darum Verwandte suchen!

Wald steckt in *Wälder*	*Raub* steckt in *Räuber*
rennen nicht in *Rentier*	*Mann* nicht in *niemand*

Das Differenzprinzip
Oft werden Wörter, die eigentlich gleich lauten, verschieden geschrieben, damit man sie beim Lesen besser unterscheiden kann.
Darum auf Wortpaare achten!

fetter ↔ *Vetter*	*Laib* ↔ *Leib*
Moor ↔ *Mohr*	*viel* ↔ *fiel*
Stiel ↔ *Stil*	*Mann* ↔ *man*
Wal ↔ *Wahl*	*Namen* ↔ *nahmen*
Wagen ↔ *Waagen*	

Auch ähnlich klingende Wörter werden in der Schreibung differenziert:

in ↔ *ihn*	*irr* ↔ *ihr*

Laut und Schreibung

langes *a*	**a:**	*kamen, waren, aber*
	ah:	*fahren, wahr, bejahen*
	aa:	*Saal, Staat, Paar, Haar*
langes *e*	**e:**	*dem, denen, Weg, er*
	eh:	*sehen, gehen, mehr, sehr*
	ee:	*Meer, Kaffee, Schnee, Idee*
langes *i*	**i:**	*Ski, Familie, prima*
	ie:	*Spiel, hier, kriegen, Knie*
	ih:	*ihm, ihnen, ihr*
	ieh:	*sieht, empfiehlt, Beziehung*
langes *o*	**o:**	*groß, hoch, holen, Brot*
	oh:	*hohl, wohl, Wohnung, Ohr*
	oo:	*doof, Boot*
langes *u*	**u:**	*tun, gut, Schule, Blume*
	uh:	*Uhr, Huhn, Stuhl, Kuh*

TIPP

Oft gibt es Schwierigkeiten bei der Frage, was man zusammenschreibt und ob man ein Wort groß- oder kleinschreibt. Wer gut rechtschreiben will, sollte sich Wortbilder einprägen, sollte die wichtigen Regeln und Prinzipien beherrschen.
Es lohnt sich auch, häufige Wörter und häufige Fehler zu kennen.

Oft falsch geschrieben
dass, denn, kam, ihm, zu Hause, zu essen, dann, vielleicht, meist, ihn, lässt, hast, herein, auf einmal, viele Male, kriegen, wollte, musst, erwidern, zurückgeben, abends, vergaßen, entstehen, kaputt, irgendwas, nämlich, ließen, wusste, viel, interessant

3.3.1 Kurze Vokale und Schärfung

DEFINITION

Es gibt kurze und lange Vokale.
Kurz: *hast, retten, lästig, Würste, Ort, Wort, oft, musst, mästen*
Lang: *Rad, Räder, legen, drüben, rot, gut, daneben, Bude*

Kurzes *e* und *o* werden offen gesprochen.
Kurz und offen: *von, Ente, Kelle, trotz, Ernte*
Langes *e* und langes *o* werden geschlossen gesprochen.
Lang und geschlossen: *Los, Leder, Kehle, Ehre, Ohr*

BEISPIELE

Länge und Kürze unterscheiden oft verschiedene Wörter:

bieten ↔ bitten	*fühlen ↔ füllen*	*Heer ↔ Herr*	*her ↔ Herr*
Höhle ↔ Hölle	*Hüte ↔ Hütte*	*ihnen ↔ innen*	*ihnen ↔ innen*
Kehle ↔ Kelle	*lahm ↔ Lamm*	*Miete ↔ Mitte*	*Ofen ↔ offen*
Schafe ↔ schaffe	*Scharen ↔ scharren*	*Sohlen ↔ sollen*	*Staat ↔ Stadt*
Stahl ↔ Stall	*Star ↔ starr*	*stehlen ↔ stellen*	*Strafe ↔ straffe*
wen ↔ wenn	*wir ↔ wirr*		

KÜRZUNGSREGELN IN KURZFORM

1. Oft wird die Kürze eines Vokals in der Schrift nicht gekennzeichnet.
2. Folgen dem kurzen Vokal zwei verschiedene Konsonanten, so wird die Kürze nicht extra gekennzeichnet.
3. Folgt dem kurzen Vokal nur ein Konsonant, wird er meistens doppelt geschrieben.
4. Zur Unterscheidung von ähnlichen Wörtern mit langem Vokal wird die Kürze durch Verdoppelung gekennzeichnet.

REGELN

Kurze Vokale können einfach mit dem Vokalbuchstaben geschrieben werden:
Einsilbige Wörter: *um, in, ob, ab, es*
Unbetonte Silbe: *tanz**en**, Reis**ig***
In häufigen Kurzwörtern schreiben wir meistens nur einen Konsonanten nach kurzem Vokal:
von, weg, das, mit, ob, bis, was, bin, hin, ran, hat, und, ist (aber: *isst)*
Bei betonten kurzen Vokalen verdoppeln wir in der Schrift den nachfolgenden Konsonanten um die Kürze zu kennzeichnen:
Gramm, Schrott, Stelle, still, Henne, voll, Stimme, Kamm

Betonte Vokale vor zwei oder mehr verschiedenen Konsonanten werden immer kurz gesprochen. Deshalb wird kein Konsonant doppelt geschrieben:
Arbeit, Dank, bremsen, Birne, kurz, Strumpf, Rind, Karte, gern, günstig, sonst, Farbe, Sekt, Blinker, Ende, stopfen, Tante, rüsten, Körper, Luft
tz und *ck* gelten als verdoppelte Konsonanten; sie kennzeichnen den Vokal davor als kurz:
Katze, Tatze, trotz, Mütze, jetzt, plötzlich, Hocke, zwicken, drücken, hacken, Ecke, Zucker, Rücken, Zweck, Glück
Nach *l, m, n, r* – das merke ja! – steht nie *tz* und nie *ck!*

AUSNAHMEN

Weil man den Stamm nicht verändern will, bleibt die Doppelschreibung auch dann erhalten, wenn noch ein Konsonant folgt:

kennen – du kennst – die Kenntnis
stoppen – er stoppt – das Stopplicht
hemmen – es hemmt – das Hemmnis
hacken – ihr hackt – Hackstück

Insbesondere gilt dies für Verbformen:

können – du kannst
bellen – er bellt

KLEINGEDRUCKTES

Fremdwörter haben oft doppelten Konsonanten:
Attentat, Attest, Quittung, Batterie; Etappe, Galopp; Kontrolle, eventuell, Appell, intelligent, Kapelle; aggressiv, Professor; Gitarre, Zigarre

Viele Fremdwörter bringen Doppelkonsonanten aus der Herkunftssprache mit:
Addition, Differenz, Aggression, Spaghetti, Symmetrie, Kommunismus, immun, Apparat, Appetit, Konkurrenz, Terror

Fremdwörter folgen in mancher Hinsicht deutschen Regeln, etwa bei *ck, tz, ss:*
Perücke, Matratze, Adresse/Adressbuch, Stress/stressig

In einigen schreiben wir *kk:*
Mokka, Makkaroni, Sakko, Akku

Nach kurzen Vokalen wird manchmal *zz*, meistens aber einfaches *z* geschrieben:
Pizza, Skizze, Razzia, Jazz;
Polizei, Medizin, sozial, produzieren

Ein Konsonant nach kurzem Vokal:
***An**anas, R**um**, K**am**erad, F**ig**ur, K**ap**itel, Hot**el**, Dat**um**, Publik**um**, P**on**y*

Oft steht einfaches *k* nach kurzem Vokal:
Sekunde, Rakete, Paket, Rekord, Detektiv, Rektor, Faktor, Doktor, elektrisch

Englische Wörter ohne Doppelkonsonant:
Hit, Jet, Club, Bus, Slip

Reihen mit gleichen Suffixen:
Zigarette – Toilette, Krawatte – Debatte, Skelett – violett

Wichtige Suffixe und Endungen:
-it:** Satell**it**, Appet**it**, Dynam**it
-ik:** Krit**ik**, Fabr**ik**, Polit**ik
-kt:** Proje**kt**, Diale**kt**, Inse**kt**, Konta**kt**, abstra**kt**, Konfli**kt

TIPP

Im Zweifel die Verlängerungsprobe machen. Dann erkennt man, warum der Konsonant verdoppelt ist.
dürre also *dürr* *dümmer* also *dumm* *alle* also *all* *glatter* also *glatt*

In zusammengesetzten Wörtern treffen manchmal drei gleiche Konsonanten zusammen. Diese drei Konsonanten werden immer alle geschrieben.
Balletttruppe, Auspuffflamme, Brennnessel

Zur Verdeutlichung kann man auch einen Bindestrich setzen:
Schiff-Fahrt, Imbiss-Stube

3.3.2 Lange Vokale und Dehnung

ÜBERBLICK

Ein langer Vokal wird oft nur mit dem einfachen Buchstaben geschrieben:
Walfisch, nun, Hüte, klar, Los, Wagen, wider (= gegen), *seltsam, prüfen, Raten, leben, laden, holen, Puder, lösen, Gemüse, legen, Segen, mögen*
Die Diphthonge (Zwielaute) *ei, ai, eu, äu, au* sind immer lang, sie brauchen kein Dehnungszeichen:
Reise, Mais, heute, Häute, Haut, Preis

Unbetonte Vokale und häufige Kurzwörter haben selten Dehnungszeichen:
der, dem, den, denen, zu, über, er, wir, wen, so, aber, war, gegen, oder

DEHNUNGSREGELN IN KURZFORM

1. Oft wird die Länge eines Vokals nicht gekennzeichnet.
2. Wenn dem Stammvokal nur ein *b, d, g, k* oder *p* folgt, wird die Länge meist nicht gekennzeichnet.
3. In einsilbigen Wörtern steht meistens nur der einfache Vokal.
4. Als Dehnungszeichen gibt es:
   bei **langem *e*:** *eh* oder *ee*, bei **langem *o*:** *oh* oder *oo*, bei **langem *a*:** *ah* oder *aa*, bei **langem *i*:** *ih* oder *ie*, bei **langem *u*:** *uh*.

Dehnungszeichen sind nur eine Frage der Schreibung. Man hört sie nicht. Darum Wortbilder und Schreibregeln einprägen.

REGELN

Langer Vokal kann durch das Dehnungszeichen *h* gekennzeichnet werden. Das Dehnungs-*h* steht fast nur vor *l, m, n, r;* vor anderen Konsonanten selten:
Bahn, fahren, Hahn, nah, Rahmen, Stahl, wahr, Zahl, zahm, Zahn; Ähre, ähnlich, wählen, während; befehlen, mehr, Mehl, fehlen, Lehm, nehmen, dehnen, Ehre, sehr, zehn; ihr, ihnen; froh, ohne, Sohn, Stroh, Wohl, Lohn, Mohr, wohnen, Kohle; Höhle, gewöhnlich; Uhr, Huhn, Ruhe, Stuhl, Ruhm; Gewühl, blühen, führen, Mühe, früh, Bühne, fühlen

Die Suffixe *-sal, -sam, -bar* werden mit langem *a* gesprochen, aber ohne Dehnungszeichen geschrieben:
Trübsal, einsam, hörbar, Rinnsal, ratsam, Nachbar

Merkvers:
sam, sal, bar *und* ***tum*** *– Dehnungs-h, fall um!*

Ein langer Vokal kann bei *a, e, o* als Doppelbuchstabe geschrieben werden:
Aal, Aas, Saat, Paar, Haar, Staat, Saal, Saar, Maat; See, Heer, Meer, leer, Idee, Tee, Klee, Fee, scheel, Schnee, Seele, Beere, Kaffee; Moor, doof, Moos, Zoo, Boot

Umlaute werden nicht doppelt geschrieben:
Saal – Säle, Paar – Pärchen, Haar – Härchen, Boot – Bötchen

Langes *i* wird fast immer durch *ie* wiedergegeben.
die, sie, wie, diese, hier, viel, Krieg, Sieg, sieben, Spiel, Frieden, Dienstag, Ziel, Gebiet, Stiel, Miene, Lied, Fieber, marschieren, wieder (= zurück), *Mieter, liegen, lieb*
Langes *i* wird ganz selten durch *ih* wiedergegeben:
ihm, ihr, ihres, ihrem, ihn, ihnen
Als einziges Wort wird *Vieh* mit *ieh* für langes *i* geschrieben. In Wortformen kann *ieh* auch vorkommen:
fliehen, ziehen, geschieht, liehen, sieht, empfiehlt
Im Auslaut wird langes *i* immer durch *ie* wiedergegeben:
nie, Knie, sowie, schrie

In Wortfamilien erhalten wir den Stamm:
vier, Vier*tel,* ***Vier****beiner, zu* ***vier****t,* ***vier****mal,* ***vier****fach,* ***Vier****eck,* ***vier****tens,* ***vier****zig,* ***vier****zehn*
wieder und *wider* klingen zwar gleich, haben aber verschiedene Bedeutung und werden verschieden geschrieben:
wieder bedeutet ‚noch einmal, wiederum';
wider bedeutet ‚gegen, entgegen'.

Kleingedrucktes

In **Fremdwörtern** gibt es keine Dehnungszeichen:
Langes *a*: *Skala, Radio, Kommentar*
Langes *e*: *Magnet, Sirene, Theke*
Langes *i*: *Kamin, Krise, Satire*
Langes *o*: *Atom, Globus, tropisch*
Langes *ü*: *Tribüne, Kanüle, Etüde*
Langes *u*: *Minute, Kuvert, Kultur*

Suffixe zum Merken

*eg**al**, Materi**al**, Schokol**ade**, Fin**ale**, Probl**em**, Org**an**, Term**in**, stab**il**, Alkoh**ol**, Mot**or**, priv**at**, Autom**at**, Quali**tät**, Magn**et**, Id**iot**, Abit**ur**, Stat**iv**, Lokomot**ive**, na**iv**, Matr**ose**, Par**ole**, Masch**ine**, Brosch**üre**, Mel**one**, auto**nom**, vari**abel**, peni**bel**, nerv**ös***

Das Dehnungs-e für langes *i* kommt in Fremdwörtern nicht vor:
Praline, Kino, Lawine, Kaninchen, Benzin

Ausnahmen

1. Die Verb-Endung *-ieren*, die schon lange als deutsch empfunden wird:
   diktieren, kritisieren, probieren, passieren, spazieren, informieren
2. Fremdwörter, die auf langes betontes *i* enden:
   Industrie, Ökologie, Genie, Biografie, Demokratie, Ironie, Melodie, Garantie
3. Unterscheidung gleich lautender Wörter:
   Mine – Miene, Fiber – Fieber, Stil – Stiel

   Fremdwörter bringen ihre Schreibung öfter aus der Herkunftssprache mit.
   Wörter aus dem Französischen
   eu für langes *ö*:
   Friseur, Ingenieur, Amateur, Friseuse
   eau für langes *o*:
   Niveau, Plateau, Tableau
   ou für langes *u*:
   Nougat, Tour, Route
   Wörter aus dem Englischen
   Jeep, Spleen, Pool, cool, Looping, Boom, Trainer, fair

Tipp

Treffen drei e aufeinander, fällt eines aus. Man schreibt nur zwei e bei ***ee + es*** oder ***ee + en*:**
des Tees, des Schnees, die Ideen
Man schreibt nur ein e bei ***ie + es*** oder ***ie + en*:**
die Kopien, die Industrien, knien
In Wortzusammensetzungen werden aber drei e geschrieben, am besten mit Bindestrich:
Tee-Ei, Schnee-Ersatz, Fee-Essen

3.3.3 s-Laute

ÜBERBLICK

Es gibt im Deutschen zwei *s*-Laute:
Stimmloses (auch scharfes) ***s:***
Gras, Post, Masse, gewiss, fleißig
Stimmhaftes (auch weiches) ***s:***
Sage, grasen, summen, lose

Es gibt aber drei Schreibungen: *s, ß, ss.*
Die Unterschiede kann man im Allgemeinen nicht hören. Selbst der Unterschied zwischen stimmlosem und stimmhaftem *s* wird in vielen süddeutschen Gegenden nicht gemacht.

REGELN

1. **Stimmhaftes s** wird immer mit *s* geschrieben:
   Am Wortanfang:
   so, singen, Sucht, sausen
   Zwischen Vokalen:
   Reise, böse, lesen, tausend, Wiese
2. Für **stimmloses s** gibt es alle drei Schreibungen:
   ss nach kurzem betontem Vokal:
   Messer, Tasse, Schlüssel, bisschen
   ß nach langem Vokal oder Diphthong (Zwielaut):
   heißen, Ruß, groß, grüßt
   s in einigen Fällen vor Konsonanten:
   Maske, Kasper, fast, Mist, Schwester
   s am Wortende nach langem Vokal oder Diphthong (Zwielaut): *Haus, Glas, las, Preis*

Stimmloses und stimmhaftes **s** kommen nur selten als Kontrast vor:
reisen – reißen, weise – weiße, Muse – Muße

ss ist wie andere Doppelkonsonanten ein Kürzungszeichen. Es steht für stimmloses *s* nach kurzem betontem Vokal: *fressen, lassen, fassen, gebissen, Masse* (aber: *Maße* mit langem *a*)

Die Schreibung bleibt nach dem Stammprinzip durch alle Wortformen erhalten:

Flüsse – Fluss, Flusspferd	*küssen – Kuss, küssten*
Tasse – Tässchen	*hassen – hasst, hässlich*
Gruß – grüßen – grüßt	*Glas – Gläser*
reißen – reißt	*reisen – reist*
heißen – hieß	*blasen – blies*

Aber aufpassen, wenn die Vokallänge wechselt:

*wissen – **weiß** – wusste*	*fließen – fl**oss** – Fl**uss***
*reißen – r**iss**en – R**iss***	*lassen – **ließ** – lass*

Darum auch: *lies! – er **ließ***

AUSNAHMEN

Die Endungen *-is, -us, -as* werden oft mit einfachem *s* geschrieben, obwohl im Plural *ss* steht:
Erlebnis – Erlebnisse *Atlas – Atlasse (Atlanten)* *Bus – Busse*

TIPP

das und *dass* nicht verwechseln!
dass ist Konjunktion vor einem Gliedsatz:
Zweifelst du, dass das stimmt?
Den Artikel *das* erkennt man daran, dass er ersetzbar ist durch *dieses.*
Auch alle andern Verwendungen von *das* werden mit *s* geschrieben.
In **Fremdwörtern** werfen die s-Laute keine größeren Probleme auf. Man sollte sich aber einige wichtige Wörter merken:
Pistole, Person, rosa, Friseur, Industrie, Basis, Zirkus, Adresse, Interesse, Fassade, Kongress, Fairness

3.3.4 Ein Laut – mehrere Schreibungen

ÜBERBLICK

***ä* oder *e*? *äu* oder *eu*?**

Der Laut *a* wird manchmal umgelautet zu *ä*. Leider klingt das *ä* aber meistens wie ein *e*. Darum hat man beim Schreiben oft Zweifel. Aber: Wenn ein *ä* geschrieben wird, existiert ein verwandtes Wort mit *a*, zum Beispiel Einzahl und Mehrzahl oder Grundwort und Ableitung:

Kamm – Kämme	*Land – Länder*
Jahr – jährlich	*lachen – lächeln*
halb – Hälfte	*Qual – quälen*
Kauf – Käufer	*Tausch – täuschen*
Maß – mäßig	*Haken – häkeln*
klar – klären	*kalt – Kälte*
Klage – kläglich	*halten – hältst*
fallen – fällt	*Stange – Stängel*

Wo kein *äu* (aus *au*) hingehört, steht *eu:*
freuen, neu, Zeug, deuten

Oft sehen wir aber heute den Zusammenhang nicht mehr, weil das Grundwort nicht mehr existiert:
fähig, dämlich, Käfer, Mädchen, schräg, spät, März, ungefähr

Bei einigen Wörtern wird *e* geschrieben, weil es früher so üblich war:
brennen (Brand), fertig (fahren), Wildbret (Braten)

Gleich oder ähnlich lautende Wörter unterscheiden wir oft in der Schreibung.

Ähre – Ehre	*Bären – Beeren*
Sägen – Segen	*stählen – stehlen*

Wichtige Fremdwörter
Präsident, Jubiläum, stationär, ordinär, Sekretär, Universität, Realität, Atmosphäre, Europäer, neutral, Leutnant, Regisseur

***ai* oder *ei*?**

Mit *ai* schreibt man nur wenige Wörter:
Mai, Hai, Hain, Kaiser, Main, Mais, Laie
Mit *ay* ganz wenige: *bayerisch, Bayern*
Laib ↔ *Leib, Saite* ↔ *Seite, Waise* ↔ *Weise, laichen* ↔ *Leichen*

In Fremdwörtern wird *ai* häufiger geschrieben. Es steht aber meistens für einen anderen Laut:
Training, Aids, Saison, Detail, naiv, fair, Taille, Medaille, Affaire, Kairo, Mailand

***ü* oder *y*?**

In deutschen Wörter steht gewöhnlich *ü* für den ü-Laut. In Fremdwörtern wird aber fast immer *y* geschrieben:
System, Symbol, Typ (aber: Tipp), *Lyrik, Analyse, hyper*

ÜBERBLICK

***b* oder *p*? *d* oder *t*? *g* oder *k*?**

Die Verschlusslaute *b* und *p*, *d* und *t*, *g* und *k* sind eng verwandt. Aber: Der eine wird jeweils weich und mit Stimme gesprochen, der andere hart und ohne Stimme:

stimmhaft	**stimmlos**
backen	*packen*
heben	*hupen*
Körbe	*Körper*
Dank	*Tank*
werden	*werten*
leiden	*leiten*
Gabel	*Kabel*
balgen	*Balken*

Nicht jeder stimmlose *p*-Laut wird auch mit *p* geschrieben. Das Gleiche gilt für den *t*-Laut und den *k*-Laut:

stimmhaft	**stimmlos**
lieben	*lieb*
selber	*selbst*
landen	*Land*
werden	*wird*

Stimmlos werden *b, d, g* im Auslaut gesprochen.

*Urlau**b***	wie *p* gesprochen
*jeman**d***	wie *t* gesprochen
*Ta**g***	wie *k* gesprochen

Wer zweifelt, ob im Auslaut *b* oder *p*, *d* oder *t*, *g* oder *k* stehen muss, der kann die Verlängerungsprobe machen:

*Die**b**e*	also *Die**b***
*wer**d**en*	also *wir**d***
*schla**g**en*	also *Schla**g***
*Rä**d**er*	also *Ra**d***
*Ber**g**e*	also *Ber**g***

Merke also:
gelb, lieb, Stab, Weib, bald, Bild, blond, fremd, Land, Gold, Jugend, Pferd, Berg, Flug, genug, klug, Zwerg

Das *b* oder *d* oder *g* kann aber auch von stimmlosen Lauten angesteckt werden. Das passiert besonders, wenn ihnen ein *s* oder ein *t* folgt, etwa in Wortformen:

*blei**b**t*	wie *p* gesprochen vor stimmlosem *t*
*lä**d**st*	wie *t* gesprochen vor stimmlosem *s*

VERSCHLUSSLAUTE IN KURZFORM

1. *p, t, k* werden nur für die stimmlosen Laute geschrieben:

Am Anfang	**Im Innern**	**Am Ende**
Pein	*piepen*	*Typ*

2. *b, d, g* können für die stimmhaften Laute geschrieben werden:

Am Anfang	**Im Innern**	**Am Ende**
Bein	*sieben*	–––

   Stimmhaftes *b* oder *d* oder *g* stehen im Deutschen also nicht am Wortende.

3. *b, d, g* können für die stimmlosen Laute geschrieben werden:

Vor stimmlosem Laut	**Am Ende**
hebst, kriegst	*gib, fad*

4. In Fremdwörtern gelten die gleichen Regeln mit kleinen Ausnahmen.

ÜBERBLICK

k oder c oder *ch*?
ch gibt meistens den *ach*-Laut oder den *ich*-Laut wieder. Vor einem *s* kann es aber auch den *k*-Laut wiedergeben. Dies gilt aber nur, wenn das *s* zum Stamm gehört:
das Dach – des Dachs ↔ *der Dachs*
wach – wachsam ↔ *das Wachs*
k-Laute vor *s* werden dann nur mit *ch* geschrieben, wenn das *s* zum Stamm gehört, sonst meistens mit *ck:*
der Lack – des Lacks ↔ *der Lachs*
der Sack – des Sacks ↔ *der Sachse*
Man muss also auf Verwandschaft achten:
Gewächs von *wachsen, zwecks* von *Zweck*
Die Buchstabenfolge *kt* steht nach kurzem Vokal. Sie kommt aber fast nur in Fremdwörtern vor:
direkt, perfekt, elektrisch, Taktik, Punkt
Der *k*-Laut kann in **Fremdwörtern** anlautend als *c* oder *ch*, seltener als *k* geschrieben werden:
Café, clever, Clown, Cowboy, Comic, Computer; Chaos, Chor, Christ, Charakter; Kredit, Kritik
ch für den sch-Laut in:
Chef, Chauffeur, Chemie, Chance, Chiffre, China, Chile

x oder *chs* oder *cks* oder *ks* oder *gs*?
Der *ks*-Laut hat viele Schreibungen:
Hexe, Axt, Luxus, extra, wachsen, Ochse, sechs, Fuchs, Klecks, augenblicks, schnurstracks, Keks, Koks, Murks, rings, längs
Meistens wird der *ks*-Laut geschrieben als *chs* oder *x:*
zunächst, sechs, Wachs, Wechsel, Luchs, Max, Alexander, boxen, Text, Taxi
Auf verwandte Wörter achten!
flugs – Flug, links – Linke, Knicks – knicken, Parks – Park
In Fremdwörtern wird der *ks*-Laut fast immer als *x* geschrieben:
extrem, exakt, flexibel, maximal, Sex, Export, Praxis, Luxus

s oder z oder c oder *ti*?
Nach *n* und nach *l* wird mal *s*, mal *z* geschrieben:
Gans, ganz, Pils, Pilz, Fels, Hans, Franz, Holz, Kranz, tanzen
In **Fremdwörtern** kann *s* als *c* geschrieben werden:
City, Service
c kann aber auch für den *z*-Laut stehen:
Celsius
Sehr häufig wird *ti* für *z* geschrieben, besonders in der Endung *-ion:*
Funktion, Definition, Tradition, Nation, Aktie, Patient

f oder v oder *ph* oder *w*?
Der *f*-Laut wird meistens *f* geschrieben.
für, fein, Gefühl, fiel, fetter, füllen, Ferse, Sofa, doof
Es gibt aber einige Fälle, wo er als *v* geschrieben wird, besonders in den Vorsilben *vor-* und *ver-:*
vorlesen, Vorfahrt, Verkehr, von, Vater, viel, Vogel, Volk, voll, brav, Nerv, Kurve, Veilchen, Vers, aktiv, positiv
In **Fremdwörtern** steht das *v* meistens für den *w*-Laut:
privat, Provinz, Pullover, Video, Universität, November, vage, Klavier, Vase, Villa, Vampir, Advent, Provinz, Volleyball, Interview
In Fremdwörtern steht für *f* auch *ph:*
Philosoph, Philologie, Phase, Physik, Metapher, Phrase, Phänomen, Phantom
Für viele *ph*-Schreibungen gibt es zwei Möglichkeiten:
Photo/Foto, Graphik/Grafik, Phantasie/Fantasie

ÜBERBLICK

tt* oder *dt?
Statt *-tt-* wird manchmal auch *-dt-* geschrieben. Das ist eine alte Schreibung. Heute unterscheiden wir auf diese Weise die Wörter *Stadt* und *-statt* und ihre Verwandten.
stattlich ↔ städtisch, Ruhestatt ↔ Schlafstadt
Schlafstätte ↔ Schlafstädte, anstatt ↔ Hansestadt
Dies muss man lernen und üben.

t* oder *th?
Mit *th* werden nur Fremdwörter geschrieben:
Theater, Thermometer, Mathematik, sympathisch, katholisch, Methode, Thema, Theorie, Theologe

-isch* oder *-lich?
Im Hochdeutschen klingen die beiden Auslaute *-isch* und *-lich* verschieden. Aber in vielen Dialekten klingen sie gleich (*-isch* hat oft abwertende Bedeutung):
kindisch ↔ kindlich, herrisch ↔ herrlich,
parteiisch ↔ parteilich

-ig* oder *-lich?
Die Nachsilben *-ig* und *-lich* haben den gleichen Auslaut, er wird nur anders geschrieben. Die richtige Schreibung erkennt man beim Verlängern:
fröhlich – fröhliche, heimlich – heimliche;
heimelig – heimelige, ruhig – ruhige
Manchmal hängt *-ig* an einem Wort, das schon auf *l* endet. An solche Wörter kommt niemals *-lich:*
neblig – neblige; einmalig – einmalige

end-* oder *ent-?
Wörter, die mit *Ende* zusammenhängen, werden mit *d* geschrieben:
Endspiel, Endung, endlos, endlich, endgültig
Die Vorsilbe *ent-* wird mit *t* geschrieben:
entgegen, entweder, enthalten, enttäuscht, entladen, entkommen, entfernt, entsprechend, Entwicklung, Entscheidung, Entgelt, Entschuldigung
Man erkennt die Vorsilbe *ent-* an ihrer Bedeutung ‚weg', ‚fort' und daran, dass sie unbetont ist.

3.3.5 Zusammen- und Getrenntschreibung

FUNKTION

Lücken zwischen den einzelnen Wörtern gestalten den Text übersichtlich und zeigen die einzelnen Wörter als Einheiten.

ÜBERBLICK

1. Zusammen schreibt man je ein Wort, also auch **Komposita** (zusammengesetzte Wörter) und alle Ableitungen:
   Rechtschreibung, Buchstabe, Langgasse, Aufbau, dreizehn, achtfach, halbstark, irgendein, dreimal, dreihundertdreiunddreißig, wahrnehmen, entstehen, überreichen, bodenlos, der Teilnehmer
   Man erkennt die Zusammensetzung oft daran, dass der erste Teil
   - gar nicht selbstständig vorkommt:
     ***wiss**begierig, **schwind**süchtig*
   - unveränderlich ist (keine Deklination, keine Konjugation, keine Steigerung):
     ~~*wahr**er**nehmen*~~
   - den Hauptton trägt:
     *fr**ei**sprechen – fr**ei** spr**e**chen,*
     *zus**a**mmenfahren – zus**a**mmen f**a**hren*

   In Komposita steht auch oft ein Fugenzeichen:
   *Heizung**s**bau, Woche**n**lohn, meile**n**weit, lesen**s**wert*

2. Zusammen schreibt man **Zusammensetzungen mit Nomen als Grundwort.**

   Nomen + Nomen
   Arbeitstag, Kirschbaum, Goethegedicht, Dreiviertelliterflasche
   Adjektiv + Nomen
   Grünkohl, Sauerkraut, Heißsporn, Fünfkampf
   Verb + Nomen
   Nennwert, Laufstall
   Funktionswort + Nomen
   Unterhemd, Vortag, Zweierbob

   Auch Nominalisierungen werden zusammengeschrieben:
   das Autofahren, das Fernsehen, das Dasein, das Stelldichein, das Suppengrün
   Beherrschst du das Radfahren?
   Aber: *Kannst du Rad fahren? (fahren* = Verb)

3. Zusammen schreibt man **Zusammensetzungen mit Adjektiv als Grundwort** (und natürlich klein).

   Nomen + Adjektiv
   bleifrei, hitzefest, butterweich, lebensfremd
   Adjektiv + Adjektiv
   grüngrau, bitterböse, vieldeutig, nasskalt
   Verb + Adjektiv
   denkfaul, röstfrisch
   Funktionswort + Adjektiv
   übergroß, zweifach
   Auch die Partizipien zusammengesetzter Verben schreibt man zusammen:
   wehklagend, ferngesehen, teilgenommen
   Nicht aber Fügungen und Graduierungen:
   Eisen verarbeitend, Rad fahrende Frauen, kochend heiß

4. Zusammen schreibt man **untrennbare Zusammensetzungen mit Verb als Grundwort** und **Ableitungen mit Präfixen.**

   Nomen + Verb
   maßregeln, nachtwandeln, schlafwandeln, bruchrechnen
   Adjektiv + Verb
   langweilen, bereithalten
   Funktionswort + Verb
   untergehen, aufgehen, eingehen
   Die Zusammensetzungen haben Anfangsbetonung.
   Ableitung
   widersprechen, übersetzen
   Die Ableitungen haben Stammbetonung: *entst**e**hen, unterz**i**ehen, überd**e**hnen*
   *unterst**e**llen* ↔ ***u**nterstellen*

ÜBERBLICK

5. Zusammen schreibt man **Zusammensetzungen mit Verben als Grundwort,** auch wenn sie getrennt werden können:
   wundernehmen – Das nimmt wunder.
   fernsehen – Jan sieht fern.
   wiedersehen – Wir sehen uns wieder.
   In solchen Zusammensetzungen kommen nur einsilbige Adjektive vor:
   wahrsagen, aber *bekannt machen*
   Auch wenn ein *zu* oder *ge-* eingefügt ist, wird zusammengeschrieben:
   Das war nicht vorherzusehen.
   Ich habe viel ferngesehen.
   Verbindungen aus zwei Verben und Verbindungen mit *sein* werden getrennt geschrieben:
   kennen lernen – Sie werden sich heute kennen lernen.
   sitzen bleiben – Wer möchte schon sitzen bleiben?
   da sein, weg sein, vorbei sein, zusammen sein, fertig sein

6. Zusammen schreibt man **zusammengesetzte Funktionswörter:**
   bergauf, tagsüber, zweifelsohne, unterwegs, einmal, dreifach, ebenso, irgendein, irgendetwas, irgendwo, probeweise, wieso?, sowieso, anstatt, infolge, sodass (auch *so dass*)
   Beachte den Unterschied zwischen Zusammensetzung und Wortgruppe:
   irgendein – irgend so ein
   diesmal – dieses eine Mal
   keinmal – kein einziges Mal
   erstmals – das erste Mal
   zurzeit – zur Zeit Karls des Großen
   allerdings – aller guten Dinge
   beizeiten – zu Zeiten Schillers

TIPP

Versuche die Betonungsprobe.
Manche Fügungen können als Zusammensetzung zu verstehen sein oder auch nicht. Dann gibt es beide Schreibungen.
Nur die Zusammensetzung hat Anfangsbetonung.
*g**u**tschreiben – gut schreiben wollen; fr**ei**halten – die Rede frei halten; f**e**stsetzen – f**e**st s**e**tzen*

WORTTRENNUNG AM ZEILENENDE

Am Ende einer Zeile kann man mehrsilbige Wörter trennen und einen Teil auf die neue Zeile schreiben.

Mehrsilbige Wörter trennt man nach **Sprechsilben,** die man bei langsamem Sprechen hören kann:
Sprech-sil-ben, Ab-tren-nung, Kon-ti-nent, rie-si-ge, em-por-stre-ben, Hei-del-bee-ren, Ei-nig-keit
Jede Silbe enthält genau einen Vokal oder einen Diphthong:
Le-der, lei-der, Ra-ben, rau-ben, Ei-er, Chi-rurg

Nur der letzte Konsonant gehört beim Trennen auf die folgende Zeile, auch wenn er mit mehreren Buchstaben geschrieben wird:
Lüf-tung, But-ter, Kel-ler, Müt-ze, Mag-net, rich-tig, hat-te, Ras-se; Strümp-fe, Damp-fer, knirsch-ten, lau-schen, ka-tho-lisch, la-chen, Ha-cke, Pro-phet, Stro-phe

Zusammengesetzte Wörter trennt man an den Wortgrenzen:
Wort-grenze, Reit-stall, glut-rot, zu-vor, Hosen-träger
Präfixe (Vorsilben) in Ableitungen kann man abtrennen:
ent-stehen, aus-teilen, Ver-rat
Wortbausteine beachten!
Hä-scher – Häs-chen
Wach-stube – Wachs-tube

TIPP

Wenn möglich, trennt man gar nicht. Silben aus einem einzelnen Vokal oder Diphthong sollte man nicht abtrennen.
Vor allem nicht so trennen, dass falsche Wörter entstehen!

3.3.6 Großschreibung

ÜBERBLICK

Die **Groß-** und **Kleinschreibung** ist eines der Hauptprobleme der deutschen Rechtschreibung. Sie ist eine große Fehlerquelle. Die Ausnahmen muss man einfach lernen. Aber es gibt auch Regeln.

1. Groß schreibt man **das erste Wort eines Ganzsatzes** (auch nach Doppelpunkt), **den Beginn der wörtlichen Rede, Überschriften** und **Titel** von Werken, Veranstaltungen usw.:
   Wir backen einen Kuchen.
   Das geht so: Wir nehmen drei Eier …
   Einer rief: „So geht das!“
   Wem die Stunde schlägt
   Fünftes Sommerfestival
   Solche Titel werden auch innerhalb eines Satzes großgeschrieben:
   Wir lesen den Roman „Der grüne Heinrich“.

2. Groß schreibt man **alle Nomen,** auch Fremdwörter:
   die Frau, ein Auto, ihr Haus, dieser Flug, das Essen, Freiheit, ins Schwarze treffen, ein Dutzend, Schreibung, am Abend, im Hellen, ein Viertel, Erlaubnis, der Soft Drink, das Know-how
   Groß schreibt man Eigennamen und ihre Abkürzungen:
   Karin, Müller, Rhein, Rom, England, Bello, Heugasse K. Müller, Wiener Str., Frankfurt a. M.

3. Groß schreibt man **hergestellte Nomen:**
   - durch Wortbildung:
     schön + heit → Schönheit
     hindern + nis → Hindernis
   - durch Nominalisierung:
     das Wandern, unser langes Warten, jedes Wackeln, das Neue, am Ersten jeden Monats, Wenn und Aber

   Bei Bindestrich-Komposita bleibt innen die normale Schreibung erhalten:
   der Trimm-dich-Pfad
   Nominalisiert werden Verben und Adjektive, aber auch andere Wortarten:
   das Trinken, dieses Kommen und Gehen, sein Ach und Weh, das Böse, im Guten, eine Drei, ein Dreier im Lotto, das Viertel, die Ferne, die Illustrierte, das A und O, sein Ja, hastiges Schlucken, Komisches und Witziges, ein Viertel der Teilnehmer
   Nominalisierungen erkennt man meistens am Begleiter, oft am Artikel oder an einem Artikelrest in einer Präposition:
   Sie bot ihm das Du an.
   jedes Wanken, vom Waschen, zum Tanken, im Wesentlichen, im Großen und Ganzen, aufs Neue, im Allgemeinen, statt Schwimmen
   Auch Pronomen und Zahlwort sind öfter Begleiter:
   mein Bleiben, manches Bekannte, ihr Letztes, zwei verschiedene Rot
   Auch Nominalisierungen ohne Begleiter werden großgeschrieben:
   Gut und Böse, Für und Wider, Jung und Alt

4. Groß schreibt man **Adjektive und Partizipien** nach *etwas, alles, nichts, allerlei* usw.:
   etwas Schönes, alles Gute, nichts Wichtiges, viel Gebackenes, wenig Trinkbares, ein bisschen Süßes

5. Groß schreibt man **Ableitungen von Orts- oder Ländernamen** mit *-er*, auch mehrteilige:
   das Ulmer Münster, drei Wiener Würstchen, Schweizer Käse, die Leipziger Messe, die New Yorker Szene, der Bad Sodener Gemeinderat

6. Groß schreibt man **Adjektive in Titeln** und **Namen:**
   Katharina die Große, der Heilige Vater, der Alte Fritz, Zur Alten Post, Lange Gasse, Alte Wormser Straße, Märkischer Weg, das Tote Meer, Frankfurter Allgemeine Zeitung, der Zweite Weltkrieg, die Schwarze Witwe
   Am Himmel stand der Große Wagen.
   Indischer Ozean – aber: *indischer Tee*

7. Das höfliche **Anredepronomen** *Sie* und seine Formen und das entsprechende Possessivpronomen schreibt man immer groß:
   Wie geht es Ihnen?
   Was ist mit Ihrem Neffen?
   Haben Sie ihn wiedergesehen?

TIPP

Nomen erkennt man am Begleiter. Sie haben auch ein bestimmtes und festes Genus.
Die Suffixe *-nis, -ismus, -tum, -heit, -schaft, -ung* und *-keit* zeigen mit Sicherheit ein Nomen an.

3.3.7 Kleinschreibung

ÜBERBLICK

Die Regeln für die Kleinschreibung ergänzen sich mit den Regeln für die Großschreibung.

1. Klein schreibt man **aus Nomen abgeleitete Adverbien und andere Wörter:**
   Ich komme morgen/übermorgen.
   anfangs, abends, flugs, sonntags, dienstags, morgens, angesichts
   Aber: *am Abend, jeden Sonntag, des Morgens, heute Abend, gestern Morgen*
   das Paar Schuhe, aber: *ein paar Körner*

2. Klein schreibt man **verblasste Nomen** bei den Verben *sein, bleiben, werden:*
   Ich bin es leid. – Es tut mir Leid.
   Das ist schade. – der Schaden
   Wer ist schuld? – Wer hat (die) Schuld?
   Mir wird angst. – Ich habe Angst.
   Mir ist es ernst. – Ist das dein Ernst?
   Kann man das ernst nehmen?
   Die abtrennbaren Teile von Verbzusammensetzungen schreibt man klein, auch wenn sie allein stehen:
   teilnehmen – nehmen teil
   wundernehmen – nimmt wunder
   preisgeben – gibt preis

3. Klein schreibt man **Nomen,** die als **Präposition oder Konjunktion** gebraucht sind:
   angesichts dieser Tatsache
   dank deiner Hilfe (ging alles gut)
   zeit seines Lebens, laut Gesetz
   statt eines Passes, kraft dieses Amtes
   falls, teils … teils

4. Klein schreibt man Nomen, die mit einem Wort zusammengesetzt sind, sodass eine andere Wortart entsteht. Die Schreibung richtet sich nämlich nach dem Grundwort:
   steinhart, seidenweich, vitaminarm, fettreich, gottergeben
   Aber Wortgruppen mit Partizipien: *Fleisch fressend*

5. Klein schreibt man **Adjektive,** die mit ***-isch*** von Eigennamen abgeleitet sind, und Adjektive **in festen Verbindungen,** wenn es keine Eigennamen sind:
   tschechisches Bier, englischer Stoff
   das gelbe Trikot, das schwarze Brett, das olympische Feuer

6. Klein schreibt man ein Adjektiv, wenn das zugehörige Nomen nur weggelassen ist:
   Einer bekam das schlechte Spiel, der andere das gute (Spiel).
   Ich mag die grünen Äpfel, du die roten (Äpfel).
   Welches Kleid soll ich anziehen? – Das blaue (Kleid).
   Um acht (Uhr); gegen halb acht

7. Klein schreibt man **Adjektive in bestimmten Verbindungen** mit einer Präposition:
   Wir zahlen in bar.
   von neuem, seit neuestem
   von weitem, vor kurzem
   Klein schreibt man **Adjektive in festen Wendungen:**
   schwarz auf weiß, über kurz oder lang, durch dick und dünn, von klein auf, von nah und fern

8. Klein schreibt man **Adjektive im Superlativ:**
   am besten – am nächsten
   Wer ist am schwächsten?
   Aber: *Er rächte sich am* (= an dem) *Schwächsten.*

9. Klein schreibt man **Zahlwörter** und **indefinite Pronomen:**
   ein bisschen Zucker, ein paar Leute, ein viertel Kilo, um dreiviertel acht
   Da waren schon einige/viele/manche.
   Die beiden kamen viel zu spät.

TIPP

Zitierte Wörter behalten ihre Schreibung, auch am Satzanfang:
Das Wörtchen „wenn"
„ihre" schreibt man mit „h".
„gelb" schreibt man mit b.

3.4.1 Satzschlusszeichen

ÜBERBLICK

In der gesprochenen Sprache gliedern wir unsere Rede durch Pausen und Intonation. In der Schrift müssen wir dem Leser helfen, damit er die Gliederung und den grammatischen Aufbau leicht erfasst. Dazu verwenden wir Satzzeichen. Satzzeichen verdeutlichen außerdem öfter den Sinn. Das gilt besonders für die **Satzschlusszeichen.**

Der Punkt

1. Ein Punkt steht am Ende des **Aussagesatzes:**
   Einige Vulkane sind noch tätig.
   Die Redensart „Reden ist Silber, Schweigen ist Gold“ stimmt nicht unbedingt.
   Auch am Ende von Satzgefügen und Satzreihen steht ein Punkt, wenn der Hauptsatz ein Aussagesatz ist:
   Wer andern eine Grube gräbt, fällt selbst hinein.
   Er kam, er sah, er siegte.
2. Ein Punkt steht um Zahlen als **Ordnungszahlen** zu kennzeichnen:
   Am 30. Juli erfolgte der 8. Ausbruch.
3. Ein Punkt steht nach Abkürzungen, die im vollen Wortlaut gesprochen werden:
   usw. (und so weiter), *u. a.* (unter anderem), *Mio.* (Million), *Dr.* (Doktor), *d. h.* (das heißt), *a. D.* (außer Dienst), *geb.* (geboren), *gebr.* (gebraucht), *dt.* (deutsch)

Kein Punkt steht in Überschriften, in der Anschrift, in Anreden, in der Unterschrift und in Tabellen usw.
Kein Punkt steht nach abgekürzten Maßeinheiten:
g (Gramm), *DM* (Deutsche Mark), *m* (Meter), *mm* (Millimeter), *kg* (Kilogramm), *t* (Tonne)

Das Fragezeichen

Ein Fragezeichen steht am Ende eines **Fragesatzes:**
Wo liegt der höchste Berg der Welt?
Weißt du, dass er Everest heißt?
Fragezeichen stehen auch nach **Fragen,** die die Form eines Aussagesatzes haben:
Du wirst also bei der Party sein?
Ein Fragezeichen steht nach **Kurzfragen** und nach einzelnen Fragewörtern:
Was denn? Wieso das? Wer? Wo?
Auch wenn das Fragewort im Zitat steht, erhält es ein Fragezeichen:
Mit der Frage „Wem?“ erfragt man den Dativ.

Das Ausrufezeichen

Ein Ausrufezeichen steht nach **Aufforderungssätzen,** nach **Bitten** und **Wünschen:**
Gehen Sie! Hau endlich ab!
Einfahrt freihalten! Kommen Sie bitte!
Das Ausrufezeichen steht auch nach Aussagesätzen, die dem Befehlen und Bitten dienen:
Du kommst jetzt sofort!
Ein Ausrufezeichen steht nach **Ausrufen:**
Das ist toll! Wunderbar!
Wie schade! Pfui!
Wie lange soll das gehen!
Ausrufezeichen stehen auch im Satzinnern nach zitierten Befehlen und Ausrufen:
Auf das Kommando „Los!“ geht's los.

Der Strichpunkt (das Semikolon)

Der Strichpunkt trennt weniger als ein Punkt, aber stärker als ein Komma:
Mit unserer Mannschaft ging es erst sehr gut; dann wurde Marion krank; am Schluss ging's bergab.
Zwischen Sätzen steht der Strichpunkt fast nur, wo auch ein Punkt stehen könnte:
Wir wollen nicht länger streiten; die Sache ist erledigt.
In Aufzählungen gleichartiger Begriffe kann der Strichpunkt Untergruppen zusammenfassen:
Wir brauchten Reis, Nudeln, Kartoffeln; Salz, Pfeffer, Nelken; Tee, Kaffee, Bouillon; Wasser, Milch.

Der Doppelpunkt

1. Der Doppelpunkt kündigt die **direkte oder wörtliche Rede** an:
   Georg gab zu bedenken: „Wäre nicht Milch besser?“
2. Der Doppelpunkt kündigt eine **Aufzählung** an:
   Es spielten: Eva, Nina, Nelli und Tim.
3. Der Doppelpunkt kündigt eine **Schlussfolgerung,** eine Zusammenfassung oder eine Erläuterung an. Man schreibt klein weiter, wenn kein vollständiger Satz folgt:
   Das war die Ursache: Ein Vogel hatte sich im Seil verfangen.
   Die Ursache war: ein Vogel im Seil.

3.4.2 Weitere Satzzeichen

ÜBERBLICK

Die Anführungszeichen

1. Anführungszeichen umrahmen **wörtlich Wiedergegebenes** und **direkte Rede:**
   „Wer war das?", fragte Sascha.
   „Das wundert mich", brummelte sie.
   Helena sagte: „So war das also."
   Ein Schlusspunkt entfällt aber vor Komma:
   „So geht das", sagte sie.
2. Anführungszeichen kennzeichnen **Zitate** oder eine ironische Redeweise:
   Sie sprachen von „Freistellung", meinten aber Entlassung.
3. Anführungszeichen umrahmen **Titel, Überschriften** und sprachliche Ausdrücke:
   Da steht zu lesen: „Betreten verboten".
   „Die Zehn Gebote" hieß der Film.

Der Bindestrich

Der Bindestrich zeigt die Gliederung zusammengesetzter Wörter und verbessert die Lesbarkeit. Man kann so die Wortbausteine voneinander abheben:
griechisch-orthodox, Ost-West-Gespräch, Katz-und-Maus-Spiel, Ich-Laut, Spaghetti-Esser, Albrecht-Dürer-Straße, Druck-Erzeugnis, Drucker-Zeugnis, Arbeiter-Unfallversicherung
In Zusammenruckungen steht immer Bindestrich zwischen den Bausteinen:
das ewige Einmal-ist-keinmal, das Sowohl-als-auch
Den Bindestrich sollte man setzen, wenn drei Vokale aufeinander folgen:
Tee-Ernte, See-Ente, Schnee-Eifel, Hawaii-Insel
Den Bindestrich muss man setzen bei Zusammensetzungen mit Einzelbuchstaben, Ziffern und Zahlen, mit Abkürzungen oder Eigennamen:
i-Punkt, A-Dur, O-Beine, 3:2-Sieg, 100-prozentig, 400-m-Lauf, UKW-Sender, US-Dollar, Lkw-Fahrer, Müller-Tor, Herr Schmidt-Ruf, Möbel-Marx
In zusammengesetzten Straßennamen steht Bindestrich, wenn vor dem Grundwort mehrere Namen stehen:
Ernst-Ludwig-Kirchner-Straße, Georg-Büchner-Straße
Der Bindestrich kann einen Bestandteil in Zusammensetzungen vertreten:
Feld- und Gartenfrüchte, be- und entlasten, kraft- und saftlos, bergauf und -ab, herbeirufen oder -winken

Der Gedankenstrich

Der Gedankenstrich hat im Unterschied zum Bindestrich ein Leerzeichen vorher und eins nachher.

1. Der Gedankenstrich zeigt eine Pause an:
   Sprechpause
   Man konnte minutenlang die Stille hören – plötzlich ein gellender Schrei.
   Denkpause
   Warte mal – wo war das denn damals?
   Abbruch
   „Das ist doch – ", brachte er noch heraus und verstummte.
2. Der Gedankenstrich kennzeichnet Sprecher- und Themenwechsel:
   „Wer wird die Gefahr auf sich nehmen?" – „Ich bin bereit."
   Wir kommen jetzt zum nächsten Punkt. – Wer war übrigens beim Bäcker?
3. Der Gedankenstrich kennzeichnet eine Gegenüberstellung:
   groß – klein, Für – Wider
4. Gedankenstriche umrahmen Einschübe:
   Was konnte uns schon – wir waren ja alle in Topform – bei diesem Spiel passieren?
5. Gedankenstriche dienen der Gliederung. Einfache Gedankenstriche am Zeilenanfang kennzeichnen Glieder von Aufzählungen (sog. Spiegelstrich):
   – Einleitung
   – Erklärung
   – Anwendung und Übung

KLEINGEDRUCKTES

Der Apostroph
Der Apostroph ist ein Auslassungszeichen, er kann anstelle eines oder zweier Buchstaben stehen, wenn die Laute im Sprechen ausgelassen werden:
Wie geht's (es) *dir? So'n* (ein) *Pech!*
Am Wortanfang:
's (Es) *ist nicht zu fassen!*
(Hier wird am Satzanfang der folgende Buchstabe kleingeschrieben.)
Im Wortinnern:
ein'ge (einige), *wen'ge* (wenige)

Am Wortende kennzeichnet man mit dem Auslassungszeichen das ausgelassene *s* des Genitivs bei Namen ohne Begleiter, die auf *s, ss, ß, tz, z* und *x* enden:
Claudius' Abendlied, Kaschnitz' Gedichte,
Ines' Idee – die Idee unserer Ines (mit Begleiter)
Das Genitiv-s wird nicht durch Apostroph abgetrennt:
~~Inge's Imbiss~~
Kein Auslassungszeichen steht bei der Kurzform des Imperativs:
Schreib! Bleib! Treib!
Kein Auslassungszeichen steht, wenn Artikel und Präposition verschmolzen sind:
an und *das* → *ans*
auf und *das* → *aufs*
bei und *dem* → *beim*

TIPP

Hier sind Muster der Zeichensetzung für die direkte Rede.

xxx: „______."	„______", xxx.	„______", xxx, „______."
xxx: „______?"	„______?", xxx.	„______", xxx, „______?"
xxx: „______!"	„______!", xxx.	„______", xxx, „______!"

3.4.3 Das Komma

FUNKTION

Das Komma verdeutlicht die grammatische Gliederung des Satzes. Es kann nebengeordnete Glieder (Reihungen) trennen oder untergeordnete, vor allem Teilsätze.

ÜBERBLICK

1. Ein Komma steht in **Reihungen und Aufzählungen** zwischen den einzelnen Gliedern: Wörtern, Wortgruppen und Sätzen.
   Zu dem Fest kamen Schüler, Eltern, viele Lehrer und der Direktor.
   Sie lachen, spielen, tanzen und singen.
   Ein dicker Roman, etwa zehn Gedichte, eine Reihe von Zeitungsartikeln, das war die Frucht der letzten Jahre.
   Die Glieder einer Reihung müssen nicht gleich gebaut sein oder aus den gleichen Wortarten bestehen.
   Wenn die Glieder durch nebenordnende Konjunktionen *und, oder, sowie, beziehungsweise (bzw.)* verbunden sind, steht kein Komma. Bei zweiteiligen Konjunktionen steht kein Komma vor dem zweiten Teil:
   Es gab Essen und Trinken und viel mehr.
   Sie hatten weder Essen noch Geld.
   Gereihte attributive Adjektive werden nur durch Komma getrennt, wenn sie wirklich gleichgeordnet sind. Gleichgeordnete Adjektive kann man vertauschen und durch *und* verbinden.
   Ein dunkler, stickiger Raum
   Ein dunkler und stickiger Raum
   Ein stickiger, dunkler Raum
   Aber kein Komma, wenn das zweite Adjektiv enger zum Nomen gehört:
   Ein leckerer Schweizer Käse
   Manchmal sind beide Schreibungen sinnvoll, haben aber unterschiedliche Bedeutung:
   Der dritte bemerkenswerte Fund (die ersten beiden Funde waren auch bemerkenswert)
   Der dritte, bemerkenswerte Fund (nur der dritte Fund ist bemerkenswert, über die anderen beiden wird nichts gesagt)

2. Ein Komma steht zwischen zwei **nebengeordneten Ganzsätzen** (Satzreihe):
   Michael ist da, Claudia fehlt noch, die Party kann trotzdem beginnen.
   Dieses Komma steht auch vor adversativen Konjunktionen:
   Brot gab es, aber Käse gab es keinen.
   Wenn die Sätze durch nebenordnende Konjunktionen *und, oder, sowie, beziehungsweise (bzw.)* verbunden sind, steht kein Komma. Bei zweiteiligen Konjunktionen steht kein Komma vor dem zweiten Teil. Man kann aber zur Verdeutlichung eines setzen:
   Brot gibt es, und Käse gibt es nicht.
   Entweder ihr schwimmt, oder ihr ertrinkt.

3. Kommas umrahmen **eingeschobene Hauptsätze.**
   Eines Tages, es war mitten im Winter, stand ein Reh da.

4. Ein Komma steht in **Satzgefügen.** Es zeigt die Unterordnung an und trennt Hauptsatz und Nebensatz (Gliedsatz oder Relativsatz):
   Wenn es geht, komme ich.
   Ich komme, wenn es geht.
   Es hieß, die Sache sei ausgestanden.
   Das Mädchen, das da vorn steht, lächelt.
   Das gilt auch für die wörtliche Rede:
   „Wir kommen sicher", versprach Slgi.
   „Geh doch endlich!", rief sie.
   „Warst du da?", fragte er scheinheilig.
   Die meisten Nebensätze sind mit Konjunktionen wie *weil, wenn, dass, da, nachdem, ehe, obwohl* usw. eingeleitet.
   Ehe es dunkel wird, regnet es.
   Während es regnet, arbeite ich.
   Bei erweiterten Konjunktionen *ohne dass, gerade weil, nur wenn* usw. steht das Komma vor der Erweiterung:
   Wir beeilten uns diesmal, gerade weil wir nicht zu spät kommen wollten.
   Beachte aber den Unterschied:
   Wir fahren so, dass nichts passiert.
   Wir passen auf, sodass nichts passiert.

ÜBERBLICK

5. Ein **eingeschobener Nebensatz** wird von zwei Kommas eingerahmt:
Die Dame, die da steht, kennen wir.
Alles, was ich mag, kriege ich nicht.
Ebenso die eingeschobene Redeeinleitung:
„Diese Tanne“, drohten sie, „werden wir fällen.“

6. Ein Komma steht zwischen **Nebensätzen,** die **nebengeordnet** und **nicht durch eine nebenordnende Konjunktion** wie *und, oder, bzw.* usw. verbunden sind.
In Amerika, das ich kenne, das ich liebe, ist alles anders.
Kein Komma steht, wenn die Nebensätze durch eine nebenordnende Konjunktion wie *und, oder* usw. verbunden sind.
Es war klar, dass Tina nicht wollte und (dass) Tobias nicht durfte.
Nebensätze können auch mit anderen Satzgliedern gereiht werden:
Dies alles und was ich sonst noch mag, gab es nicht.

7. Ein Komma steht zwischen **Nebensätzen,** die einander **untergeordnet** sind.
Ich glaube, dass Leute, die stehlen, nicht überlegen.

8. **Infinitivgruppen, Partizipgruppen** und **Adjektivgruppen** kann man mit Komma abtrennen, um Missverständnisse zu vermeiden.
Alle versprachen Mama, zu schreiben.
Dagegen mit anderer Bedeutung:
Alle versprachen, Mama zu schreiben.
Wenn auf die Infinitivgruppe verwiesen wird, muss aber ein Komma stehen:
Sie erinnert mich daran, dies zu tun.
Zu tanzen, das ist ihre größte Freude.

9. **Nachgestellte Appositionen** (Attribute im gleichen Fall) werden durch Kommas eingerahmt (nicht aber feste Fügungen):
Klaus, unser bester Mann, wurde gleich verletzt.
Comics, diese umstrittene Lektüre, lese ich öfter.
Aber: *Karl der Große*

10. **Herausstellungen, Vorsätze, Anreden, Ausrufe, Zusätze** und **Nachträge** werden durch Komma abgetrennt:
Fußball, das war sein Leben.
Jana, bleib bitte!
Aha, das ist des Rätsels Lösung!
Wir kamen öfter, und zwar vor allem mittwochs abends.
Nun war das Rad platt, und das gleich nach dem Start.
Sie stand auf dem Bahnsteig, die Tasche in der Hand.
Wir erwarten dich am Montag, also einen Tag nach deinem Geburtstag.
Wenn sie eingeschoben sind, werden sie durch zwei Kommas eingerahmt:
Wir beide, du und ich, wissen es genau.
Die Gans kam, laut schnatternd und zatternd, auf uns zu.

11. Ein Komma trennt die Reihungen in **Namen, Datumsangaben** und **Adressen** (aber nicht auf dem Umschlag):
Fröhlich, Doris, geb. Neumann
München, den 10. 4. 83
M. Knoblauch, Kohlring 30, Rettighofen

Grammatische Grundbegriffe mit Erklärungen

BEGRIFF	BEISPIELE	ERKLÄRUNG
Ablaut	***rufen – rief – gerufen***	Wechsel des Stammvokals in Formen eines Worts. Bei ablautenden (starken) Verben gilt die erste Stammform für den Infinitiv und alle Präsensformen (manchmal mit Umlaut oder *e/i*-Wechsel), die zweite Stammform gilt für das Präteritum, die dritte Stammform für das Partizip II. Diese Stammformen heißen auch Leitformen, weil sie die Konjugation des Verbs bestimmen.
Adjektiv (Eigenschaftswort)	*der **rote** Tiger* *eine **enge** Freundschaft* *Das Meer war **schön.***	Adjektive sind deklinierbare Wörter, die oft vor Nomen stehen. Sie können gesteigert und graduiert werden. Adjektive bezeichnen Eigenschaften, Merkmale und Wertungen.
Adverb (Umstandswort)	***Vielleicht** ist es dort schön.* *Ich mache das **anders.*** *Wir mögen Suppe **sehr gern.***	Adverbien sind meist unveränderliche, modifizierende Wörter. Sie können auf den Satz bezogen sein (Satzadverbien), auf das Prädikat, auf Adjektive oder Adverbien.
Adverbial (Adverbialbestimmung, Umstandsbestimmung)	***Am Montag** gibt es Geld.* ***In Karlsruhe** regnet es **oft.*** *Er tat es **aus reiner Freude.*** *Hier fahren Autos **schnell.***	Adverbiale sind freie Satzglieder. Sie sind Erweiterungen, die grammatisch nicht notwendig sind. Für die Verständigung sind sie aber genauso wichtig wie die anderen Satzglieder.
Adverbialsatz	***Weil die Erde rund ist,** kann sie sich gut drehen.* ***Wenn es Taler regnet,** bin ich dabei.*	Nebensatz an Stelle eines Adverbials. Es gibt kausale, konditionale, konzessive, temporale, modale und lokale Adverbialsätze.
adversativ (entgegensetzend)	*Ich gehe, **aber** du bleibst.* *Nicht K., **sondern** G. hat Geburtstag.*	Die adversative Beziehung stellt einen Kontrast her. Adversative Bedeutung haben die Konjunktionen *aber, sondern, doch, jedoch; während.*
Akkusativ (4. Fall/ „*Wen oder was*"-Fall)	***ihn*** ***den ganzen Tag***	Einer der vier Kasus des Deutschen
Akkusativobjekt	*Die Leute sehen **den blauen Wagen.*** *Sie mag **ihn.***	Ergänzung im Akkusativ. Das Akkusativobjekt antwortet auf die Frage *wen?* oder auf die Frage *was?*
Aktiv	*Wir **bauen** eine Kirche.* ***Esst** bitte die Suppe.*	Tätigkeitsform des Verbs. Die üblichen Personalformen des Verbs sind die Aktivformen. Sie verlangen den Handelnden als Subjekt. Gegensatz zum Aktiv ist das Passiv.

BEGRIFF	BEISPIELE	ERKLÄRUNG
Apposition (Zusatz, Beisatz)	*Sie ersetzt Tim,* ***einen guten Spieler.*** *du* ***als Mensch*** ***Frau*** *Schön* *die Villa* ***„Ferienglück“***	Appositionen sind Attribute mit veränderlichem Kasus. Sie beziehen sich auf ein Nomen und übernehmen dessen Kasus (Kongruenz). Es gibt aber auch undeklinierte Appositionen.
Artikel (Geschlechtswort)	***der, die, das*** ***ein, eine, ein***	Artikel sind Begleiter des Nomens. Es gibt den definiten Artikel *(der, die, das)* und den indefiniten *(ein, eine).*
Attribut (Beifügung)	*ein* ***lieber*** *Gruß* ***von dir*** *die Haare* ***seiner Mutter*** *das Buch,* ***das du liest*** *die Fähigkeit,* ***Bücher zu lesen***	Attribute sind Erweiterungen oder Teile von Satzgliedern, also selbst keine Satzglieder. Sie sind einem Nomen untergeordnet. Man unterscheidet die Attribute nach ihrem Anschluss (Genitiv oder Präposition oder Kasusgleichheit) und nach ihrer Form (Adjektiv, Nomen oder Adverb, auch Nebensätze und satzwertige Infinitive).
Attributsatz	*die Reise,* ***die wir machen*** *die Tatsache,* ***dass es regnet***	Nebensatz als Attribut. Die häufigsten Attributsätze sind Relativsätze.
Aussagesatz (Behauptungssatz, Erzählsatz)	***Das Wetter ist heute sehr schlecht.***	Satzart. Mit einem Aussagesatz wird etwas behauptet oder festgestellt. Im Aussagesatz steht das finite Verb an zweiter Stelle. Aussagesätze werden meistens mit fallender Intonation gesprochen.
Begleiter	***Das/Ein/Unser/Dieses/Kein*** *Telefon ist eine feine Sache.* ***jedes*** *Wackeln,* ***dieses*** *Grün,* ***mein*** *Ich*	Als Begleiter von Nomen bezeichnet man alle Wörter, die dem Nomen vorangehen und wie Artikel gebraucht sind. Die Begleiter zeigen, dass es sich um ein Nomen handelt. (Großschreibung!)
Dativ (3. Fall/*„Wem“*-Fall)	***ihm*** ***den kleinen Leuten***	Einer der vier Kasus des Deutschen
Dativobjekt	*Sie machen* ***einem Menschen*** *manches weis.* *Kein Mensch begegnete* ***ihm.***	Ergänzung im Dativ. Das Dativobjekt antwortet auf die Frage *wem?* Dativobjekte bezeichnen meistens Personen oder Belebtes.
definiter Artikel	***der, die, das***	Der definite Artikel wird verwendet, um Bekanntes oder im Text schon Erwähntes anzuzeigen.
Deklination	***das Haus, des Hauses, die Häuser*** usw.	Beugung von Nomen, Pronomen, Artikeln und Adjektiven. In der Deklination werden vor allem die Endungen systematisch verändert.

BEGRIFF	BEISPIELE	ERKLÄRUNG
Demonstrativ-pronomen (hinweisendes Fürwort)	***Dieses*** *Buch gefällt mir,* ***jenes*** *nicht.* *Wir vertreten* ***diejenigen,*** *die fehlen.* ***Dies*** *ist ungewöhnlich.*	Demonstrativpronomen weisen hin auf den Gegenstand, von dem die Rede ist. *dieser/diese/dieses, jener, solche, derartige* werden als Begleiter verwendet, *dies* und *das* allein stehend und nominal.
Feminin(um) (weiblich)	***die Blume, die genaue Zeit*** ***sie, die eine***	Eines der drei Genera des Deutschen. Jedes Nomen hat ein festes grammatisches Geschlecht.
final (beabsichtigend)	*Fahr mit dem Auto,* ***damit*** *es fix geht.*	Die finale Beziehung gibt den Zweck einer Handlung an. Finale Konjunktionen sind *damit, dass, um…zu.*
Finalsatz	*Sprich deutlich,* ***damit du verstanden wirst.***	Nebensatz, der mit einer finalen Konjunktion *damit, dass* usw. eingeleitet ist.
Finite Verbform	***gehst, gingen***	Gebeugte Form des Verbs mit Bezeichnung der Person, des Numerus und eines Tempus in der Verb-Endung
Flexion (Beugung)	*Der Wind weh****t.*** ***Die*** *Wind****e*** *weh****ten.***	Abwandlung von Wörtern in Wortformen, umfasst Deklination und Konjugation.
Fragesatz (Interrogativsatz)	***Bleibst du noch etwas da?***	Satzart. Drückt eine Frage aus, beginnt mit dem finiten Verb oder einem Fragewort und wird meistens mit steigender Intonation gesprochen.
Futur I (Zukunft)	*Wir* ***werden bleiben,*** *ihr* ***werdet gehen,*** *du* ***wirst siegen.***	Zusammengesetztes Tempus. Es wird gebildet mit einer Präsensform des Hilfsverbs *werden* und dem Infinitiv.
Futur II	*Morgen* ***werde*** *ich das Zimmer* ***aufgeräumt haben.***	Zusammengesetztes Tempus. Es wird gebildet mit einer Präsensform des Hilfsverbs *werden,* dem Infinitiv des Hilfsverbs *haben* oder *sein* und dem Partizip II.
Genitiv (2. Fall/„*Wes*"-Fall)	***des Tag(e)s, der Tage***	Einer der vier Kasus des Deutschen
Genitivattribut	*der Schiedsrichter* ***dieser Partie*** *die Haare* ***seiner Mutter***	Das Genitivattribut ist ein nominales oder pronominales Attribut, das mit Genitiv angeschlossen ist.
Genitivobjekt	*Wir erinnern uns* ***der Sache.*** *Sie spotten* ***ihrer.***	Ergänzung im Genitiv. Das Genitivobjekt antwortet auf die Frage *wessen?* Im heutigen Deutsch ist es selten.

BEGRIFF	BEISPIELE	ERKLÄRUNG
Genus (grammatisches Geschlecht)	***der Raum*** (Maskulinum), ***die Kappe*** (Femininum), ***das Motto*** (Neutrum)	Grammatische Kategorie. Im Deutschen gibt es drei Genera: Maskulinum, Femininum, Neutrum. Jedes Nomen hat ein festes Genus, das nicht mit dem natürlichen Geschlecht übereinstimmen muss. Auch viele Pronomen haben ein Genus.
Gliedsatz	*Wer weiß, **was passieren wird.***	Unselbstständiger Satz, der als Satzglied in einem Satzgefüge auftritt. Gliedsätze haben das finite Verb am Ende.
Hauptsatz	***Wer weiß alles?***	Selbstständiger, vollständiger Satz (im Gegensatz zum Nebensatz)
Imperativ (Befehlsform)	***Gebt** das Geld nicht aus der Hand!* ***Iss** nicht so viel!*	Der Imperativ ist eine Verbform, die es nur in der 2. Person Singular und Plural gibt. Mit Imperativformen verlangt man vom Angesprochenen etwas zu tun.
indefiniter Artikel	***ein, eine, ein***	Artikel, der Unbestimmtheit oder Unerwähntheit anzeigt
Indefinitpronomen	***jemand, irgendwer, etwas***	Pronomen, das Unbestimmtheit ausdrückt
Indikativ (Wirklichkeitsform)	*Draußen **regnet** es.*	Der Indikativ ist eine Menge von Verbformen, mit denen man Aussagen als tatsächlich und sicher hinstellt.
Infinitiv (Grundform des Verbs)	***les-en, kost-en, teil-en, angel-n***	Der Infinitiv ist die Grund- oder Nennform eines Verbs. Er besteht aus dem Stamm mit der Endung *-en* oder *-n*. Er dient der Tempusbildung und der Nennung des Verbs.
Interjektion (Ausrufewort, Empfindungswort)	***Pfui!** Wie das schmeckt!* ***Ach** Klaus, mir ist so schlecht.*	Unveränderliche Wörter, die grammatisch nicht eingebaut, sondern wie selbstständige Ausrufe gebraucht werden
Interrogativ-pronomen (fragende Fürwörter)	***Wer** ist gekommen?* ***Was** ist geschehen?* ***Wie** geht es?* ***Welche** Pfanne nehmen wir?*	Pronomen mit Fragebedeutung
intransitives Verb	*Rinder **weiden** auf der Wiese.* *Der Schornstein **raucht.***	Verb, das kein Akkusativobjekt zulässt. Von diesen Verben gibt es kein persönliches Passiv.

BEGRIFF	BEISPIELE	ERKLÄRUNG
Kasus	***das Kind, des Kinds, dem Kind(e), das Kind***	Grammatische Kategorie, zeigt die Funktion im Satz an. Im Deutschen gibt es vier Kasus: Nominativ, Genitiv, Dativ, Akkusativ.
kausal	*Fritz wurde krank. Es war* ***nämlich*** *sehr heiß.*	Die kausale Beziehung gibt die Ursache oder den Grund an. Kausale Bedeutung haben *weil, denn, deshalb, nämlich, wegen.*
kausales Adverbial	***wegen Krankheit***	Adverbial mit kausaler Bedeutung Frage: *warum?*
Kausalsatz	*Ich kann nicht kommen,* ***weil ich krank bin.***	Kausalsätze sind Nebensätze, die mit kausalen Konjunktionen *weil, da* eingeleitet sind.
Komparation	***schnell,*** *der* ***schnelle*** *A* ***schneller,*** *der* ***schnellere*** *A* ***am schnellsten,*** *der* ***schnellste*** *A*	Bildung der gesteigerten Formen oder Vergleichsformen des Adjektivs. Es gibt drei Vergleichsstufen: 1. Positiv, 2. Komparativ, 3. Superlativ.
Komparativ	***schneller,*** *die* ***schnellere***	Zweite Stufe, Vergleichsstufe bei der Steigerung des Adjektivs
Kompositum (zusammengesetztes Wort)	***[Mutter][sprache]*** ***[Muttersprach][erwerb]*** ***[tau][frisch]***	Wortbildung, in der zwei Wörter zu einem neuen Wort zusammengefügt sind.
konditional (bedingend)	***bei Regen*** ***Falls es regnet, …***	Die konditionale Beziehung gibt eine Bedingung an. Konditionale Konjunktionen sind *wenn, sofern, falls, sobald.*
Konditionalsatz (Bedingungssatz)	***Wenn*** *wir Neues erfahren, rufen wir an.*	Nebensatz, der mit einer konditionalen Konjunktion *wenn, falls* usw. eingeleitet ist.
Kongruenz	*Unsere* ***Schule*** *liegt mitten im Dorf.* ***Sie*** *ist ziemlich neu.*	Kongruenz heißt die Übereinstimmung in Genus, Kasus oder Numerus.
Konjugation (Beugung von Verben)	***ich fange, du fängst*** ***sie fing, er finge*** usw.	Formenbildung des Verbs. Jedes Verb kommt in verschiedenen Formen vor; sie werden durch Abwandlung des Stamms und durch Anhängen von Endungen gebildet.

BEGRIFF	BEISPIELE	ERKLÄRUNG
Konjunktion (Bindewort)	*Gäste kommen* ***und*** *gehen.* *Sie blieben.* ***Denn*** *es regnete.* *Die Medien bestätigten,* ***dass*** *der Dollar fällt.* *Sie blieben,* ***weil*** *es regnete.*	Konjunktionen sind Wörter, die Sätze, Wortgruppen oder Wörter verbinden. Sie sind unveränderlich. Es gibt nebenordnende Konjunktionen wie *und, aber* usw. und unterordnende Konjunktionen wie *weil, wenn* usw.
Konjunktiv (Möglichkeitsform)	*Ich* ***bliebe*** *nicht hier.* *Sie* ***wäre*** *lieber reich.*	Der Konjunktiv ist eine Menge von Verbformen, mit denen man Aussagen als unsicher, als nur möglich, erwünscht oder berichtet darstellen kann.
konsekutiv	*Es war sehr heiß.* ***Folglich*** *wurde Fritz krank.*	Die konsekutive Beziehung gibt die Folge einer Handlung oder eines Ereignisses an. Konsekutive Konjunktionen sind *folglich, so, dann* usw.
Konsekutivsatz	*Es regnete stark,* ***sodass die Flüsse über die Ufer traten.***	Nebensatz, der mit einer konsekutiven Konjunktion *sodass* usw. eingeleitet ist
Konsonant (Mitlaut)	***b, p, g, s, f, z*** usw.	Laut, der nicht für sich allein ausgesprochen werden kann
konzessiv (einräumend)	***Trotz Krankheit*** *startete sie.* *Sie startete,* ***obwohl sie krank war.***	Die konzessive Beziehung gibt einen Gegengrund. Konzessive Bedeutung haben *obwohl, obgleich, trotz, trotzdem* usw.
Konzessivsatz	*Sie startete,* ***obwohl sie krank war.***	Nebensatz, der mit einer konzessiven Konjunktion *obwohl, wenngleich, wiewohl* usw. eingeleitet ist
lokal (örtlich)	*Keiner saß* ***zwischen*** *ihnen.* *Komm schnell* ***her!***	Die lokale Beziehung gibt den Ort an. Lokale Bedeutung haben *in, über, abseits, vorwärts, wo* usw.
lokales Adverbial	***In Italien*** *trinkt man Wein zum Essen.*	Ein Adverbial mit lokaler Bedeutung Frage: *wo?, wohin?, woher?*
Lokalsatz	***Wo er fotografiert,*** *sind sie zur Stelle.*	Nebensatz mit lokaler Bedeutung, Einleitung mit *wo, wohin* usw.
Maskulin(um) (männlich)	***der Stuhl, der laute Motor*** ***er, dieser***	Eines der drei Genera des Deutschen. Jedes Nomen hat ein festes grammatisches Geschlecht.

BEGRIFF	BEISPIELE	ERKLÄRUNG
modal (Art und Weise)	*Wir machen das immer* ***so.*** *Er saß* ***rücklings*** *auf dem Pferd.*	Die modale Beziehung kennzeichnet die Art und Weise. Modale Bedeutung haben *wie, auf diese Weise, blindlings* usw.
modales Adverbial	*Sie lernen* ***mit Eifer/eifrig.*** ***Unter diesen Umständen*** *gehe ich.*	Adverbial mit modaler Bedeutung Frage: *wie?* oder *auf welche Art und Weise?*
Modalsatz	*Es funktioniert,* ***wie das Video zeigt.***	Nebensatz, der mit einer modalen Konjunktionen *wie, so wie* eingeleitet ist
Modalverben	***dürfen, können, mögen, müssen, sollen, wollen***	Modalverben verbinden sich mit dem Infinitiv eines anderen Verbs: *kann gehen, wollen gehen.* Sie drücken Möglichkeit, Verpflichtung, Fähigkeit und Wollen aus.
Modus (Aussageweise)	***er hatte – er hätte*** ***sie gibt – gib!***	Die drei Aussageweisen des Verbs: Indikativ, Konjunktiv, Imperativ
Neutrum (neutral, sächlich)	***das Auto, das angenehme Klima, es, dieses***	Eines der drei Genera des Deutschen. Jedes Nomen hat ein festes grammatisches Geschlecht.
Nomen (Substantiv, Namenwort, Hauptwort, Dingwort)	***Jahr, Leute, Mutter, Zeit, Haus, Mann, Wald, Kind, Krieg, Geschäft, Schleckerei, Achtung***	Nomen sind deklinierbare Wörter. Sie haben ein festes Genus und stehen in einem Numerus und einem Kasus. Nomen bezeichnen Gegenstände, Personen und Lebewesen. Vor Nomen steht meistens ein Begleiter, der sich auf das Wort bezieht, zum Beispiel *der, ein, diese, meine, manche, kein, jedes, alle.*
Nominalgruppe	***Unsere Aufgabe*** *ist schwierig.* *Wir sehen* ***die erkennbare Natur.*** *Er macht* ***einem*** *ständig* ***etwas*** *weis.*	Wortgruppe mit einem Nomen oder Pronomen als Kern
Nominalisierung	***Die Behandlung der Kranken*** *war gut.* ***Dieses Spielen*** *war so schön.*	Verwandlung in ein Nomen durch Wortbildung und Begleiter
Nominativ (1. Fall, „*Wer oder was*“-Fall)	***der Tag, die Tage*** ***ich, er***	Einer der vier Kasus des Deutschen, wird vor allem für das Subjekt gebraucht.
Numerus	***der Bus – die Busse, sie geht – sie gehen***	Grammatische Kategorie: Einzahl oder Mehrzahl

BEGRIFF	BEISPIELE	ERKLÄRUNG
Objekt (Ergänzung)	*Keiner erkannte* ***die Täter.*** *Man gab* ***es ihm.*** *Wer wusste,* ***dass sie kamen?*** *Ich versprach,* ***das zu tun.***	Objekte sind Satzglieder. Sie ergänzen das Verb. Es gibt Objekte im Genitiv, Dativ, Akkusativ und Präpositionalobjekte. Objekt kann eine Nominalgruppe sein, eine Präpositionalgruppe, ein Nebensatz oder ein satzwertiger Infinitiv.
Objektsatz	*Wir vermuten,* ***dass einer kommt.*** *Wir fragen,* ***ob einer kommt.*** *Wir wissen,* ***wer kommt.***	Nebensatz an Stelle eines Objekts, antwortet auf die entsprechenden Fragen: *wen?* oder *was?, wem?* usw.
Partikel (Füllwort)	*Wer war das* ***nur?*** *Wo er* ***wohl*** *hingeht?* ***Nur*** *Friedl mag ich, andere nicht.*	Partikeln sind kurze Wörter, die nicht flektiert werden und an verschiedenen Stellen im Satz stehen können.
Partizip (Mittelwort)	***pack-end, zeig-end, grab-end, reit-end ge-pack-t, ge-zeig-t; ge-grab-en, ge-ritt-en***	Das Partizip I besteht aus dem Verbstamm mit der Endung *-end*. Das Partizip II besteht aus dem Verbstamm mit dem Präfix *ge-* und der Endung *-t* oder dem abgelauteten Stamm mit dem Präfix *ge-* und der Endung *-en*.
Passiv	***gesehen werden, wir werden gesehen***	Sogenannte „Leideform" des Verbs. Es wird gebildet mit dem Partizip II und einer Form von *werden* oder *sein*. Das Passiv steht im Kontrast zum Aktiv.
Perfekt (vollendete Gegenwart, Vorgegenwart)	*Ich* ***habe gespült,*** *du* ***bist verschwunden.***	Zusammengesetztes Tempus, gebildet mit einer Präsensform der Hilfsverben *haben* oder *sein* + Partizip II. Das Perfekt drückt Vergangenheit aus, besagt aber, dass die Wirkung noch in der Gegenwart fortbesteht.
Personalpronomen (persönliches Fürwort)	***ich, du, er/sie/es, wir, ihr, sie***	Personalpronomen bezeichnen Rollen im Gespräch. Personalpronomen gibt es im Singular und im Plural. In der 3. Person Singular wird auch das Genus unterschieden.
Plural (Mehrzahl)	***der Tag – die Tage, du – ihr, sie geht – sie gehen***	Einer der beiden Numeri. Einen Plural haben Nomen, Pronomen, Adjektive und Verben.
Plusquamperfekt (vollendete Vergangenheit, Vorvergangenheit)	*Wer* ***hatte*** *den Wagen* ***gestohlen?*** *Sie* ***hatten*** *schon alles* ***weggeputzt,*** *als es losging.*	Zusammengesetztes Tempus. Es wird gebildet mit einer Präteritumform der Hilfsverben *haben* oder *sein* + Partizip II.

BEGRIFF	BEISPIELE	ERKLÄRUNG
Possessiv-pronomen (besitzanzeigendes Fürwort)	***mein, dein, sein, euer, unser*** *Gib mir bitte* ***mein*** *Heft.* *Das ist also* ***euer*** *Garten.*	Possessivpronomen drücken ein Besitzverhältnis oder Zugehörigkeit aus. Possessivpronomen werden fast nur als Begleiter gebraucht.
Prädikat (Satzaussage)	*Wir* ***schlafen*** *zu wenig.* *Man* ***wollte*** *alles* ***sehen.*** *Die Rose* ***ist gelb.*** *Einer* ***soll*** *da* ***gestanden haben.***	Das Prädikat ist das verbale Satzglied. Das Prädikat enthält eine finite Verbform. Es kann einteilig oder mehrteilig sein.
Prädikativ	*Silvia ist* ***faul.*** *Peter bleibt* ***ein Faulpelz.***	Teil des mehrteiligen Prädikats (Nomen oder Adjektiv)
Prädikatsadjektiv	*Silvia ist* ***faul.***	Adjektiv als Bestandteil des Prädikats
Prädikatsnomen	*Peter bleibt* ***ein Faulpelz.***	Nomen als Bestandteil des Prädikats
Präfix (Vorsilbe)	***be****stehen,* ***Ant****wort,* ***ver****lieren*	Dem Wortstamm vorangestellter Wortbaustein
Präposition (Verhältniswort)	***auf, in, mit, nach*** usw. *Der Sturm kam* ***von*** *Westen und blies* ***mit*** *großer Kraft.*	Präpositionen sind unveränderlich, jede verlangt einen bestimmten Kasus für das abhängige Nomen oder Pronomen. Meistens stehen Präpositionen vor dem Nomen, nur wenige nach dem Nomen.
Präpositional-gruppe	*Das Unternehmen scheiterte* ***an der üblichen Unfähigkeit.***	Wortgruppe, die mit einer Präposition eingeleitet ist. Sie steht als Objekt, Adverbiale oder Attribut.
Präpositional-objekt	*Ein Satz besteht* ***aus Wörtern.*** *Wir wundern uns* ***über nichts.***	Ergänzung, die mit einer festen Präposition angeschlossen ist. Präpositionalobjekte werden mit den entsprechenden Fragewörtern erfragt: *woraus?, worüber?, worauf?* usw.
Präsens (Gegenwart)	***rat-e, leg-t, heiß-t; sie sitz-en***	Zeitform des Verbs. Das Präsens ist das häufigste Tempus, es wird aus Stamm + Personal-Endung gebildet.
Präteritum (Vergangenheit, Imperfekt)	***sag-t-en, lach-t-est; gab, lag-en***	Zeitform des Verbs. Das Präteritum ist ein Tempus der Vergangenheit. Es wird bei regelmäßigen Verben gebildet mit eingeschobenem *-t-*, bei starken Verben mit Ablaut.

BEGRIFF	BEISPIELE	ERKLÄRUNG
Pronomen (Fürwort)	***Sie*** *sitzt auf der Stange.* ***Wer*** *sitzt auf ihr?* ***Dieser*** *Wagen ärgert* ***unsere*** *Eltern.*	Pronomen sind Wörter, die ihre volle Bedeutung erst in der Situation oder im Text entwickeln. Es gibt viele Arten.
reflexiv (rückbezüglich)	***Nina*** *wundert* ***sich.***	Verben wie *sich schämen* sind reflexiv. Sie verlangen ein Reflexivpronomen, das sich auf das Subjekt zurückbezieht.
Reflexivpronomen (rückbezügliches Fürwort)	***sich***	Das Reflexivpronomen *sich* ist eine Sonderform des Personalpronomens. Es existiert nur in der 3. Person und nur in einer Form.
Relativpronomen (bezügliches Fürwort)	***der, die, das*** ***welcher, welche, welches***	Relativpronomen beziehen sich auf ein Nomen oder Pronomen. Sie leiten Relativsätze ein.
Relativsatz	*die Anschaffung,* ***die wir vorhaben*** *Leute,* ***welche Steuern zahlen***	Nebensatz, der durch ein Relativpronomen eingeleitet wird. Relativsätze sind Attribute zu Nomen oder Pronomen als Bezugswort.
Satz	***Unkraut vergeht nicht.*** ***Steuern zahlt jeder.*** ***Wer Steuern zahlt, handelt richtig.***	Sätze sind die selbstständigen Einheiten des Redens und Schreibens. Sie sind aus Wörtern nach grammatischen Regeln aufgebaut. Ein Satz wird abgeschlossen mit Satzschlusszeichen wie Punkt, Fragezeichen und Ausrufezeichen.
Satzarten	***Bleibt ihr hier?*** ***Wir bleiben hier.*** ***Bleibt hier!***	Entsprechend den sprachlichen Handlungen *Behaupten, Fragen, Auffordern* gibt es drei Arten von Sätzen: Aussagesatz, Fragesatz und Wunschsatz. Die drei Satzarten sind vor allem bestimmt durch die Stellung des finiten Verbs.
Satzgefüge	***Meine Freundin fährt Ski, während ich Schlittschuh laufe.*** ***Alles ging gut, sodass sie froh war.***	Satzgefüge sind Satzverbindungen, in denen unselbstständige Sätze (Nebensätze) in einen Hauptsatz eingebettet und so mit ihm verbunden sind.
Satzglied	***[Im Osten] [sehe] [ich] [ein Boot].*** ***[Ein Boot] [sehe] [ich] [im Osten].***	Die Zerlegung des Satzes ergibt Satzglieder. Satzglieder sind das Prädikat, das Subjekt, die Objekte und die Adverbiale. Satzglieder können im Satz umgestellt werden.
Singular (Einzahl)	***die Frau, der Baum*** ***ich, du, eine***	Einer der beiden Numeri des Deutschen

BEGRIFF	BEISPIELE	ERKLÄRUNG
Stamm	***geh**en, **hab**en, ge**fähr**lich*	Kern oder Wurzel eines Worts, die die Bedeutung prägt
Subjekt (Satzgegenstand)	***Ein Unfall** geschieht.* ***Das Kind** wiegt 10 kg.*	Satzglied im Nominativ, antwortet auf die Frage *wer?* oder *was?* Es kann unterschiedliche Formen haben: Nomen, Pronomen, Nebensatz oder satzwertiger Infinitiv.
Subjektsatz	***Dass ihr kommt,** freut uns.*	Nebensatz an Stelle des Subjekts, antwortet auf die Frage *wer?* oder *was?*
Subordination	***Wir freuen uns, [weil es klappt.]***	Unterordnung, besonders von Nebensätzen in Satzgefügen
Substantiv (Nomen)	***Jahr, Tag, Leute, Mutter, Zeit, Haus, Wald, Kind, Krieg, Geschäft, Schleckerei, Achtung, Essware***	Substantive sind deklinierbare Wörter, haben ein festes Genus, stehen in einem Numerus und einem Kasus. Substantive bezeichnen Gegenstände, Personen und Lebewesen.
Suffix (Nachsilbe)	*Klar**heit**, grün**lich**, fest**ig**en*	Dem Wortstamm angehängter Wortbaustein
Superlativ (Höchststufe)	***am schnellsten, die schnellste Frau***	Höchststufe bei der Steigerung des Adjektivs
Synonym	***Fahrstuhl, Lift, Aufzug*** ***schnell, eiligst, hurtig, rasch***	Wort mit gleicher oder sehr ähnlicher Bedeutung
temporal (zeitlich)	***seit** vielen Jahren* ***Damals** kam ich besser mit ihr aus.*	Die temporale Beziehung gibt einen zeitlichen Bezug an. Temporale Bedeutung haben *als, bevor, nachdem, sobald, während, seit* usw.
temporales Adverbial	*Es geschah **an Ostern.*** *Wir blieben **drei Tage.*** *So handeln wir **immer.***	Adverbial mit temporaler Bedeutung: ein Zeitpunkt (Frage *wann?*), ein Zeitraum (Frage *wie lange?*), Häufigkeit (Frage *wie oft?*)
Temporalsatz	***Als sich der Knäuel auflöst,** bleibt ein Spieler liegen.*	Nebensatz, der mit einer temporalen Konjunktion *als, da, nachdem* usw. eingeleitet ist
Tempus (Zeitform)	***du gehst, du gingst, du wirst gehen, du bist gegangen** usw.*	Grammatische Form des Verbs, die eine bestimmte Zeit ausdrückt

BEGRIFF	BEISPIELE	ERKLÄRUNG
transitives (zielendes) Verb	***sehen, lieben, schlagen, umgraben, ansehen***	Verb, das ein Akkusativobjekt fordert. Bei ihm stellt sich die Frage *wen?* oder *was?* und es lässt ein persönliches Passiv zu.
Umlaut	***ä, ö, ü, äu*** ***Jahr – jährlich, Saal – Säle***	Abgetönter Vokal a – ä, o – ö, u – ü, au – äu
Verb (Zeitwort, Tätigkeitswort, Tuwort)	*So **geht** es im Leben.* *Es **heißt,** es **habe** drei Sorten **gegeben.***	Verben sind konjugierbare Wörter. Sie bilden Zeitformen, Personalformen. Verben bezeichnen Handlungen, Vorgänge und Zustände.
Verbalgruppe	***gegangen sein, gehen wollen***	Wortgruppe mit einem Verb als Kern
Vokal (Selbstlaut)	***a, e, i, o, u; ä, ö, ü;*** ***au, äu, ei, eu (= Zwielaut)***	Laut, der für sich selbst aussprechbar ist
Wort	***geben, regnen,*** ***Tag, Ebene, Kreisebene,*** ***vor, mit, miteinander***	Grundeinheit der Sprache. Ein Wort ist selbstständig und wird zusammengeschrieben. Jedes Wort hat eine eigene Bedeutung; die Bestandteile haben meist keine selbstständige Bedeutung.
Wortart	Verb, Nomen, Adjektiv, Adverb, Präposition, Artikel, Pronomen, Konjunktion, Partikel, Interjektion	Es gibt zehn Wortarten. Jedes Wort gehört zu einer Wortart, die durch grammatische Funktion und Bedeutung bestimmt ist.
Wortbildung	***Autobahn, gewöhnlich, vorlesen***	Wörter können aus mehreren Bestandteilen bestehen. Regeln für ihren Bau enthält die Wortbildung. Die zwei Arten der Wortbildung sind Komposition (Zusammensetzung) und Derivation (Ableitung).
Wunschsatz (Befehlssatz, Aufforderungssatz)	***Bleib noch etwas hier!***	Satzart. Mit einem Wunschsatz wird etwas angewiesen, befohlen oder verboten. Im Wunschsatz steht das finite Verb an erster Stelle, das Subjekt ist ausgelassen. Wunschsätze werden oft mit steigender Intonation gesprochen.

Register

A

B

C

D

E

F

G

H

I

J

K

L

M

N

O

P

R

S

T

U

V

W

X

Z

Umschlaggestaltung: Knut Waisznor

1. Auflage ✔ Druck 4 3 2 Jahr 2000 99

Alle Drucke dieser Auflage können im Unterricht nebeneinander verwendet werden.

Druck: Cornelsen Druck, Berlin

ISBN 3-464-61810-2

Bestellnummer 618102

gedruckt auf säurefreiem Papier,
umweltschonend hergestellt aus chlorfrei gebleichten Faserstoffen